Willi Butollo
Die *Angst* ist eine *Kraft*

Willi Butollo

Die *Angst* ist eine *Kraft*

Über die *aktive*
und kreative Bewältigung
von Alltagsängsten

HERBiG

Für Vera, ya Karimati!

© 2015 F. A. Herbig Verlagsbuchhandlung GmbH, München
Alle Rechte vorbehalten.
Komplett überarbeitete Neuauflage der 1984 erschienenen Ausgabe,
© Piper Verlag GmbH, München
Umschlaggestaltung: Wolfgang Heinzel
Umschlagmotiv: shutterstock
Satz: EDV-Fotosatz Huber/Verlagsservice G. Pfeifer, Germering
Gesetzt aus 10,75 pt/14,3 pt Minion Pro
Druck und Binden: GGP Media GmbH, Pößneck
Printed in Germany
ISBN 978-3-7766-2752-7

Auch als ebook

www.herbig-verlag.de

Inhalt

Vorwort 7

Einleitung 14
Die Begegnung mit der Angst 14
Ist Angst eine Grundstimmung unserer Zeit? 17

I. Kapitel: Über die Realität der Angst 22
Auch irrationale Angst ist real 22
Keine Angst ohne Erwartung 29
Ablaufschema des Angstgeschehens 30

II. Kapitel: Beispiele – Viele Ängste, ein Verlauf? 35
Die Tierphobie 35
Ein Erdbeben 57
Platzangst – Angst vor zu viel Freiheit? 68
Angst verändert das Denken 88
Die Angst vor den anderen 101
Angst und Liebe 111

III. Kapitel: Erklärungen – Das Phänomen Angst 123
Woher, warum, wozu? 123
Angstbewältigung durch (Pseudo-)Erklärungen 132
Medizinische, psychophysiologische, genetische
   Gesichtspunkte 136

Tiefenpsychologische Erklärungen 144
Angst als gelernte Reaktion 152
Vermeidung, Zwangsrituale und Vermeidungs-
   blockierung 162
Stile der Angstbewältigung 175

IV. Kapitel: Lösungen – Die Bewältigung der Angst 185
Drei Ebenen der Angstbewältigung 186
Angstlösung im Selbstversuch 188
Graduelle Angstkonfrontation 200
Allgemeine Grundsätze 212
Hilfe, mein Partner ändert sich! 213
Alltagsängste und Existenzangst 221
Ein Königsweg der Angstlösung? 232

Vorwort

Der Wunsch, keine Angst mehr erleben zu müssen, ist menschlich und nur allzu verständlich. Doch ist er realistisch? Lässt nicht jede Maßnahme zur direkten Reduzierung von Angst die Frage im Raum, was denn nun mit der Bedrohung geschieht? Schließlich setzt Angsterleben ja eine manchmal klar erkennbare, manchmal aber auch diffuse, stets jedoch irgendwie antizipierte Bedrohung voraus. Und wer lernt, Angst zu ignorieren, ohne auf ihren Appell zu reagieren, gefährdet sich und andere.

Außerdem wird eine Angstreduktion, die nicht auch eine Überprüfung der eigenen Existenzannahmen in Gang setzt, mittelfristig die Gefühle der Bedrohung eher eskalieren lassen. Realitätsgerechte Angstlösung kann demnach auch ein durchaus wirksamer Beitrag für ein »geerdetes«, den tatsächlichen Bedürfnissen der Menschen entsprechendes Leben werden. In Zeiten sich selbstständig machender, medial fest verankerter Erzeugung von zum Teil abstrusen Bedürfnissen kann realitätsgerechte Angstlösung durchaus ein Beitrag zum Frieden werden, innerlich wie äußerlich, den jeder in sich vorbereiten und dann in seinem so neu orientierten Handeln leisten kann.

Dem steht allerdings entgegen, dass, wer Angst hat, sie in der Regel so schnell wie möglich »los«-werden will. Die entsprechenden Versuche haben eine große Bandbreite mit unterschiedlicher Wirkung. Sie reichen vom »Weg-Sehen«, Vermeiden, bis zum direkten Verändern der den Menschen zuweilen wie eine übermächtige Welle erfassenden Angst-Erregung.

Es klänge wohl etwas »moralinsauer«, wenn in diesem Zusammenhang mehr Aufmerksamkeit, mehr gelebte Wahrheit postuliert würde, denn wir hören täglich mehr als genug gute Ratschläge, wie wir edler leben könnten. Und beginnt schließlich nicht authentisches Leben mit der Akzeptanz derjenigen Eigenschaften und Impulse, die unseren moralischen Ansprüchen gerade nicht entsprechen, in deren Verleugnung wir gerade nicht authentisch sind?

Mehr Bewusstheit, mehr Gegenwärtigkeit im Umgang mit dem Angsterleben führt zu mehr Verständnis für die eigenen und die Schwächen anderer. Das entspannt letztlich, auch wenn uns der Inhalt dieser Selbst-Wahrheit zuweilen hässlich erscheint.

Warum ist es manchmal so schwer, zu sich zu stehen, zur eigenen Fragilität des Selbst-Erlebens? Wo kommt die »Selbst-Unsicherheit« her? Oder besser noch, wie gestalte, wie kreiere ich meine eigene »Selbst-Unsicherheit«? Und warum meinen viele von uns, sich damit nicht zeigen zu dürfen? Sind es die oft massiven Erfahrungen von Abwertung, von Zurückweisung, vielleicht auch von platter Gewalt, erlebt nach vertrauensvollem Zeigen einer von den allgemeinen Erwartungen abweichenden Andersartigkeit? Wen mag unsere vielleicht im besten Sinne kindliche Offenheit im Ausdruck dessen, was wir tatsächlich erleben, schätzen und lieben, denn so bedroht haben?

Warum ist die Angst davor, in seinem »So-Sein« entdeckt zu werden, zuweilen stärker als die Todesangst? Gemeint ist nicht die Wahrheit von Beweisbarem, allgemein Anerkanntem oder was man dafür hält. Gemeint ist die Angst davor, die ungeschützte Wahrheit der persönlichen Erfahrung öffentlich zu machen. Wenn das Herz schwach wird und die Angst vor dem höhnischen Gelächter »der anderen« zunimmt, scheint dem Bekennen zur eigenen erlebten Realität eine oft unüberwindliche Schranke entgegenzustehen – und ebenso schwer fällt es uns dann, diese Realität am anderen wirklich zu akzeptieren.

Nun ist es aber nicht einfach so, dass die Summe unserer Ängste sich zur inneren Stärke, zur »Stärke des Herzens«, verkehrt proportional verhält – je schwächer das »Herz«, desto stärker die Angst mit all ihren Folgen an Vermeidung und Abwehr – oder umgekehrt. Manchmal gelingt es, zum eigenen persönlichen Erleben, eben zu sich selbst zu stehen, obwohl dabei extreme Angst mobilisiert wird. Hat also persönlicher Mut vielleicht gar nichts oder zumindest wenig mit Angst zu tun?

Die Angst ist in dem Sinne eine Kraft, die uns sabotieren oder auch aktivieren kann. Sie ist dann eher ein Signal, das unsere Aufmerksamkeit auf jene Denkfehler lenkt, mit denen wir den Verlust des Vertrauens in Gang setzen.

Mut, als »Stärke des Herzens« umschrieben, lässt sich nicht im üblichen Sinne trainieren, er ist das Ergebnis persönlicher Entscheidung. Eine der Voraussetzungen, die wir dafür zu erbringen haben, ist die Einübung der Bereitschaft, sich selbst mit seinen Eigenschaften, den guten wie den schlechten, anzunehmen. Und wer das – und sei es nur für Sekunden – erfahren hat, weiß, wovon die Rede ist – von nicht mehr und nicht weniger als dem Frieden mit sich. Der Weg dahin steht grundsätzlich jedem offen. Psychotherapie kann dies alles zwar vorbereiten, aber nie »für« die Klienten erledigen. Die Entscheidung, die Selbstverantwortung, das damit verbundene Risiko nimmt uns keiner ab. Und sollte es doch jemand anbieten, überschreitet er unsere persönlichen Grenzen in anmaßender Weise.

Psychotherapie hat ohne Zweifel sehr viel für die Menschen an Befreiung, an Klärung und Erleichterung gebracht. In den wesentlichen Fragen des Lebens aber, wenn die entscheidenden, das Leben neu ordnenden Ereignisse anstehen, muss der Therapeut den Klienten loslassen. Und der Klient ihn.

Wenn Menschen wegen ihrer Ängste eine Therapie in Erwägung ziehen, wollen sie meist eine Therapeutin, einen Therapeuten, der ihnen sagt, was sie tun sollen, um ihre Ängste zu reduzieren. Das ist verständlich, hilft ihnen auch bei dem unmittelbaren Ziel der Angstreduktion manchmal schnell weiter. Und es ist kein Wunder, dass die Klienten direktiv arbeitende Therapeuten dann besonders gut finden. Aber das ist, bestenfalls, nur die erste Hälfte der Story. Denn nicht selten schrecken Menschen mit massiven Angstproblemen davor zurück, für ihr Leben selbst die Verantwortung zu übernehmen. Da kommt ihnen dann ein Therapeut gerade recht, der verspricht, ihnen die Verantwortung für ihre Entscheidungen wieder abzunehmen.

Der eigentlich erforderliche Therapieschritt, nämlich die Öffnung hin zu mehr Entscheidungsfähigkeit, zu Selbstverantwortung und zu Selbstakzeptanz, er würde durch eine im oben beschriebenen Sinne vielleicht sogar erfolgreiche Therapie nachgerade behindert. Die Chance, aus der Angst wirklich zu lernen, würde dann vertan.

Fatal nur, dass auch die für gesundheitspolitische Entscheidungen verantwortliche Öffentlichkeit den direktiven Therapeuten buchstäblich auf den Leim gegangen ist: Eine Therapie wird nur anerkannt, wenn sie die Referenzsymptome, in unserem Beispiel die Angstreaktionen, möglichst schnell reduziert. Aber das ist eine andere Geschichte ...

Ein guter Therapeut, eine gute Therapeutin wird die notwendigen Phasen der Therapie berücksichtigen und anfangs das Bedürfnis nach Anleitung und Führung respektieren, sogar vorübergehend erfüllen. Bald würden die Klienten aber damit zu konfrontieren sein, wie sie ihre Selbstverantwortung auf andere abschieben wollen. Auch das ist an sich nichts Schlechtes, hat sicher auch eine nachvollziehbare persönliche Geschichte, es arretiert allerdings den psychischen Zustand. Die Klienten werden sich, behutsam herangeführt, Schritt für Schritt mit dem Wunsch nach Abhängigkeit und Unselbstständigkeit auseinandersetzen und so erst einmal zumindest zu der Entscheidung fähig werden, ob sie das so beibehalten wollen oder nicht. Ein guter Therapeut würde dann auch eine regressive Entscheidung des Klienten respektieren. Der Klient ist schließlich für sich selbst verantwortlich.

So oder so würden Therapeuten ihre Klienten in diesem Prozess zwar unterstützen, doch nicht mehr als »direktive Experten«, sondern als Menschen, die sorgfältig und respektvoll Rückmeldung über die Denk- und Entscheidungsprozesse geben. Die allmähliche Stabilisierung der Selbstsicherheit, aus Selbsterkenntnis und Selbstakzeptanz wachsend, lässt ein letztlich besser integriertes Selbst entstehen, die »Stärke des Herzens«. Und die ist ansteckend. Sie ist die Kraft, die sich in der Angst verbirgt, die den Weg weist. Man kann nachfragen, man kann sich aus den Erfahrungen anderer Anregungen holen, doch entscheiden und handeln muss man selbst.

Die in einzelnen Epochen der Menschheitsgeschichte vorherrschenden Angstinhalte sind ständigem Wechsel unterworfen gewesen. Die Ängste in der Antike vor den damals drohenden äußeren Gefahren waren andere als die Ängste im Frankreich des Mittelalters, in Japan vor 500 Jahren oder im Deutschland von heute. Gilt das aber auch für die »inneren« Ängste der Menschen? Manchmal scheint es, als würden die durch technologische Fortschritte gebannten Gefahren die zuvor damit verbundenen Ängste überflüssig machen. Doch dann treten neue, zuvor unvorstellbar gewesene Bedrohungen auf.

Das Bewusstsein über die Risiken unserer Zivilisation z. B. verlagerte sich von der Angst vor der nuklearen Katastrophe, dem »Erstschlag«, gewissermaßen zurück zur Angst vor zwischenmenschlicher Grausamkeit, zur Angst vor Gewalteskalation innerhalb der Gesellschaften, zwischen ethnischen Gruppen bis hin zur Angst vor globalisierungsbedingter Undurchschaubarkeit internationaler Entscheidungen. Und den Segnungen der virtuellen Kommunikation folgt gleichsam auf dem Fuß die Angst vor dem völligen Verlust der Privatsphäre und des Datenschutzes im Netz der globalen Überwachung.

Doch immer noch gilt, dass die Manipulierbarkeit des Menschen durch seine Existenzängste, seien sie nun irrationaler oder rational begründbarer Natur, besteht bleibt und genutzt wird. Die Vielzahl im Alltag mehr oder weniger präsenter Ängste, wie die vor dem Verhungern, der Bedrohung durch Krieg, Gefangenschaft und Folter, vor der Demütigung durch Machthaber, vor dem öffentlichen Leistungs-Versagen, dem drohenden Ausschluss aus einer wesentlichen Zugehörigkeit verbunden mit ewiger Verdammnis, dem Verlust eines wichtigen Menschen, um nur einige zu nennen, wird überlagert vom Angstgefühl, das den Menschen angesichts der Erkenntnis der eigenen Endlichkeit erfasst.

Erst an der Auseinandersetzung mit der »Mutter« aller Ängste, der Todesangst, der Angst davor, nicht und nirgends mehr zu sein, kann sich das Wertesystem der Menschheit neu orientieren. Solange wir vor dieser Angst zurückschrecken und uns mit Angstbewältigung bei peripheren Bedrohungen »begnügen«, bleibt Frieden, innen wie außen, Stückwerk, wie ein unerfüllbarer Traum. Denn die Todesangst schwingt stets mit, meist unmerklich, doch immer präsent in einem latenten Gefühl von Unechtheit des Gelebten.

Angst hat vermutlich so viele Facetten, wie es Menschen gibt. Und zudem wieder so viele, wie es psychische Entwicklungsschritte bei diesen Menschen gibt. Vielleicht liegt das Wesen der Frage nach der Bedeutung der Angst für unser Leben in ihrer letztendlichen Unbeantwortbarkeit. Gewiss scheint jedoch, dass Angst die Funktion erfüllt, uns an bestimmte Fragen unserer Existenz heranzuführen. Mit der ihr eigenen Kraft, uns psychisch wie physiologisch zu alarmieren, bindet sie uns an die im Wissen um unsere Endlichkeit vorgegebene Aufgabe – sie anzunehmen, die Endlichkeit und das Wissen um sie. Und das gilt für jeden Menschen, egal, welcher Nation, Kultur, Religion er sich zugehörig fühlen mag.

Dieses Buch bringt Beispiele von Menschen, die sich in ihrem Leben mit verschiedenen Arten von Ängsten auseinanderzusetzen hatten, und den Lösungen, die sie für sich gefunden haben – oder auch nicht. Sie haben als Patienten innerhalb einer Psychotherapie Wege gesucht, ihre Ängste zu bearbeiten und sie, an ihnen wachsend, zu bewältigen. Die Schilderung ihres Ringens soll hier nicht als Aufforderung zur Nachahmung verstanden werden, sondern als Ermutigung dazu, den eigenen Weg der Begegnung mit der Angst zu suchen.

Willi Butollo, im Frühjahr 2015

Einleitung

Die Begegnung mit der Angst

In den Jahren, in denen ich mich mit den Erscheinungsformen verschiedener Ängste und mit den Möglichkeiten der positiven Beeinflussung derselben befasst habe, konnte ich eine Menge von Eindrücken gewinnen, die über das hinausgehen, was in streng wissenschaftlichen Untersuchungen erfassbar ist. Sie sind nicht weniger real als die gesicherten Ergebnisse. Es ist mir daher wichtig, diese Erfahrungen gemeinsam mit wissenschaftlich gesicherten Befunden in verständlicher Form mitzuteilen.

Der Umstand, dass das Thema Angst von Zeit zu Zeit zu einer Art »Modethema« wird, ändert nichts an seiner überdauernden Aktualität. Moden haben es an sich, kurze Zeit über Gebühr beachtet zu werden, um nachher wieder »unter Gebühr« vernachlässigt zu werden. Die Rolle der Angst an sich aber ist zeitlos, wenn sich auch die Angstinhalte durchaus ändern mögen. Sie hängen von den jeweiligen Erfahrungen der Individuen und ihrer Gemeinschaften, von politischen, sozialen und auch religiösen Veränderungen ab.

Die Angst kann zur Erhaltung unseres Lebens, zum Schutz vor wirklichen Gefahren sehr hilfreich sein, das wird manchmal vergessen. Daher könnte präziseres Wissen über das Phänomen Angst dazu führen, dass der hilfreiche Aspekt wieder in den Vordergrund gelangt und die lebenseinengende, manchmal sogar lebenszerstörende Funktion der Angst in den Hintergrund tritt. Wege zu erarbeiten, wie die lebenserhaltende Funktion des Angstgefühls gefördert, genutzt und in die Realität der Geschehnisse integriert werden kann, ist eines der gewichtigen Ziele dieses Buches. Die Zuwendung zum Angsterleben, mit dem Blick auf die bewusste Wahrnehmung des Angstgeschehens, ein weiteres.

Das Thema Angst ist, so paradox es auch klingen mag, eng mit den Themen Lebensfreude, Liebe, Kreativität, Vertrauen oder Harmonie verbunden. Erlebens-Qualitäten dieser Art sind mit Angstgefühlen zuerst einmal nicht vereinbar, weshalb wir ja auch danach streben, sie zu gewinnen und festzuhalten. Gerade dieses Streben aber signalisiert bereits ihr Ende, öffnet der Angst den Weg und drängt uns in einen freudlosen Kreislauf. Es hängt dann von der Art der Lösung ab, die wir für unsere Ängste finden, wie sehr wir für die andere Seite, die konstruktiven, integrierenden Aspekte unseres Gefühlslebens, offen bleiben. Liebe und Vertrauen, die eigentlichen Gegenpole von Hass und Angst, ihnen ist das Buch zumindest im selben Ausmaß gewidmet wie den scheinbar »negativen« Erfahrungen.

Um diese das Leben angenehm stärkenden Gefühle erfahrbar werden zu lassen, müssen wir uns jedoch zuerst mit den ihnen gleichsam als Wächter vorgestellten Gefühlen der Angst, der Furcht, des Ärgers, des Zorns und was es sonst noch auf der destruktiven Seite des »Er-Lebens« zu erfahren gibt, beschäftigen.

Ich habe in diesem Buch versucht, meine wissenschaftlichen, therapeutischen und persönlichen Erfahrungen zu integrieren und in einer verständlichen Form dem Leser näherzubringen. Es ist somit vom Aufbau her kein eigentlich wissenschaftliches Werk. Das würde vermutlich diejenigen, an die das Buch gerichtet ist, kaum ansprechen: Personen, die vielleicht selbst unter starken Ängsten zu leiden haben, aber auch Menschen, die vielleicht an nicht so offensichtlich das Leben einschränkenden Ängsten zu tragen haben, deren Konsequenzen aber für die Lebensgestaltung weitreichend sind.

Das Buch richtet sich aber auch an ihre Bezugspersonen, also Ehepartner, Eltern, Kinder, Verwandte, Arbeitskollegen, Lehrer usw., letztlich alle, die direkt oder indirekt durch ihre Beziehungen mit dem Thema Angst konfrontiert sind. Und das Buch richtet sich an alle, die mehr Kenntnis über die verschlungenen Wege ihres Gefühlslebens suchen. Besonders an diejenigen, die ihre Grenzen besser kennen und verstehen lernen wollen. Auch wenn sie an keinen manifesten, das Leben in einer offensichtlichen Weise einengenden Angstgefühlen leiden, stehen sie unter der subtilen Kontrolle von Angstabläufen. Ihre Ängste sind vielleicht versteckter, ihnen selbst nicht bewusst erfahrbar oder einsichtig. Dennoch können sie ihr Leben in einer Weise steuern, dass es beginnt, unmerklich in Sackgassen zu münden. Nicht zuletzt ist es denkbar, dass sie ihre Ängste so verdrängen, dass diese sich auf eine indirekte Weise, etwa als psychosomatische Erkrankung, Ausdruck verleihen.

Wenn wir lernen, die Augen für die sehr reichhaltige Trickkiste unserer Angstvermeidung im Alltag zu öffnen, dann haben wir einen wichtigen Schritt zu einem freieren und erfüllteren Leben getan. Ich habe in der Darstellung von Angstszenarien manchmal zu eher überdeutlichen Beispielen gegriffen. Sie sollen die kritischen Aspekte besser sichtbar machen, die bei jedem von uns in dieser oder jener Form ablaufen, wenn auch manchmal in etwas abgeschwächter Intensität.

Ich habe das Buch für seine erste Auflage, nachdem das Skript eine erhebliche Zeit lang halb fertig in der Schublage liegen geblieben war (damals gab es ja noch keine Laptops), kurzum zum »Fragment« erklärt. Das geschah in erster Linie, weil unser Wissen über die Geheimnisse menschlichen Fühlens und Erlebens noch so unvollständig und ausschnitthaft schien, dass der Anspruch, etwas endgültig »Richtiges« ausgesagt zu haben, eine glatte Anmaßung gewesen wäre. Aber auch heute, bei der Überarbeitung der vor 30 Jahren erstmals erschienenen Version, trifft der Begriff »Fragment« immer noch zu.

Auch ist es ein Irrtum zu glauben, dass ein Autor so ein Manuskript allein erstellt: Ich fühle mich eher als Sammler und Knüpfer eines Fleckerlteppichs von Situationen und Erfahrungen, an dem eine große Zahl von Menschen mehr oder weniger bewusst mitgestrickt hat. Ich bin dankbar für die Vielfalt jener, bei denen ich lernen durfte: Lehrer und Professoren ebenso wie Klienten, Therapeuten und andere Meister verschiedener Metiers, bei denen ich meine Angsttheorien im »Selbstversuch« teils mit Zähneklappern, Knieschlottern und anderen Somatisierungen »testen« konnte.

Möge das Ergebnis den Leser wiederum zu Situationen anregen, die es ihm ermöglichen, in der Begegnung mit seinen Ängsten jene Kräfte zu mobilisieren, die in ihnen liegen. Denn Angst ist in erster Linie eben Energie! Sie gilt es zu erkennen, zu erfahren und im Sinne eigener, selbstverantworteter Ziele einzusetzen – auf dem Weg zur Erfüllung der in jedem Menschen angelegten Potenziale.

Ist Angst eine Grundstimmung unserer Zeit?

Angesichts der ökonomischen, der weltpolitischen und in mancher Hinsicht auch der kulturellen Entwicklung unserer Zeit erscheint uns die Frage gerechtfertigt, ob wir in einer besonders angstintensiven Zeit leben. Schwer zu sagen, denn wir können es natürlich auch mit einem zum Modethema stilisierten Problem zu tun haben. Typisch für die öffentliche Behandlung von »Modethemen« ist ja, dass reichlich Anklage erhoben und der Finger publikumswirksam auf die Wunde gelegt wird. Zu praktikablen Lösungen führt dieses Vorhaben dann eher selten. Modethemen laufen Gefahr, undifferenziert abgehandelt zu werden und, da keine Lösung in Sicht ist, in der öffentlichen Aufmerksamkeit bald zugunsten neuer Moden einfach fallen gelassen zu werden.

Genau das aber unterstützt letztlich die Tendenz, das ganze Thema zu vermeiden. Unsere Fähigkeiten, die wirklich relevanten Vorgänge zu erkennen und entsprechend zu handeln, stumpfen ab. Auch dem Thema »Angst als Grundstimmung unserer Zeit« droht, in diese Kategorie öffentlich vermiedener Themen abzurutschen. Angst wird durch eine sonderbare Art von medialer Gewöhnung abgewertet, lächerlich gemacht, gesellschaftlich geächtet – ohne dass die realen Bedrohungen der einzelnen Menschen und ihrer Gesellschaften seriös bearbeitet, vielleicht sogar gelöst wurden. Nur, wem dient das?

Also ist die Frage nach zeitbedingten Ängsten berechtigt und die Suche nach Antworten wichtig. Schließlich sind ihre Konsequenzen weitreichend. Es kann ja wirklich sein, dass eine derartige Grundstimmung unser Leben heute mehr als das unserer Vorfahren bestimmt. Einige Faktoren sprechen dafür. Psychosomatische Erkrankungen sind tatsächlich häufiger. Sogar bei scheinbar »rein« somatischen Beschwerden, ja selbst bei so »unpsychischen« Leiden wie etwa physischen Unfallfolgen sind oft emotionale Komponenten als Ursachen beteiligt: Weil man sich innerlich ständig mit unerledigten, weil unbewältigten, Gefühlen und Konflikten beschäftigen muss, ist die Aufmerksamkeit von notwendigen Tätigkeiten »da draußen« abgelenkt und erhöht die Unfallwahrscheinlichkeit. Ganz zu schweigen von Parasuizidalität und kaschierten Suiziden.

Die Entwicklung eines hochindividualisierten Bewusstseins mit seiner auf dem Fuß folgenden Vereinsamung des Einzelnen hat in der diesen Prozess besonders fördernden westlichen Welt ein vermutlich einmaliges Ausmaß erreicht: Wenn nur zählt, was man für sich erreicht, der Sinn des Lebens damit steht und fällt, dann gibt es in der Tat viele Situationen, die existenziell bedrohlich erscheinen und somit auch anhaltend Angst auslösen.

Ein Großteil unseres Denkens und Handelns ist auf die Eliminierung von Angstauslösern gerichtet. Gemeint sind Hinweise darauf, dass etwas Bedrohliches geschieht. Gelingt es, diese Hinweise aus dem Bewusstsein zu schieben, so glaubt man, sich die Auseinandersetzung mit denjenigen Bedingungen unseres Lebens sparen zu können, die primär zur Angstentstehung geführt haben.

Dazu gehört die »Abschaffung« von solchen Erfahrungen, die uns mit der Endlichkeit unserer Leistungen und letztlich von uns selbst konfrontieren. Dies führt zwar zur erfolgreichen Reduktion von Angstanlässen, in der Folge aber zu einem Ansteigen einer ängstlichen Grundstimmung. Schließlich rechtfertigt das Bild der Welt im neuen Jahrtausend individuelle wie kollektive Realangst, die zuzulassen weitgehend vermieden wird: Unbemannte Kriegsführung mit dem »Joystick«, das uneingeschränkte Ausspionieren jeglicher Privatsphäre, die schier unfassbare Manipulation der Massen für nicht offen gelegte wirtschaftliche und politische Interessen, die Bevölkerungsentwicklung in Teilen der Welt, um nur einige der realen Angstanlässe zu erwähnen. Angstreduktion durch Wegsehen und Weghören löst die Probleme nicht und, da wir das latent wissen, führt das direkt zum Grundgefühl von Ausgeliefertsein und Angst.

Die Perfektion unserer physischen Technologie, die scheinbare »Machbarkeit« unserer Umwelt, die weitgehende Kontrolle über menschliches Verhalten bergen bei Anerkennung aller Vorzüge auch enorme Gefahren. Neben den viel diskutierten Problemen der Belastung des biophysischen Lebensraumes ist aber die Belastung des psycho- und soziokulturellen Lebensraumes ebenso zu betonen.

Gleichzeitig erscheinen die Möglichkeiten des Einzelnen reduziert, seine Umwelt so zu strukturieren, dass er mit überschaubaren Abläufen leben und Sinn im sozialen und beruflichen Feld finden kann. Angst wird zu Depression im Gefolge so gezüchteter Resignationsbereitschaft. Die übergreifenden Bedingungen der Sinnentleerung bleiben bestehen, die akuten Angstanlässe mit ihrer Gelegenheit zu Klärung und Abreaktion fehlen jedoch dank perfektionierter »Anlass-Vermeidung«. Diffuse Angst und Depression sind dann die unerfreulichen, lebensfeindlichen Folgeerscheinungen.

Der Ruf nach der Wissenschaft, der alles erklärenden Instanz, ist Teil des oben skizzierten Zusammenhangs. Wir hoffen, dass ein Experte kommt, der alles versteht und dann auch in der Lage ist, die richtigen Gegenmaßnahmen zu ergreifen. Dieser Lösungsversuch, wenn er oft auch in Einzelfällen dramatische Erfolge aufzuweisen vermag, perpetuiert jedoch das Dilemma: Wir geben die Verantwortung für die Gestaltung unseres Lebens an Automatismen ab. Wir schieben den vielleicht heilsamen Zusammenbruch überholter Weltbilder und des damit verbundenen Entwurfs unserer Lebensgestaltung angstvoll vor uns her, indem wir uns an Aussagen von Experten klammern. Dabei aber zementieren wir unsere Unreife, unsere Abhängigkeit und damit die aus ihnen entstehende Lebensangst. Die Freiheit des Wollens, der Vorrang der Werte wird den Technokraten und Robotern geopfert.

Die persönliche, das eigene Leben, Denken, Fühlen betreffende Erforschung anhaltender emotionaler Krisen hat nicht nur die Aufgabe, die Situationen zu untersuchen, die Angst erzeugen. Sie hat auch die psychischen, physischen, ökonomischen und sozialen Zusammenhänge im Menschen aufzuspüren, aus denen heraus er sich diese Situationen schafft.

Lösungen im sozialen Mikrobereich (Zweierbeziehung und Familie) ebenso wie im Makrobereich (Schule, Firma, Nation etc.) setzen eine bessere Kenntnis dessen voraus, was sich in jedem Einzelnen abspielt. Erst so wird verständlich, wie Verhalten zustande kommt und soziale Situationen entstehen. Über die Selbsterkenntnis lässt sich wohl am nachhaltigsten auf Verhalten und auf Situationen Einfluss nehmen.

Wie man dazu kommt? In diesem Buch wird der Versuch unternommen, einige Fragen zu stellen, durch deren Bearbeitung die Leser sich selbst in die Lage versetzen, eigenverantwortlich Antworten zu finden und Entscheidungen für sich und ihr Leben zu treffen.

Ein Ratgeber also, der nur Fragen stellt und keine Antworten, keine Ratschläge gibt? Genau das! Ein »paradoxes Ratgeberbuch«, das zu Eigenverantwortung und Entscheidungsbereitschaft ermutigt, aber keine Anleitung, kein »Manual zum besseren Leben« verspricht. Schließlich befindet sich der Autor, existenziell gesehen, in keiner besseren, aber auch nicht schlechteren Lage als seine Leserinnen und Leser! Vielleicht ermöglicht aber die Anerkennung genau dieser Wirklichkeit eine Art von Begegnung zwischen uns, zwischen mir, dem Autor, und Ihnen, der Leserin, dem Leser ...

Angst, ihre Ursachen, ihre Auslöser, ihre Erscheinungsformen und ihre Beeinflussbarkeit, das alles ist am deutlichsten dort zu studieren, wo Angst tatsächlich stattfindet, in jedem Menschen also. Sie wird aber dort in ihren Abläufen besonders deutlich sichtbar, wo sie tatsächlich in extremer Form auftritt und aus der Sicht der Außenstehenden irrational ist, bei sogenannten klinischen Ängsten oder »Angststörungen«. Die dabei beobachtbaren Gesetzmäßigkeiten gelten meist auch für die einer systematischen Forschung schwerer zugänglichen, klinisch nicht auffälligen Alltagsängste. Diese subtileren und besser kaschierten Formen steuern jedoch unser Leben in beträchtlichem Maße, wenn auch meist unerkannt. Sie prägen beispielsweise das Gesicht einer Kultur. Wenn es gelingt, in den Alltagsängsten den irrationalen – sprich »normal-neurotischen« – Teil vom rational begründeten Teil zu trennen, ist eine Voraussetzung für realitätskonformes und -formendes Handeln geschaffen. Die irrationalen Extremängste »klinischen Ausmaßes« können uns dabei helfen, Angstprozesse besser zu erkennen.

I. Kapitel:
Über die Realität der Angst

Auch irrationale Angst ist real

Die zentrale These dieses Buches besagt, dass Angst ein wichtiges, lebenserhaltendes Gefühl ist, das uns Menschen warnt und zur Bewältigung von realen Bedrohungen drängt. Sie ist aber auch ein belastendes Gefühl und wir streben natürlich auch danach, es selbst zu vermeiden oder ihm sonst wie zu entkommen. Wenn nun die realen Verhältnisse eine rasche Problemlösung nicht ermöglichen oder wir uns selbst den Einsatz von radikaleren und riskanteren Bewältigungsmaßnahmen nicht erlauben, greifen wir manchmal zu einer Art von Selbstbetrug: Wir belügen uns selbst, indem wir die Gefahr kleinreden, uns in beruhigende Floskeln flüchten oder alarmierende Fakten schlicht ignorieren. Wir setzen eben irrationale Formen der Angstvermeidung ein. Sie sind einerseits wesentlicher Bestandteil individuellen und kollektiven Unheils, helfen andererseits aber auch, trotz unkontrollierbarer Gefahren heiter und (vielleicht unangemessen) optimistisch zu bleiben. Die Methoden der irrationalen Angstvermeidung sind vermutlich so vielfältig wie die Menschen. Dennoch, diesem Prozess nachzuspüren, ihn so durchschaubar zu machen, kann reifere Konfliktlösungen des Einzelnen und größerer gesellschaftlicher Gruppierungen ermöglichen. Aber was ist Angst eigentlich? Wie wirkt sie sich auf Denken und Handeln aus?

Die Mutter eines vierjährigen Mädchens hat den Raum soeben für einige Minuten verlassen. Sie war zur Beratungsstelle gekommen, weil ihre Tochter »Angst« hat, keine Kontakte zu anderen Kindern sucht, ständig am Rockzipfel der Mutter hängt etc. Wir wollten sehen, was das Kind tut, wenn die Mutter tatsächlich weggeht:

Das Kind steht etwas verloren in der Mitte des Raumes, der mit verlockenden Spielsachen angefüllt ist, schaut sich kurz um, bleibt dann regungslos stehen. Dann sagt es leise, wie zu sich selbst: »Angst ... ich habe Angst ... Mutti ist weggegangen ... Angst.« Als seine Mutter wiederkommt, seufzt es und beginnt, den Raum zu erforschen – ohne vorerst von der Rückkehr seiner Mutter allzu augenscheinlich Notiz genommen zu haben.

Dieses vierjährige Kind hat das Wort »Angst« bereits als Begriff verwendet, der keinen Gegenstand repräsentiert, sondern eine persönliche Erfahrung, ein Gefühl: Indem wir uns in die Lage des Kindes versetzen und dann ansatzweise eine ähnliche Erfahrung machen, können wir nachvollziehen, wovon es spricht. Genau das aber konnte schon bei einem Zweijährigen beobachtet werden. Als er seine Mutter weinen sah, stand er betreten daneben und sagte: »Mama weint, Mama hat Angst.« Weiß er als Zweijähriger, was Angst ist? Kann er sogar schon aus dem Verhalten eines anderen, in dem Fall seiner Mutter, durch Mitempfinden ahnen, was diese empfindet?

Die Fähigkeit, verschiedene Gefühle zu erleben, dürfte aller Wahrscheinlichkeit nach sogar noch viel früher in der individuellen Entwicklung da sein. Es gibt Ansatzpunkte für die Annahme, dass Gefühle und dazu passende Umwelteindrücke bereits beim Neugeborenen, ja sogar im vorgeburtlichen Stadium erlebbar sind. Das Gefühlsleben, ein durch entwicklungsgeschichtlich sehr alte Gehirnteile getragener Prozess, ist offensichtlich auf die volle Entwicklung des Gehirns nicht angewiesen. Erst das Benennen dieses Erlebens und damit das Differenzieren und Kategorisieren, das

Einordnen in ein Sprachschema, setzt eine Weiterentwicklung des Zentralnervensystems (ZNS) voraus, insbesondere der Großhirnrinde.

Dieser Prozess des Beurteilens, des Denkens und Sprechens ist ein zum Gefühlserleben selbst fremder Vorgang. In ihm wird gleichsam »von außen«, durch sprachliches Herausheben der Ereignisse aus dem Fluss der »gleitenden Gegenwart«, eine neue, diesmal abstrakte sprachliche Wirklichkeit geschaffen. Sie soll das Gefühlserleben abbilden und übersetzen, dadurch »greifbarer«, der Erfahrungsbildung durch das Gedächtnis zugänglich machen. Sie kann aber auch dieses Erleben entstellen und eine Art Eigenleben bilden.

Das vierjährige Mädchen weiß, wann es einen Angstzustand erlebt, und der Zweijährige erkennt am Verhalten eines anderen diesen Zustand wieder. Warum haben wir dann aber als Erwachsene, vor allem beim Versuch einer wissenschaftlichen Betrachtung des Phänomens der Angst, so große Probleme mit der Beschreibung, Erklärung und Veränderung dieser Gefühle, wenn dies sozusagen »babyleicht« ist? Eine mögliche Erklärung dafür ist, dass Gefühle, insbesondere das Gefühl der Angst, sozial abgewertet und damit schon beim Kind unterdrückt werden. Das führt unter anderem dazu, dass wir lernen, die Wahrnehmung dieser Gefühle vor anderen und letztlich auch vor uns selbst zu verbergen. Wir drücken diese Gefühle nicht mehr frei aus und stumpfen innerlich ab – bis wir nicht mehr wissen, ob wir, wenn wir aufgeregt sind, Ärger, Freude, Trauer oder Angst verspüren. Wir haben selbst unsere Gefühlssicherheit verwirrt, um nicht ein abgewertetes Gefühl bei uns entdecken zu müssen. Dumm nur, dass wir mit der Verwirrung unserer Gefühle uns selbst verwirren.

Die »exakten« Wissenschaften tun sich in der Gefühlsforschung besonders schwer. Sie haben bis heute über die Geheimnisse des Innenlebens nur wenige gesicherte Befunde erbracht, die dann meist aus der Alltagserfahrung trivial erscheinen. Das grundsätzliche Bestreben jeder Wissenschaft, nämlich allgemeine Regeln und Gesetzmäßigkeiten zu finden und zu überprüfen, stößt hier auf forschungsmethodische Schranken.

Angst als »Antreiber«

Angst ist ja eigentlich ein Sammelbegriff für eine Vielzahl von Gefühlsfacetten. Die Variationen reichen von unspezifischem »Angstgrauen« bis zu konkreter Furcht. All diesen Gefühlen sind einige Aspekte gemeinsam. Im Vordergrund steht dabei das Unlustgefühl, das sich vermutlich aus einer Mischung von Druck- und Temperaturempfinden in der Magengegend, Anspannung und Enge in der Herz- und Halsgegend und dem Gefühl der Bewegung des nach unten durchsackenden Magens ergibt. Vor allem aber basiert es auf dem Anhalten des Atems, wodurch ein Sauerstoffmangel in der Lunge und in der Folge im Blut erzeugt wird, der uns hinsichtlich der dabei entstehenden Gefühlsqualität in die Nähe von so etwas wie Todesangst bringt. Wir kennen dieses Gefühl aus vielen Situationen, sei es, dass wir plötzlich zum Chef gerufen werden, dass wir kurz davor stehen, ein Prüfungsergebnis zu erfahren, uns einer Operation unterziehen müssen oder dabei sind, Schritt für Schritt draufzukommen, dass der Partner fremdgeht.

Allerdings ist Angst nicht immer nur unangenehm. In bestimmten Situationen, wenn die letzte Kontrolle noch nicht in Gefahr und die Gefühlsintensität nicht allzu hoch ist, kann auch so etwas wie Angstlust oder »thrill« erlebt werden. Wir spüren das z. B., wenn wir dem Verkehrspolizisten eine trotzige Antwort geben, wenn wir uns im Freundeskreis mit großem »Hurra« in der Fantasie ergehen, den Chef anzuschreien, oder wenn wir einmal versuchen sollten, auf einer Kuh zu reiten.

Ab einer nicht genau zu bestimmenden Intensität wird Angst jedoch primär aversiv, wir erleben ein Gefühl der Unlust, das sich bis zur Panik steigern kann. Dieser Umstand treibt uns im Allgemeinen dazu an, irgendeine Veränderung vorzunehmen, und zwar an der Angst erzeugenden Situation (äußere Bedrohung) oder an den inneren Prozessen (Denken, Fühlen, Überzeugungen). Das unangenehme Erlebnis wirkt somit verhaltens- und situationsändernd. Wir tun etwas, damit es aufhört. Diese Veränderungen können kleine spezifische Dinge wie das Erledigen einer Schulaufgabe, das Verlangsamen des Tempos beim Autofahren im Platzregen oder das vorsorgliche Mitnehmen eines Regenschirms sein.

Die Angst kann sich aber auch darin äußern, dass wir uns von einem Partner oder von Freunden Übergriffigkeiten gefallen lassen, nur um nicht plötzlich allein gelassen zu werden. Wenn das Alleinsein real oder sogar nur in der Vorstellung unerträglich wird, lassen sich Menschen zuweilen in einem Ausmaß unterdrücken, dass es für den Außenstehenden schwer zu verstehen ist. Die dann eher zweifelhafte »Angstbewältigung« kann von passivem Ertragen von verbaler oder physischer Gewalt bis zum Ausführen von Taten gehen, die von der Bezugsperson gefordert werden, obwohl man selbst diese Taten vielleicht moralisch ablehnt.

Hier wird die gesamte Problematik der angstvermittelten Abhängigkeit, ja Hörigkeit, die sich im zwischenmenschlichen, politischen, aber auch religiösen Geschehen immer wieder beobachten lässt, nur kurz angetippt. Im weiteren Verlauf des Buches aber wird sie immer wieder thematisiert werden müssen.

Das Angstgefühl kann aber auch umfangreiche und komplexe Entscheidungen auslösen wie z. B. das Verlassen eines Landes, den Wechsel des Berufes oder die Auflösung einer Partnerschaft. Das ist dann unproblematisch, wenn die Angst, die zu diesen Entscheidungen antreibt, rational begründbar ist. Damit ist gemeint, dass sie in einem aus den Lebensmaximen des Betroffenen heraus einsichtigen Zusammenhang mit der Entscheidungssituation steht. Leider ist das aber oft nicht der Fall. Dann wird die Angst in den Augen des Betrachters irrational: Einzelne Aspekte der Bedrohung werden überbetont, andere geleugnet.

Und damit wären wir beim zentralen Thema: Wie lasse ich mich durch irrationale, situationsunangemessene Ängste zu Tätigkeiten oder Entscheidungen zwingen, die ich vernünftigerweise nicht treffen würde? Wie kann ich mich von diesen Zwängen befreien – und zwar so, dass ich meine Handlungen frei wählen kann? Und welche verdrehte Rationalität wird aufrechterhalten, um irrationale Angst rational erscheinen zu lassen? Wenn jemand z. B. Angstanfälle bekommt, nachdem er stunden- und tagelang in der Telefonvermittlung oder am Fließband ausgeharrt hat, und dann schreiend umfällt oder wegläuft, so ist eher die »Vernunft« fragwürdig, die ihn zu der Tätigkeit zwingt.

Die therapeutische Arbeit am Angstanfall ohne Berücksichtigung der Lebens- und Arbeitsbedingungen wäre in diesem Fall geradezu pervers. Es geht vielmehr um Änderungen unseres Verhaltens, das heißt der tatsächlichen Lebensbedingungen: eine berufliche, soziale, familiäre Neuorientierung. Was aber, wenn Angst und Furcht unser Denken und Wahrnehmen so bestimmen, dass wir uns immer wieder absurde Lebensumstände schaffen? In diesen Fällen ist die Arbeit an solchen Prozessen angezeigt, die global als »Angstbewusstsein« bezeichnet werden können: Einsicht in Entstehung, Aufrechterhaltung und Konsequenzen eines irrationalen Selbst- und Weltbildes. Das Umdeuten, Ignorieren oder Verdrängen der Anzeichen einer Gefahr, aber auch das Unterdrücken des unangenehmen Gefühls selbst sind Beispiele dafür.

Eine Frau mit wirklich starker Angst vor Schlangen berichtete, dass sie auch in der U-Bahn, im Restaurant, ja selbst in der Küche ständig erwartete, irgendwo eines dieser »Viecher« – sie scheute sich, das Wort »Schlange« auszusprechen – liegen zu sehen. Sie sprach auch mit keinem Fremden, weil dann irgendetwas über Schlangen hätte gesagt werden können, vermied spielende Kinder, sie hätten ja eine Gummischlange dabeihaben können.

Das alles sind bereits weitgehend fixierte Ideen. Wenn sie ein S-förmiges Verkehrszeichen sah, machte sie sich ganz steif in der

Hoffnung, damit den aufkommenden Schrecken abwürgen zu können. Sie hatte gewiss keinen einfachen Alltag, noch dazu ohne TV – angeblich kommt jeden zweiten Abend irgendwie eine Schlange ins Bild – und ohne Illustrierte.

Diese festen Ideen, meist Meinungen über vermeintliche Gefahren oder die eigene Unfähigkeit, ihnen zu begegnen, nimmt einen zentralen Stellenwert im Bewusstseinsablauf ein. Das Beispiel der Schlangenangst können wir als nicht Betroffene leicht abtun, es scheint uns fremd. Tatsache ist jedoch, dass kaum jemand vor solchen ungeprüften, aus früheren Teilerfahrungen in die Gegenwart mitgenommenen Fixierungen unseres Denkens frei ist. Und jedem würde es bei einer Veränderung dieser Struktur zumindest so zumute sein wie der Frau mit der Schlangenangst.

Diese Ideen werden zu »unumstößlichen Tatsachen«, die auch bestehen bleiben, wenn die Angst selbst subjektiv gar nicht mehr spürbar wird. Sie können unser Handeln unbewusst in einem Ausmaß steuern, das wir selbst kaum erahnen. Dies gilt nicht nur für offensichtlich zwanghafte Handlungen und Gedankengebäude im klinischen Bereich, sondern auch für den Alltag eines jeden anderen Menschen. Ohne Not werden diese Systeme auch nicht mehr getestet. Die Angst tritt erst wieder auf, wenn die abwehrenden Hilfsmittel (durch Therapie oder unausweichliche Lebensereignisse z. B.) zu versagen beginnen.

Die vielfältigen inneren Maßnahmen zur Vermeidung von Angst, im Jargon der Therapeuten »Angstabwehr« genannt, können in extremer Form eine Verzerrung der Wahrnehmung und des Erlebens bewirken. Tritt diese Verzerrung besonders massiv auf, spricht man landläufig von »krankhafter« Angst. Diese Prozesse sind es, die dann zum Inhalt prinzipiell jeder psychologischen Therapie werden, gleich welcher Richtung. Dabei werden, mit z. T. schon sehr verschiedenen Vorgehensweisen, die Gedankengebäude und die sie konstituierenden psychischen Prozesse der Angstabwehr bearbeitet.

Die Betroffenen mussten ja zu ihrem Schutz Methoden der Angstabwehr entwickeln, die später dann für den uninformierten Betrachter funktionslos, also irrational geworden sind. Diese Methoden können zwar kurzfristig Aufschub ermöglichen und uns vorübergehend ein Gefühl der Erleichterung vermitteln – was uns ja an ihnen als »Angstlöser« festhalten lässt –, langfristig aber zementieren sie erst recht die angstmachende Grundhaltung mit den anscheinend dazu gehörenden Ideen der Selbstabwertung und dem Gefühl, in seinem Leben irgendwie im falschen Film gelandet zu sein.

Keine Angst ohne Erwartung

Ein wesentliches Bestimmungsmerkmal von Angst und Furcht ist die Wahrnehmung einer Bedrohung. Bedrohung setzt Antizipieren von Gefährlichem voraus, also die Erwartung eines gefährlichen, entweder symbolisch oder tatsächlich existenzbedrohenden Ereignisses. Das kann die Erwartung eines realen Unglücks, des Todes, einer plötzlichen Erkrankung, eines Angriffes sein. Es kann aber auch die Erwartung »zwischenmenschlicher Bedrohungen« sein, etwa einer Demütigung, einer sozialen Abwertung, einer Beschuldigung, dass irgendetwas nicht in Ordnung ist; und dass man in der Folge dessen verlassen wird, einsam ist und das Leben seinen (bisherigen) Sinn verliert.

Solche zwischenmenschlichen, oft symbolischen Bedrohungen werden u. U. so sehr gefürchtet, dass manchen Menschen der Tod eher erträglich scheint als die Einsamkeit des Verlassenen. Nicht wenige Suizide sind so begründbar, verbunden mit dem verzweifelten Appell, sich durch den Opfertod nachhaltige Bindung zu sichern, wenn auch nur in der Erinnerung der Angehörigen.

Doch zurück zur Rolle der Erwartung für den Angstablauf: Die Frau mit der zuvor geschilderten extremen Angst vor Schlangen erlebt ja ihre Angst fast ausschließlich in der Erwartung. Im Gespräch gab sie an, sich nicht erinnern zu können, einer echten Schlange jemals im Freien begegnet zu sein. Die Erwartung, meist verbunden mit einer recht lebendigen visuellen Vorstellung, ist es also, die durch teils weit hergeholte Symbole aktiviert wird und die bereits ausreicht, die Kettenreaktion ihrer Ängste auszulösen. Doch auch in unserem Alltag, mit seinen wahrscheinlich weniger extremen Ängsten, spielen die Erwartung und die Vorstellung aller Unglücksmöglichkeiten die entscheidende Rolle. Liegt ein Schreiben vom Finanzamt im Briefkasten, kommen die Kinder nicht rechtzeitig nach Hause: Rasch geistern die ersten Katastrophenfantasien durch unseren Kopf, begleitet von jenen unangenehmen Beklemmungsgefühlen, die wir Angst nennen.

Ablaufschema des Angstgeschehens

Die verschiedenen Arten von Ängsten und die mehr oder weniger angemessenen Bewältigungsmaßnahmen lassen sich anhand eines allgemeinen Ablaufschemas besser zusammenfassen:

I. Alarm
Etwas Ungewöhnliches geschieht und löst eine Art von innerem Alarm aus. Es kommt zur ersten »Mobilisierung« des Körpers durch Aufregung – wir werden »belebt«, um notfalls schnell angreifen oder fliehen zu können.

Diese unspezifische Erregung kann durch einen intensiven Reiz (lauter Ton, grelles Licht, heftiger Druck, Hitze, Schmerz), die Ankündigung eines Schmerzes (Erwartung), unter Umständen auch die Abweichung von etwas Erwartetem, ausgelöst werden, unser System »Körper« wird aktiviert (autonom-nervöse Erregung).

II. Sofortmaßnahme
Diese Aktivierung von Energie verlangt dann nach einer »körperlichen« Lösung, und zwar entweder

▶ als reflexartige Flucht/Angriff (1) oder
▶ als Reflexunterdrückung, verbunden mit gedanklicher Klärung der tatsächlichen Bedrohung (2).

Die Reflexunterdrückung enthält folgende Elemente:

2.A. *Information:* Die Zuwendung der Aufmerksamkeit zur Quelle der Erregung soll – sofern nicht bereits reflektorisch eine Abwehr erfolgte (Defensivreflex) – die Suche nach mehr Information ermöglichen (Orientierung).
2.B. *Bewertung der Gefahr:* Der Erreger wird hinsichtlich seiner Gefährlichkeit taxiert. Ist das Ergebnis unbedenklich, kehrt wieder Ruhe ein. Wird die Bedrohung jedoch bestätigt, kommt es zu weiteren Operationen.
2.C. *Suche nach verfügbaren Gegenmaßnahmen, Abwägen der jeweiligen Konsequenzen, Handlungsentscheidung und -durchführung, Neubewertung:* Aus dem Repertoire, das grundsätzlich von Angriff über Stillhalten bis zur Flucht reicht, werden verschiedene Maßnahmen ausgewählt und eingesetzt – sofern kein äußeres oder inneres Hindernis vorliegt.

Angst wird in dieser Phase am deutlichsten erlebt, solange die Erregung aktiviert ist und die Lösungsversuche noch keine Entlastung garantieren, die Bedrohung also bestehen bleibt.

Die gezielte Handlung kann extern erfolgen, im Verändern realer äußerer Bedrohungen, und intern, im Denken, als weiteres Suchen und Erproben von Gegenmaßnahmen.

Der Erfolg der Handlung wird noch einmal geprüft. Ist er positiv, so tritt Ruhe ein, ist er negativ, beginnt alles noch einmal bei

I. Alarm bzw. II. Sofortmaßnahme. Liegen aber Hindernisse für die Handlungen bzw. für die Wiederholungen von I. und II. vor, kommt es zur Verstärkung der Angst. Das kann realitätsentstellende, irrationale gedankliche Prozesse auslösen: Versuche direkter Angstreduktion durch Verleugnung der Gefahr, Überbewertung der Bewältigungskompetenz, Ablenkung bis hin zur Wahrnehmungsverzerrung.

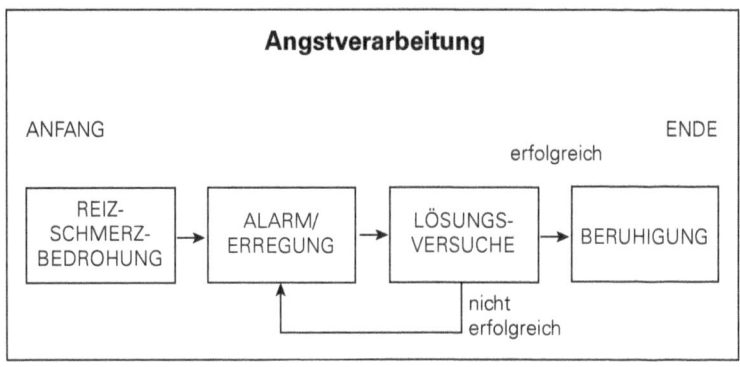

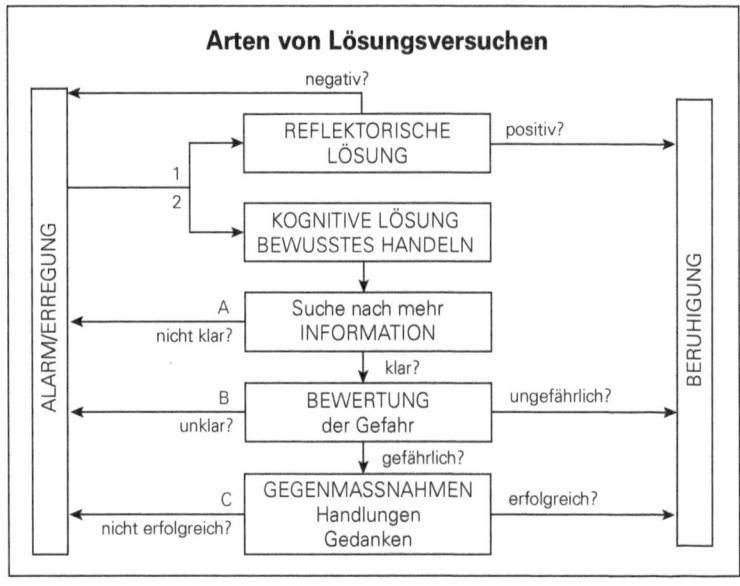

Die Angsterregung wurde bedrohlicher als die Bedrohung selbst, also richtet sich das Denken gegen das angsterzeugende Denken und Wahrnehmen! Wer die Augen vor der Gefahr verschließt, buchstäblich den Kopf in den Sand steckt, reduziert Angst. Für ein Weilchen zumindest ...

Angst ist demnach die Folge der Blockierung einer Erregung, die nicht in eines von zwei handlungsbegleitenden Gefühlen überführt werden kann – Ärger bei Angriff bzw. Furcht bei Flucht. Sie beginnt bereits mit der Suche nach mehr Information, die ja bereits einen Aufschub sofortigen erregungsreduzierenden Handelns voraussetzt. Sie kann bis zur Neubewertung der Gefahr bestehen bleiben.

Im Falle unbefriedigender Lösungen ist die Aufrechterhaltung der Angsterregung sogar Voraussetzung für weitere Arbeit an einer positiven Lösung. Handlung per se reduziert jedoch bereits Angst, bzw. differenziert sie in Ärger- oder Furchterregung. Woher sonst käme der Hang, in manchen Situationen mittels blindem Aktionismus Erregung abzuführen. Passives Warten und nach Lösungen suchen ist zu sehr von Angst begleitet, Aktionismus führt Energie ab, auch wenn die Aktionen nutzlos sind.

Bei Misserfolg wird jedoch der Ablauf ab II. wieder erforderlich, wird die Erregung wieder zu diffusem Angstgefühl. Irrationale Lösungen, die bei erfolglosen Handlungen verlockend werden, können zwar die Angsterregung reduzieren, jedoch um den Preis der Entwicklung pathologischer Denkformen.

Wenn keine der prinzipiellen Aktionen – Angriff versus Flucht bzw. gedankliche Problemlösung – möglich bzw. erlaubt ist, bleibt eine diffuse Erstarrung zurück – körperlich, emotional und gedanklich. Das diesen Zustand begleitende Gefühl ist eben Angst. Sie lähmt auf Dauer jene Kreativität, die zur Lösung drängender Probleme wesentliche Voraussetzung ist. Ein unangenehmer Zustand, der dann leicht auch mittels irrationaler Selbstbetäubung eliminiert wird – die reale Bedrohung wird abgewiegelt, die Fakten ausgeblendet:

- der Realitätswert der Bedrohung wird angezweifelt,
- die realen Chancen der Bewältigung werden entstellt (zu gut oder zu schlecht),
- oder der gesamte Problemkomplex wird ignoriert, auf andere Personen oder Inhalte verschoben.

Doch sehen wir uns den ganzen Ablauf anhand einer sogenannten Tierphobie an, einer Angst, die in milder Form häufig vorkommt. Die hier dargestellte Intensität der Angst ist sehr selten, sie ist eindeutig irrational in dem Sinne, als keine reale Lebensbedrohung gegeben ist. Gemessen an dem Wunsch der Betroffenen, ein bestimmtes Ekelgefühl zu vermeiden, ist sie jedoch sehr rational und eine echte Behinderung in allen Lebensbereichen. Nach der Darstellung der Äußerungsformen des Problems wird das eben skizzierte Ablaufschema zur Illustration der Störung benutzt, um allgemein gültige Schlussfolgerungen zu ziehen.

II. Kapitel:
Beispiele – Viele Ängste, ein Verlauf?

Die Tierphobie

Im Laufe der langen Entwicklung des Menschen hatten diejenigen unserer Vorfahren in manchen Bereichen etwas bessere Überlebenschancen, die sich rechtzeitig gegen Spinnen und Insekten wehrten. Dazu gehört auch, beim Anblick eines solchen Tieres mit Erregung zu reagieren. Diese Erregung alarmiert unser Aufmerksamkeits- und Abwehrsystem und treibt uns über das Auftreten eines aversiven Gefühls wie Ekel, Unlust, aber auch Schrecken zu Gegenmaßnahmen – Flucht oder Angriff im weitesten Sinne.

Mag sein, dass die Bereitschaft für diese wie automatisch ablaufenden Reaktionen genetisch weitergegeben wird. Tatsache ist, dass im Zustand starker Anspannung und Erregung das reflexartige Auftreten dieser Ekel- oder Schreckreaktionen begünstigt wird. Die Schreckreaktion trifft auf ein ohnehin schon alarmiertes System und setzt eine Reihe automatisch ablaufender Prozesse im Denken, Fühlen und im Verhalten in Gang, bis zu Angst und Panik.

Eine Phobie wird daraus, wenn die Wahrnehmung, besonders aber die Erwartung von Insekten oder Spinnen zu einem zentralen Ereignis im Bewusstseinsablauf wird, eine Reihe von Vermeidungsmaßnahmen bewirkt und das Tagesgeschehen dominiert.

Im Netz der Vermeidung: Maria

Sie sieht mit 40 Jahren etwas älter aus, als sie tatsächlich ist, schaut vor sich auf den Boden, vermeidet den Blickkontakt. Ihre Hände sind ständig in Bewegung, sie ist offensichtlich sehr unruhig. Die Schultern sind hochgezogen, als wollte sie den Kopf dazwischen verstecken. Was sie sagt, ist fast unverständlich, von langen Pausen unterbrochen. Ihr Oberkörper ist steif aufgerichtet. Sie atmet hörbar ein, scheint jedoch nie auszuatmen. Den Wortfetzen ist zu entnehmen, dass sie mit sich um eine Entscheidung ringt: Soll ich wieder aufstehen und nach Hause gehen? Einfach wieder alles aufgeben? Oder soll ich doch besser hierbleiben und beschreiben, was mich bedrückt?

Nach einiger Zeit wird klar, dass sie schon gerne Unterstützung haben möchte. Das ganze Thema macht ihr jedoch so viel Angst, dass es ihr unmöglich wird, darüber zu sprechen. Sie kann einfach die »kritischen« Wörter nicht in den Mund nehmen! Dann bringt sie heraus, dass sie Angst vor »diesen Dingern« hat. Sie will aber nicht genau sagen, vor welchen, weil sie sich ekelt, darüber zu sprechen. Sie will von mir die Zusage, dass ich diese Wörter in ihrer Gegenwart auch nicht ausspreche.

Maria hat also nicht nur Angst vor bestimmten Kleintieren wie Spinnen, Insekten etc., sondern auch vor symbolischen Darstellungen derselben in Bildern, Fotografien oder in der Wortsprache. Auch scheut sie sich davor, diese symbolischen Darstellungen selbst zu verwenden: im Aussprechen, Lesen, Zeichnen oder selbst Schreiben der Namen dieser Tiere.

Ihre Erlebnisse beschreibt sie so: »Wenn ich ein ... na ja, Sie wissen schon, so ein ... so ein Dingsda sehe oder wenn es nur ein Nagel an der Wand ist, der so ähnlich aussieht, oder ein Stück Schmutz auf dem Boden, dann fährt mir ein solcher Schrecken durch alle Glieder, dass ich zuerst einmal ganz steif werde. Ich kann nicht mehr atmen, ich kann mich nicht mehr bewegen und gleichzeitig ist mir, als würde die Aufregung über meinem Kopf zusammenschlagen.

Ich kann in diesem Moment an nichts anderes denken als an die Flucht. Mein Kopf ist wie leer, so als hätte ich Baumwolle oder Watte drinnen. Wenn ich dann nicht sofort wegkomme, wird mir schwindlig und übel. Ich muss mich festhalten, habe Angst, mich zu übergeben. Es ist, als würde der Boden unter meinen Füßen zu schwanken anfangen. Wenn jemand anderer dabei ist, halte ich mich an ihm fest.

Einmal ist es passiert, dass ich in meiner Verzweiflung meine Fingernägel tief in den Arm meines Lebensgefährten gebohrt habe. Das tut mir nachher fürchterlich leid und ich habe dann auch schwere Schuldgefühle. Aber in dem Augenblick, wo es passiert, kann ich mich gar nicht dagegen wehren, weiß ich auch nachher gar nicht mehr genau, was ich getan habe: Es läuft wie automatisch ab. Ich bin dem völlig ausgeliefert.

Dabei weiß ich aber, dass mir diese Tiere gar nichts tun können. Ich weiß, dass ›diese Dinger‹ nicht giftig sind. Aber irgendwie, selbst wenn sie giftig wären ... ich glaub', ich habe gar keine Angst davor, dass mich eines von diesen Dingern verletzen könnte, dass ich an einem Biss sterben könnte. Ich kann sie nur einfach nicht sehen. Mir ekelt und graut so fürchterlich vor ihnen. Wenn ich mir das so überlege, habe ich Angst, verrückt zu werden.«

Reale Behinderung im Alltag

Maria erzählt, wie sehr sie im Alltag durch dieses Problem beeinträchtigt wird. Dabei scheint für sie selbst die Einengung ihrer eigenen Handlungsmöglichkeiten noch weniger schlimm zu sein. Davon ist sie ja nur selbst betroffen. Sie macht sich jedoch Vorwürfe dafür, dass ihre Familie – das sind ihre beiden Kinder aus erster Ehe und ihr Lebensgefährte – unter den Folgen ihrer Angst zu leiden hat. Die Familie muss mitspielen. In der Wohnung dürfen z. B. die Fenster nicht aufgemacht werden, weil ein Insekt hereinkommen könnte. Oder es könnte, da diese »Viecher« sich häufig in den Fensterfugen aufhalten, beim Öffnen eines auf den Boden runterfallen. Die Tür zum Balkon ist seit Jahren nicht mehr geöffnet worden – und zwar aus genau diesem Grund.

Kontamination
Die Kinder dürfen nicht auf dem Boden spielen, weil sie dabei mit einem solchen Tier in Berührung kommen könnten. Maria hat Angst, dass sie sich dann nicht vor den Tieren, sondern auch vor dem so »kontaminierten« Kind ekelt. Es wäre dann durch die Berührung mit dem Fußboden, über den einmal eine Spinne gekrabbelt sein könnte, potenziell verunreinigt. Sie müsste, einem inneren Zwang folgend, im Kontakt mit dem Kind stets an die Spinnen denken und dabei Abscheu erleben. Die Folgen für ihre Beziehung zu den Kindern sind ihr klar.

So etwas Ähnliches ist ihr bereits mit einem früheren Partner passiert. Er kam nach dem Bad ahnungslos barfuß aus dem Badezimmer, wobei er zwangsläufig direkten Hautkontakt mit dem potenziell verunreinigten Boden haben musste. Maria hat daraufhin einen Panikanfall bekommen. Sie »konnte« ihren Partner danach nicht mehr berühren und ließ es auch mit sich nicht mehr geschehen. Da sich das nicht mehr legte, ging die Beziehung daraufhin zu Ende.

Diese Erfahrung führte wohl dazu, dass Maria vor solchen Kontaminationen besondere Angst hat, dabei besonders heftig reagiert. Wenn sie eines ihrer Kinder beim Spielen etwa auf dem Boden sitzend antrifft, beginnt sie unkontrolliert zu schreien. Dann fleht sie das Kind verzweifelt an, dies nicht mehr zu tun. Sie fürchtet, es dadurch ebenso zu verlieren.

Erschöpfung
Maria ist nach einem solchen Ereignis völlig erschöpft, auch verstört und vor allem tief deprimiert. Sie fühlt sich kraftlos, unsagbar hilflos, einem absurden Schicksal ausgeliefert und denkt an Selbst-

mord. In dieser Phase ist sie geistig wie abwesend, kaum ansprechbar. Nachher kann sie sich an das Geschehen nur in Bruchstücken erinnern.

Während sie all das erzählt, kehrt ein Teil ihrer Deprimiertheit zurück. Ihre Stimme wird langsamer, schwerer, ihre Schultern sind nicht mehr so hochgezogen. Sie hat Angst, dass sie ihre Kinder durch ihr Problem verrückt macht.

Konfrontation

Manchmal steht Maria einer Spinne sozusagen unausweichlich gegenüber. Das passiert sehr selten, aber wenn dann auch kein Helfer zur Hand ist, »greift sie an«. Sie tötet dann das Tier, obwohl sie in höchster Erregung ist. Für diese kurzen Augenblicke hat sie ihre Aufmerksamkeit gut kontrolliert. Gelingt das aber aus irgendeinem Grunde nicht innerhalb der ersten zehn Sekunden, dann ist es mit der Kontrolle wieder vorbei. Sie gibt dann auf, was bedeutet, dass sie in sich zusammensinkt, vielleicht auch bewusstlos wird.

Stellvertretende Vermeidung und soziale Kontrolle

Allerdings ist so ein Vorfall im Verlauf des letzten Jahres nur ein einziges Mal tatsächlich passiert. Der Grund, warum es nicht häufiger zu solchen unmittelbaren Konfrontationen kommt, ist die unglaublich ausgefeilte Vermeidungs- und Kontrolltaktik, die Maria im Laufe der Jahre entwickelt hat. Ein Tag verläuft dann etwa wie folgt:

Beim Aufstehen bereits achtet sie darauf, nicht einfach auf den Boden zu steigen, sondern holt zuerst die Pantoffeln aus einem sicheren Fach neben dem Bett. Dann weckt sie das ältere Kind. Es muss das Badezimmer genau danach durchsuchen, ob sich dort ein Silberfisch, eine Spinne oder ein kleiner Käfer aufhält. Wenn das geschehen ist, kann Maria ins Badezimmer gehen. Sollte das Kind jedoch nicht sorgfältig genug suchen, etwas übersehen oder auch nur Unmutsäußerungen von sich geben, bekommt es die ganze Last der Mutter in Form von Vorwürfen zu spüren.

Maria appelliert an das Mitleid, die Hilfsbereitschaft und die Verantwortung ihres Kindes. Sie hält dem Kind vor, wie viel sie selbst ihm zuliebe tut, und erwartet auch die entsprechende Gegenleistung für ihr aufopferndes Handeln. Das Nichterfüllen der von der Mutter geäußerten Kontrollwünsche durch das Kind führt zu einer massiven, wenn auch häufig indirekten Bestrafung. Die Mutter bringt ihre Enttäuschung über die »Undankbarkeit« des Kindes zum Ausdruck.

Das Vorbereiten des Frühstücks ist meist unproblematisch. Erst wenn die Kinder außer Haus sind, folgen die Säuberung und das Aufräumen der Wohnung. Das kann Maria jedoch nicht allein machen. Sie muss sich eine Raumpflegerin leisten, obwohl ihre wirtschaftlichen Verhältnisse eher schlecht sind. Aus der Ferne beobachtet sie die Raumpflegerin und gibt die Anleitungen, wo sie wie und mit welchen Desinfektionsmitteln zu putzen hat. Damit vergeht der Vormittag.

Wenn die Kinder nach Hause kommen, müssen sie zuerst mit speziellen Bürsten vor der Wohnung ihre Schuhe reinigen. Dann erst werden sie hereingelassen. Meist bleiben die Kinder in der Wohnung, da Maria mit ihnen nicht in den Park gehen kann. Das Gras, all die Bäume und Büsche sind voll mit diesen kleinen »Ungeheuern« und daher viel zu gefährlich.

Abends muss der Mann die Betten vor dem Schlafengehen danach kontrollieren, ob sie auch rein, also frei von Ungeziefer, sind. Fernsehen oder das Blättern in einer Illustrierten fällt weg, da auch dabei die Konfrontation mit Bildern oder Filmen von Insekten nicht auszuschließen ist.

Das Leben ist von der Vermeidung und der Abwehr unangenehmer Erlebnisse bestimmt. »Unangenehm« heißt dabei allerdings vorwiegend, dass diese Zustände durch den Anblick von Insekten oder die Gedanken daran ausgelöst werden. Es hat kaum positive Anreize. Maria hat weder Zeit noch die dafür nötige Entspannung, um eventuelle angenehme Erfahrungen überhaupt aufnehmen, sie registrieren, wahrnehmen zu können. Sie liest gern die Tageszeitung und geht auch gerne einkaufen, aber nur in blitzblank geputzte Geschäfte.

Reduziertes Gefühlsleben

Das enorme Defizit an positiven Erfahrungsmöglichkeiten und der ständige Druck durch die Hektik der vorausschauenden und planenden Vermeidungsaktivitäten wirkt sich somit nachhaltig hemmend auf diejenigen Bereiche des Gefühlslebens aus, die durch Prozesse der Öffnung, der Zuwendung, der Entspannung, der Freude gekennzeichnet sind. Ihr sexuelles Interesse ist praktisch nicht mehr vorhanden, was ihr zusätzlich starke Schuldgefühle verursacht. Der Partner möchte mehr von ihr, als sie geben zu können glaubt.

Sie weiß, dass sie ihrer Umwelt viele Belastungen auferlegt. Sie glaubt, sich jedoch aus eigener Kraft nicht dagegen wehren zu können, obwohl sie es häufig versucht. Die Gedankenwelt ihres Alltags ist voll mit Überlegungen über mögliche Gefahrenquellen. »Gefahr« ist dabei stets die Möglichkeit einer Konfrontation mit den gefürchteten Tieren. Reale Gefahren, die körperliche Verletzungen, Erkrankungen oder den Tod bringen könnten, scheinen eine untergeordnete Rolle zu spielen. Schmerzen ertragen ist eine Kleinigkeit im Vergleich zu den Ekel- und Schreckreaktionen.

Auch macht sich Maria sehr oft Vorwürfe, keine vollwertige Hausfrau und Mutter zu sein. Die Gedanken, wie sie das Problem lösen könnte, nehmen viel Raum in ihrem Tagesablauf ein. Stets kreisen sie jedoch primär um die Spinnenangst, wodurch eine Fülle von ungelösten Konflikten bestehen bleibt. Sie verwendet auch viel Energie darauf, »medizinische und psychologische Experten« aufzusuchen, um von ihnen endgültig geheilt zu werden. Eine Vielzahl internistischer Untersuchungen hat jedoch keinerlei Anhaltspunkte für eine organische Ursache ihres Leidens gebracht. Eine Psychoanalyse hat sie nach etwa 100 Stunden ohne Erfolg abgebrochen.

Eine lange Entwicklung

Wie hat das Ganze angefangen? Wo liegen die Ursprünge von Marias extremem Verhalten? Soweit sich Maria zurückerinnert, hat sie diese Ängste immer gehabt. Sie kann aber auch berichten, dass ihre Mutter unter ähnlichen Problemen zu leiden hatte. Ihr und ihren beiden Schwestern war immer wieder eingeschärft worden, sich nur ja in keine Situation zu begeben, in der sie mit einer Spinne, einem Käfer oder sonst irgendeinem Kleintier in Berührung kommen könnten.

Die weitere Entwicklung des Kindes Maria war dadurch gekennzeichnet, dass sie sehr viel Energie für das rechtzeitige Antizipieren und Abwehren »kritischer« Situationen verwendete. Das brachte ihr viel Kritik und wohl auch Gelächter seitens der Schulkameraden oder anderer, nicht dem Familienverband angehörender Menschen ein. Es machte sie manchmal aber auch interessant – sie hatte etwas Außergewöhnliches, etwas, das ihre Freundinnen nicht verstanden, dem sie sich zu beugen hatten.

Innerhalb der Ursprungsfamilie wurde ihr Verhalten nicht nur toleriert, sondern, zumindest von der Mutter und ihren beiden Schwestern, sogar ausdrücklich begrüßt.

Die Angstinhalte sind austauschbar, die Abläufe ähnlich

Marias Erfahrungen und Probleme werden manchem Leser extrem und unwahrscheinlich vorkommen. Es ist richtig, dass eine Phobie mit einem derartigen Ausmaß und so starken Zwangskomponenten eher selten ist. Allerdings ist der bei Maria überdeutliche Prozess in schwächerer Form bei sehr vielen Menschen vorhanden und nicht einfach als reine Kuriosität abzutun. Die Angstinhalte, also die eigentlichen Auslöser des Angsterlebens, können sehr verschieden sein. Die dabei ablaufenden Prozesse ähneln sich jedoch stark.

Insgesamt betrachtet sind Ängste vor Tieren, Objekten relativ häufig. Am bekanntesten und wohl auch häufigsten ist die Angst vor Schlangen. Ähnliche Reaktionen gibt es jedoch auch gegenüber Katzen, Würmern, Bienen und Wespen, Vögeln, bei denen das Flügelflattern oder die Federn, vielleicht auch das Geschrei, zu Angstauslösern werden können.

Erhöhte Aufmerksamkeit – erhöhte Angstbereitschaft

All diesen Phobien ist gemeinsam, dass die betroffenen Personen enorm viel Aufmerksamkeit für rechtzeitiges Erkennen von »Gefahrenhinweisen« verwenden. Sie tun dies nicht nur in ihrem Aufmerksamkeitsverhalten, also wenn sie z. B. irgendwo spazieren gehen, wo sie solchen Tieren begegnen könnten. Sie tun es auch in ihren Gedanken, Vorstellungen, Fantasien. Diese erhöhte Aufmerksamkeitsanspannung soll gewährleisten, dass rechtzeitig angstvermeidende Maßnahmen durch den Betroffenen selbst oder einen seiner Helfer ergriffen werden können.

Unglücklicherweise hat die erhöhte Aufmerksamkeitsanspannung auch zur Folge, dass die gesamte autonom-nervöse Erregung des vegetativen Nervensystems recht hoch ist. Dadurch wird bereits bei der geringsten Unregelmäßigkeit der Angstprozess in Gang gesetzt. Er scheint dann ab einer bestimmten Intensität vom Betroffenen selbst nicht mehr beeinflusst werden zu können. Und er hilft sich mit dem Vorsatz, das nächste Mal noch besser aufzupassen, d. h. noch mehr angespannt und voller Angsterwartung zu sein!

So entwickelt sich ein Teufelskreis, aus dem viele Menschen selbst nicht mehr herausfinden. Immerhin sind bei den sogenannten Objekt- oder Tierphobien die Auslöser der Ängste eindeutig lokalisierbar, und zwar in Vorgängen der Außenwelt (Tiere, Gegenstände, evtl. auch Pflanzen). In extremen Fällen kann jedoch die

Bereitschaft, auf solche Angstauslöser heftig zu reagieren, so stark verallgemeinern, dass allein der Gedanke an eine Konfrontation bereits die gesamte Kettenreaktion auslöst.

Sozialer Druck

Ein Umstand macht diese zwanghaften Verhaltensweisen und Gedanken besonders unangenehm. Er betrifft die soziale Umgebung, also Familienmitglieder, Bekannte oder Arbeitskollegen. Die Angehörigen müssen meist das Vorfeld »sondieren«, sie werden in die Vermeidung einbezogen. Wehe, wenn sie dies unterlassen! Sie werden dann mit Vorwürfen des nicht ausreichend geschützten »Opfers« schwer bestraft.

Zwänge

Der Übergang von Tierphobien zu zwanghaften Verhaltensweisen im klassischen Sinne, etwa Wasch- und Kontrollzwang, ist fließend. Der Unterschied liegt in erster Linie darin, dass bei den reinen Zwangshandlungen die Bewältigung oder besser Unterdrückung der Angst so gut funktioniert, dass sie vom Betroffenen selbst kaum oder nur noch sehr selten erlebt wird. Um diesen Zustand zu erreichen, muss er jedoch endlos lange und scheinbar sinnlose »Kontrollmaßnahmen« durchführen.

Beispiele dafür sind das exzessive Reinigen etwa von Türgriffen, Händen etc. oder das Überprüfen von Schlössern, ob sie wohl versperrt sind, von Lichtschaltern, Gashähnen oder des Elektroherdes, ob wohl alles abgeschaltet ist. Der Betroffene »weiß« zwar, dass er vorher all das schon kontrolliert hat und dass er vielleicht schon das 20. Mal an diesem Vormittag seine »Runde macht«. Aber ... ganz genau kann man ja nie wissen ... oder?

Ablaufschema der Phobie

Der Übersicht halber werden der Ablauf des phobischen Geschehens sowie die grundsätzlich möglichen Lösungsansätze noch einmal schlagwortartig zusammengefasst:

I. *Alarm:* Die Ausgangserregung erhöht sich durch Erwartung, d. h., eine Spinne, die man nicht will, wird ständig in der Vorstellung »erschaffen« und gleichzeitig wird ihre Vermeidung geplant. Die tatsächliche Wahrnehmung einer Spinne, z. B. durch Versagen eines Vermeidungsrituals, führt dann zu einer weiteren heftigen Erregungssteigerung.

II.2.A *Information:* Die Informationssuche – ist das spinnenähnliche Tier groß/klein, nah/fern, echt/aus Plastik, lebendig/tot usw. – beginnt bereits im Stadium der Erwartung und setzt sich fort nach der Wahrnehmung des Angstauslösers.

II.2.B *Bewertung:* Meist fällt die Bewertung auch einseitig aus, kleinste Hinweise werden als alarmierend überbewertet. Es erfolgt keine differenzierte Prüfung der Richtigkeit der Bewertung und die Einschätzung der tatsächlichen Gefahr wird in der Regel unrealistisch hoch ausfallen. Dieser Prozess wird zuweilen begleitet von Ekelreaktionen, körperlichem Schmerz, Verletzung nach »ungeordneter« Flucht.

II.2.C *Gegenmaßnahmen:* Rein defensiv – aktive und passive Vermeidung (Flucht, Erstarren, kaum Angriff), Kontrollen, Zwangsrituale. Stellvertretende Bewältigung (durch Bezugspersonen). Permanente, angststeigernde gedankliche Aktivität: Zweifel an Effektivität der Maßnahmen, an eigener Kompetenz, an realer Ungefährlichkeit. Ergebnis: erhöhte Grunderregung (Angst selbst wird zum Signal dafür, dass etwas sehr Bedrohliches stattfindet, verstärkt also praktisch sich selbst und reduziert die Fähigkeit, klar zu denken und zu handeln). Dadurch ständiger Rückfall auf Stufe I und Wiederholung des Ablaufs.

III. *Neubewertung/Beruhigung:* Beendigung bestenfalls durch Erschöpfung, ritualisiertes Vermeiden, Hilfe seitens anderer. Diese Varianten der (stellvertretenden) Angstvermeidung zeigen nur kurzfristig Wirkung, da Erwartungsängste immer wieder das Erregungsniveau heben und die Aufmerksamkeit auf frühe Anzeichen der wieder einsetzenden Angsteskalation lenken.

Lösungsansätze

1. *Direkte Beeinflussung der Grunderregung:* Entspannung, Ablenkung, notfalls auch medikamentöse Beruhigung. Dadurch kann die Wahrscheinlichkeit heftiger Reaktionen auf Akutauslöser reduziert werden. Überprüfung realer Dauerbelastungen (Arbeit, Familie), die Nervosität, Erregungsniveau chronisch heben.
2. *Kognitive Lösung – die vermeintliche Katastrophe zu Ende denken:* Die gedanklichen Vorgänge in den Stadien I. bis II.3.C werden analysiert, ihre Inhalte und Abläufe bewusst gemacht, ihre Kontrolle geübt. Entkatastrophisieren: Was kann denn schlimmstenfalls passieren? Und dann? Und dann? Und dann ...?
3. *Desensibilisierung und Konfrontation:* Den Inhalt der Angst bearbeiten, indem die aufsteigende Angsterfahrung bewusst wahrgenommen wird. Im konkreten Beispiel wäre die Ekelerregung mit u. U. unkontrollierbaren Körperreaktionen (Erbrechen, Ohnmacht, allgemeiner Verlust der Selbst- und Körperkontrolle) bewusst zu erleben, mit dem aversiven Gefühl zugewandter Aufmerksamkeit. Dies geschieht durch Konfrontation mit dem Angstauslöser in der Vorstellung oder in der Realität, z. B. lebende Spinnen anfassen, wobei das übliche Vermeidungsverhalten blockiert wird. Dabei auftretende intensive Gefühle sollen bewusst erfahren, ertragen und durchlebt werden.
4. *Biografische Aufarbeitung:* Anhand der unter 3. erfahrenen Gefühlsreaktionen werden eventuelle Erinnerungen an ähnliche Gefühle aus der Kindheit »freigelegt« und die damaligen Auslö-

ser rekonstruiert. Diese Auslöser können sehr verschieden von den jetzt bewussten sein – z. B. Angst als Folge peinlicher Erfahrungen beim Erbrechen, als Folge tabuisierter Körperempfindungen (sexuelle Erregung), als Folge verbotenen Ärgers.
5. *Symbolische Analyse:* Assoziative Verbindungen zwischen dem akuten Angstauslöser und metaphorisch-ähnlichen Bedrohungen in der individuellen Geschichte überprüfen.
6. *Aufbau assertiver Angstbewältigung:* Förderung der Fähigkeit, gegenüber Angstauslösern aggressiver und bestimmter vorzugehen, unterstützt durch Sicherheit hebende Selbstaussagen: nicht nur gegenüber den manifesten phobischen Auslösern, sondern auch gegenüber subtileren, meist zwischenmenschlichen Angstsituationen im Alltag.
7. *Erarbeiten einer Art phänomenologischer Neugier gegenüber dem Angstgefühl:* Anstatt bei der kleinsten Angstregung sofort Gegenmaßnahmen zu ergreifen, versuchen, sich dem Angstgefühl innerlich zu nähern, dieses bewusst erlebend erforschen: Wie fühlt sich meine Angst jetzt, gerade eben, genau an? Mit der inneren Wahrnehmung »dran«-bleiben. Was ist für mich daran jetzt so aversiv, dass ich meine, es nicht ertragen zu können? Wie bin ich, während ich die Angst erlebe, mich ihr gleichsam stelle?
8. *Selbstakzeptanz trotz Angst-Behinderung:* Wie wäre es mit einer Art »Selbstempathie«, einem Mitgefühl mit sich selbst, angesichts der enormen Belastung: Betroffene lehnen sich selbst in der Regel wegen der anscheinend unkontrollierbaren Angstgefühle ab, ja verdammen sich und fühlen sich deswegen minderwertig und deprimiert. Sich mit dem »Makel« annehmen wäre doch einen Versuch wert.

Der Kern des Übels?

Maria ist nicht bereit bzw. in der Lage, dem Angstgefühl standzuhalten und sich auch den dabei auftretenden Erfahrungen auszusetzen. Ekel, Kontrollverlust und panikartige Erregung sind in einer nicht klar bewussten Weise mit der Erwartung einer Katastrophe verbunden. Durch immer raffiniertere Vermeidungsmanöver versucht sie, die Angst und alles, was dahintersteckt, abzuwenden. Gerade dadurch, dass es ihr nur unvollständig gelingt, wird sie in ihrem Bemühen nur noch bestärkt, mehr vom Selben zu versuchen – noch mehr vermeiden. Der Erfahrung, dass ihr bei direkter Konfrontation mit der Angst letztlich nichts passiert, setzt sie sich nicht aus. Dadurch wird der Angst-Vermeidungsmechanismus aufrechterhalten. Bevor er nicht unterbunden wird, und zwar zumindest z. T. aus eigenem Antrieb, mit bewusster Übernahme des Risikos, wird sich an diesem Kreisprozess wenig ändern.

Gleiches gilt für jede Form von irrationaler Angst: Erst indem wir uns ihr stellen, können wir ihre Irrationalität erfahren – und entdecken vielleicht die Rationalität, die sich in der Irrationalität versteckt. Voraussetzung dafür ist Risikobereitschaft verbunden mit einer Art von Selbstakzeptanz im Unvollkommensein. Natürlich ist es leichter, wenn man diese Erfahrungen unter der Anleitung eines Therapeuten machen kann. Gerade bei massiven Ängsten ist es sehr wahrscheinlich, dass im Gefolge der Konfrontation auch eine erhöhte Verletzlichkeit eintritt. Diesen Zustand mit den dabei auftretenden, vielleicht auf alten Traumata basierenden Gefühlen allein tragen zu müssen, ist eine zusätzliche Härte und gefährdet das Ergebnis.

Aus kindlichen Ängsten zur Phobie

Tierphobien sind zwischen dem zweiten und vierten Lebensjahr normaler Bestandteil der kindlichen Entwicklung. Sie können aufgrund traumatischer Erfahrungen, also durch ein schmerzhaftes oder schreckhaftes Erlebnis, zustande kommen. Es muss jedoch nicht so sein. Die entstehende Fantasie des Kindes erlaubt die Entwicklung von Ängsten auch ohne jede manifeste einschlägige Erfahrung. Lernen durch Nachahmung kann, wie ja das Beispiel Marias zeigt, einen zusätzlichen Anstoß geben.

Bei den meisten Kindern verliert sich diese Angst, bzw. sie verschiebt sich von einem Inhalt zum anderen und geht im Allgemeinen kaum über das Pubertätsalter hinaus. Diejenigen Erwachsenen, die später Tierphobien aufweisen, haben diese, zumindest ansatzweise, bereits vor dem Eintreten in die Grundschule gehabt. Der Grund, warum sie diese Ängste nicht wie andere Kinder im Laufe der Zeit wieder verloren haben, kann u. a. darin zu suchen sein, dass sie keine Gelegenheit bekommen haben, eine aktive Bewältigung ihrer Angst zu erlernen.

Das kann der Fall sein, wenn z. B. die Kinder beim Auftreten einer Angstreaktion sofort von den Eltern aus dieser Situation genommen werden, wenn die Eltern oder andere Bezugspersonen das Auftreten der Angst dramatisieren und dabei selbst in eine ähnliche Aufregung geraten. Das stufenweise Ertragen der Angsterregung, die Voraussetzung für eine aktive Bewältigung, wird dabei behindert. Vielleicht wollen die Eltern damit aber auch sich selbst eine Rechtfertigung für ihre eigene Angstvermeidung geben, indem sie vom Kind eine ähnliche Belastung fernhalten und sein Vermeiden unterstützen. So lernt das Kind möglicherweise, dass diese Angst etwas Schreckliches ist. Undifferenzierte Flucht oder Hilflosigkeit scheinen ihm dann die einzige, noch dazu sozial akzeptierte Möglichkeit, wirksam damit umzugehen. Nicht nur für die aktuelle, sondern auch für spätere Angstsituationen werden so sehr einseitige Lösungsrichtungen gelernt, die fast automatisch ablaufen: aus der kritischen Situation zu fliehen, sie zu vermeiden, bzw. wenn es möglich ist, einen »Erwachsenen« zu Hilfe zu holen und von ihm die ganze Sache klären zu lassen.

Dosierte Angstkontrolle

Der schwierige Prozess des Standhaltens trotz starker Angstgefühle kann wahrscheinlich im Kindesalter am besten gelernt werden. Das fördert man nicht unbedingt, indem man die Angst selbst bagatellisiert. Auch die Ablenkung der inneren Aufmerksamkeit vom Angstgefühl oder die Unterdrückung der entsprechenden Empfindungen durch körperliche Anspannung ist nur bedingt hilfreich. Vielmehr ist das optimale Ziel die Erhaltung der Fähigkeit, Angst wirklich zu erleben, und zwar als eine Zwischenstufe, eine Übergangsreaktion, die angemessene bewältigende Maßnahmen anregen soll: entweder interner oder externer Art.

Erhält das Kind keine Gelegenheit, Angst in dosierter Form mehr und mehr zu ertragen, so ist seine emotionale Entwicklung in Gefahr. Es fixiert sich dabei auf Methoden und Tricks, die zwar kurzfristig die Angst reduzieren, sie aber langfristig erst recht stabilisieren. Chronische Vermeidung externer und interner Art, Letzteres u. a. durch muskuläre Anspannung, Ignorieren der Angstgefühle, Ausblenden von Realitätsausschnitten, ja womöglich ganzer Sinnessysteme, die Entwicklung rigider Erwartungshaltungen, das sind Beispiele solcher einseitiger »Lösungsversuche«.

Das heißt aber nicht, dass Vermeidung an sich etwas Schlechtes ist. Im Gegenteil, sie ist ein sehr wichtiger Schutzmechanismus. Sie hilft uns, wirkliche Gefahren zu antizipieren, d. h. in Gedanken vorwegzunehmen. So können wir schädigenden Ereignissen im Rahmen unserer Möglichkeiten effektiv begegnen und uns auf diese Weise vor unnötigen Belastungen, Verletzungen usw. schützen.

Problematisch wird es erst, wenn Vermeidung zur Gewohnheit wird, zum einzig verfügbaren, unflexiblen Mittel der Angstbewältigung. Der in bestimmten Situationen sehr wirksame, sehr angemessene Bewältigungsstil wird so zum lebenseinengenden Hemmschuh.

So hatte eine Frau, die sich schrittweise Hunden nähern sollte, folgende Einwände: »Am schlimmsten ist es in einem weiten Park, wo so viele Hunde beisammen sind, alle wild kreuz und quer laufen. Ich schütze mich, indem ich immer eine Tasche mitnehme. Die kann ich notfalls dem Hund in die Schnauze stecken. Wenn ich durch eine lange Gasse gehe, schaue ich immer schon, ob irgendwo ein Hund herkommen könnte und ob es in dieser Gasse Nischen und Seitenwege gibt, in die ich mich verdrücken könnte.

Ich habe Angst, wenn ich in eine solche Gasse reingehe und dann plötzlich irgendwo eine Haustür aufgeht. Meistens kommt dann einer mit seinem Hund heraus. Dann kann ich weder vor noch zurück. Wenn so ein Hund auf mich zuläuft, dann werde ich ganz starr, mir wird schwindlig und ich habe Angst umzufallen. Und das, obwohl ich noch nie von einem Hund gebissen worden bin.«

In einer Reihe von Trainingssitzungen hatte sie zuerst in der Vorstellung und dann in der Wirklichkeit Hunde verschiedener Größe, verschiedener Art »kontaktiert«. Zum Schluss war die Frau in der Lage, im Münchner Englischen Garten allein eine Stunde herumzuspazieren, von sich aus auf die Hunde zuzugehen und sie eventuell sogar zu streicheln. Buchstäblich in der letzten Arbeitssitzung hatte sie dann aber eine bemerkenswerte Konversation mit einem Hundebesitzer.

Die Klientin war recht euphorisch darüber, dass sie sich frei unter Hunden (und deren Besitzern) bewegen konnte. Sie sprühte vor Lebenslust und Vergnügen unter dem frischen Eindruck der eben erfolgreich durchgeführten »kontraphobischen« Übungen. Sie ging von sich aus auf einen Hund zu, dessen Besitzer alle äußeren Merkmale eines wirklichen Hundeexperten an sich hatte. Kaum sah er, dass sich meine Klientin ihm näherte, rief er: »Vorsicht, gehen Sie nicht zu nahe an meinen Hund heran, er beißt! Es ist gut, dass er beißt. Ein Hund, der nicht mehr beißt, ist kein Hund mehr. So wie die Menschen auch. Wenn die sich nicht mehr wehren, verlieren sie ihre Persönlichkeit. Ich ermutige meinen Hund sogar zu beißen, wenn sich ihm jemand nähert. Damit verhindere ich, dass er seine Natur verliert. An sich ist der Hund ein Raubtier und ein gesunder Hund bleibt es auch, sogar in der Stadt. Also passen Sie auf, gehen Sie ja auf keine fremden Hunde zu, sonst können Sie einmal ihr blaues Wunder erleben.«

Sprach's, fletschte noch bekräftigend die Zähne wie sein Wolfshund und ging weiter. Meine Hoffnung, die Klientin würde ihn daraufhin in den Arm beißen, hat sich leider nicht erfüllt. Sie hat diesen Dämpfer bald überwunden. Er war ein bisschen krass und extrem, aber wichtig. Die Erfahrung, dass wir unsere Angst überwinden können, dass wir Dinge plötzlich machen können, vor denen wir vorher große Angst hatten und die wir vorher vermieden haben, soll uns nicht dazu verleiten, die Welt an sich als ungefährlich zu sehen. Im Überschwang erfolgreicher Angstbewältigung liegt die Gefahr, dass wir blind werden gegenüber realen Bedrohungen und uns diesen schutzlos aussetzen. Der dann möglicherweise einsetzende Rückschlag kann nachhaltig sein.

Zur Verwischung realer und irrealer Grenzen aus der Euphorie einer erfolgreichen Angstbewältigung heraus fällt mir eine kleine Begebenheit ein, die das recht deutlich zeigt. Sie ereignete sich anlässlich eines Therapiefortbildungsseminars. In der Gruppe hatte einer der Teilnehmer an seinen Ängsten gegenüber Respektspersonen »gearbeitet« und war gerade so weit, dass er sich im Rollenspiel einige Despektierlichkeiten zu erlauben wagte, für ihn ein guter Fortschritt. Beim Mittagessen, das die Gruppe dann wie üblich im nahe gelegenen Restaurant einnahm, kam er jedoch auf die unglückselige Idee, die eben gemachte Erfahrung »in vivo« anzuwenden. Er legte sich also mit der ihm nächsten Respektsperson – dem Kellner – an und begann, über irgendeine Nichtigkeit zu motzen. Und damit die anderen Gruppenmitglieder seinen Fortschritt auch bemerkten, tat er das entsprechend laut. Der Kellner, ein erfahrener Mann, der schon viele Generationen mehr oder weniger aufgeputschter Gruppen verköstigt hat, baute sich vor dem Kollegen auf und sagte – ebenfalls mit Bedacht, sodass alle Umsitzenden es hören konnten:

»Mein lieber Herr, dies hier ist ein seriöses Lokal, in dem Sie sich entsprechend zu benehmen haben. Wenn Sie verrücktspielen oder irgendwelche Experimente machen wollen, dann tun Sie es gefälligst in Ihrer Gruppe, hier aber befinden Sie sich im wirklichen Leben, also halten Sie sich daran. Und dem Herrn Doktor sagen Sie« – und da hob er die Stimme an –, »er soll seine Leute vollständig kurieren oder lieber bei sich behalten.«

Das Ziel einer Lösung unangemessener Ängste ist nicht die Lösung der Angst an sich. Was wir anstreben, ist die Auflösung unseres Zwanges, vor der Angst innerlich und äußerlich davonzulaufen. Wenn wir lernen, uns ihr zu stellen, verliert sie ihre Macht über uns. Aus einer dem Ich scheinbar fremden Kraft wird etwas, das wir selbst in uns erzeugen, das wir sind. Unsere Angst wird ein Teil von uns und wir sind ihr Meister. Schrittweise entwickelt sich aus dieser Haltung ein Respekt vor der Nützlichkeit unserer Fähigkeit zur Angst – was dazu führt, weniger Angst zu haben vor überflüssigen, nicht mehr hilfreichen, den Alltag störenden Angstauslösern. Es geht gleichzeitig aber auch darum, die Fähigkeit zu entwickeln, die Angst vor unbekannten, unsere physische oder psychische Existenz bedrohenden Ereignissen als Alarmsignal zu erhalten. Sie hilft uns, während wir durchaus dosiert Angst haben mögen, entsprechende Gegenmaßnahmen dem Problem gemäß einzusetzen – Grenzen setzen, weggehen oder angreifen, klärende Informationen einholen, um dann die gesamte Situation neu zu bewerten.

Zur Irrationalität phobischer Angst

Angst und Furcht haben, wie bereits betont, eine biologische Schutzfunktion. Sie tragen zur Arterhaltung bei, sie mobilisieren Kräfte, damit wir fliehen, vermeiden und abwehren können. Manchmal treiben sie uns auch zum Angriff. Sie ermöglichen uns auf diese Weise, mit den Gefahren des Lebens angemessener umzugehen. Durch verschiedene Umstände, auf die ich später noch näher eingehen werde, können sich jedoch Ängste auch selbstständig machen. Sie verlieren ihre biologische und soziale Funktion, werden irrational, kehren die ursprüngliche Schutzfunktion vielleicht sogar ins Gegenteil um.

Eine klare Trennung von rational begründbaren und irrationalen Ängsten ist nicht möglich. Man kann sich den Übergang wie auf einem Kontinuum vorstellen, dessen Pole die Rationalität und die Irrationalität sind. Wir glauben im Alltag, dass eine Unterscheidung sich leicht treffen lässt. Die Zuordnung erfolgt aufgrund unserer Einschätzung der Begründetheit eines Angsterlebnisses oder danach, wie real eine Bedrohung »tatsächlich« erscheint. Aber wie geht das vor sich?

Meist tendieren wir dazu, Ängste anderer Menschen, die wir selbst nicht nachvollziehen, nicht »verstehen« können, als irrational zu taxieren. Hingegen erscheinen uns Ängste, die wir selbst haben, überwiegend rational begründbar und wir sind einer Diskussion darüber nicht sonderlich zugänglich. Jemand mit einer ausgeprägten Agoraphobie – der Angst, aus dem Haus und besonders über ungeschützte freie Plätze zu gehen – wird jemanden mit starker Angst vor Hunden belächeln: Vor so etwas braucht man doch keine Angst zu haben! Aber allein außer Haus, in ein Menschengewühl zu gehen, das ist ein echtes Problem für ihn. Daher kämpft auch er um die Anerkennung dieses Problems durch die anderen.

Immer bleibt jedoch die Einschätzung der Begründetheit einer Angst eine Sache der subjektiven Position des Beurteilers, seiner Einschätzung, was »echt« und was eine »Spinnerei« ist.

Genau diese Art, über die Angst zu denken, ist aber selbst wieder Gegenstand der Angstvermeidung. Wir beginnen ein Weltbild zu entwerfen und in der Folge zu verteidigen, in dem unsere Angst rational erscheint. Damit wollen wir ihr eine Berechtigung geben. Braucht sie die wirklich? Und ist letztlich nicht jede Angst irrational? Irrationale Ängste müssen deshalb noch lange nicht abnorm sein. Und selbst wenn es so wäre, was spielt das denn wirklich für eine Rolle?

Die Rationalität oder Irrationalität einer Angst kann unter verschiedenen Gesichtspunkten gesehen werden. Einer ist z. B. der des Ausmaßes der tatsächlichen Bedrohung durch das gefürchtete Ereignis: Wie gefährlich, das heißt, wie lebensbedrohend ist z. B. der Schlangenbiss, so er passieren sollte, wirklich? Ein anderer Gesichtspunkt orientiert sich an der Wahrscheinlichkeit des Auftretens des gefürchteten Ereignisses: Wie viele Giftschlangen gibt es in Mitteleuropa und wo kommen sie vor? Eine weitere Betrachtungsweise ergibt sich aus unseren Möglichkeiten, mit dieser Gefahr umzugehen: Wie verhalte ich mich, damit mir das Tier nichts tut, wie weit ist es bis zur nächsten Klinik, welche Sofortmaßnahmen sind sinnvoll anzuwenden etc.?

Wie ist es z. B. mit der Angst vor einem Erdbeben? Ist sie eine rational begründbare oder eine irrationale Angst? Um diese Frage zu klären, ist zuerst festzustellen, wie real die Bedrohung, die Gefahr tatsächlich ist. Wie wahrscheinlich ist das Ereignis und was passiert, wenn es tatsächlich eintritt? Wir wissen, dass es Erdbeben unterschiedlicher Stärke gibt und dass sie manchmal völlig ungefährlich sind. Vielleicht gibt es leichte Erschütterungen, kleinere Sachschäden, aber keine Lebensbedrohung. Wir wissen aber auch, dass es in den letzten Jahren immer wieder Erdbeben mit Katastrophenausmaß gegeben hat, auch in der allerjüngsten Zeit. Das Ereignis selbst kann also tatsächlich äußerst lebensgefährlich sein.

Zur weiteren Präzisierung ist die Frage nach der Wahrscheinlichkeit des Ereignisses in bestimmten Regionen zu stellen. In Kalifornien, am Balkan, in Nordafrika, der Türkei oder Japan ist sie vermutlich höher als in Norddeutschland oder Schweden. Für die Beurteilung der rationalen Begründbarkeit einer Angst ist somit nicht nur die tatsächliche Bedrohung durch das Ereignis, so es denn auftritt, sondern auch die Wahrscheinlichkeit des Auftretens des Ereignisses bedeutsam.

Ein weiteres Moment, das die Begründbarkeit der Angst determiniert, ist das Repertoire an Maßnahmen, das wir zur Bewältigung dieser Bedrohung haben: Was können wir dagegen tun, wenn es passiert?

Erstaunlicherweise scheint die Angst jedoch in keinem direkten Zusammenhang zur Wirksamkeit verfügbarer Gegenmaßnahmen zu stehen. Sie scheint bei mittlerer Chance auf Beseitigung der Gefahr, also bei Unsicherheit über die Effektivität der Bewältigungsmaßnahmen, größer zu sein als bei totaler Hilflosigkeit oder totaler Kompetenz.

Zusammenfassend kann also festgestellt werden, dass die Irrationalität oder Rationalität von Ängsten eine sehr subjektive Angelegenheit ist. Generell aber hängt unsere Beurteilung der Rationalität der Angst von den folgenden Faktoren ab: mögliche Schädigung durch das Ereignis der eigenen oder nahestehender Personen, Wahrscheinlichkeit des Ereignisses sowie Verfügbarkeit und Wirksamkeit von Gegenmaßnahmen. Da sich die Menschen in der Einschätzung dieser Faktoren stark unterscheiden, finden wir auch eine große Vielfalt hinsichtlich dessen, was alles als rational oder irrational bezeichnet wird.

Wie bereits erwähnt, ist aber auch die grundsätzliche Frage nach der generellen Irrationalität von Ängsten überhaupt aufzuwerfen. Wenn uns die Angst zu Maßnahmen antreibt, die dazu führen, dass es uns gelingt, wieder einmal »davonzukommen«, so ist damit doch letztlich nur ein Zeitaufschub gewonnen. Das Faktum des Todes relativiert die Bedeutung der einzelnen Ängste, der scheinbar irrationalen ebenso wie der scheinbar rationalen. Der österreichische

Literat Thomas Bernhard hat einmal anlässlich der Feier zur Verleihung des »Österrreichischen Förderpreises für Literatur« (Kleiner Staatspreis) anstelle einer Dankesrede gegenüber dem Unterrichtsminister öffentlich in etwa folgenden knappen Ausspruch getan: »Es ist alles lächerlich, wenn man an den Tod denkt.« Die Empörung war dem Herrn Minister an seinem hochroten Kopf anzusehen. Die Aberkennung des Preises wurde erwogen, zumal Bernhard damals (1968) noch nicht so bekannt war wie heute. Die Menschen hören es nicht gerne, wenn man sie inmitten feierlicher Inszenierungen und hierarchischen Firlefanzes, in Österreich »Gschisti-Gschasti« genannt, an ihre Endlichkeit erinnert.

Doch zurück zum Thema: Als Nächstes will ich die verschiedenen Stadien der Angstentstehung und die Möglichkeiten der Verarbeitung anhand eines selbst erlebten Beispiels, also aus der Perspektive der »Introspektion«, beschreiben.

Ein Erdbeben

Es geschah in Hermosa Beach an der kalifornischen Küste: Ich bin gerade dabei, Siesta zu halten, als plötzlich das Bett zu schaukeln beginnt, eine Empfindung, die mit einem wirklich angenehmen Lustgefühl verbunden ist. Ich kenne dieses Schaukeln vage von Zuständen tiefer Entspannung. Zwar schießt mir irgendwo durch den Kopf »Hoppla! Ein Erdbeben!«, doch gleich darauf: »Es wird schon wieder vorbeigehen.« Ich bleibe also liegen, lasse es schaukeln und warte noch einige Augenblicke, das Schaukeln wirklich genießend.

Das Beben wird stärker, bis das ganze Haus zittert und klirrt. Meine Frau ruft irgendetwas Unverständliches im Nebenraum (»Nimm Decken mit!«, stellte sich später heraus). Mit dem Gedanken »Jetzt sollte ich eigentlich raus« springe ich aus dem Bett und laufe los. Frau und Kind sind schon aus der Wohnung geeilt. Während die Wände und der Fußboden fürchterlich wackeln und es ganz unglaublich klirrt, brummt und scheppert, verspüre ich eine ziemliche Aufregung, die ich jetzt ohne Hemmung in direkte Flucht umsetze, wie automatisch. Es ist, als würden die Gedanken der eigentlichen Handlung hinterdrein folgen, wie ein unnötiges Anhängsel des realen Geschehens, ein Epiphänomen. Wahrscheinlich war das der Grund, dass ich neben der unspezifischen Erregung kein eigentliches Gefühl, etwa Angst, verspürte. Völlig nackt, wie ich mich zum Mittagsschlaf hingelegt hatte, laufe ich die Stufen hinunter in den Vorgarten – und natürlich ohne Decken!

Dort warten wir, während das Beben langsam verebbt. Unsere »Landlady«, eine 60 Jahre alte »propere« Witwe, ist inzwischen auch aus ihrer Wohnung gekommen. Etwa eine Minute lang stehen wir so und reden wild durcheinander, ohne dass dabei einer dem anderen zuhört. Erst als sich die Spannung etwas löst, bemerken wir, dass ich nichts anhabe. Die Beklommenheit löst sich in allgemeines Kichern auf. Ich gehe etwas zögernd zurück in die Wohnung und ziehe mir etwas an – das buchstäbliche Zur-Ruhe-Kommen des Bodens unter den Füßen hat auch die üblichen sozialen Verhaltensweisen und -normen wieder einrasten lassen.

Angst oder Furcht?

Diese Schilderung ist ein gutes Beispiel für die Entstehung und den Verlauf eines Furchtgefühls. Das ungewöhnliche, vorübergehend sogar sehr angenehme Ereignis des im Halbschlaf schaukelnden Bettes wird erst durch die bewusste Erkenntnis »Erdbeben« (Bedeutung) und das wirklich laut werdende Scheppern (Reizintensität) zur erlebten Bedrohung. Die mit dieser Erkenntnis einhergehende Erregung führt direkt zu einer situationsändernden Verhaltensweise, in diesem Fall zur bedingungslosen Flucht ins Freie. Dabei sind Vorsorgemaßnahmen (das Mitnehmen von Decken) und soziale Hemmungen (unbekleidet ins Freie zu laufen) ziemlich irrelevant, weil zu kompliziert. Das dafür notwendige Denken war hierfür anscheinend zu langsam, hinkte hinter den Aktionen her. Es hätte die schrankenlose Flucht nur gehemmt. Das Gefühl während der Flucht war eher das einer starken Erregung, eigenartigerweise jedoch gar nicht unangenehm. Durch das Laufen und die völlige Vorausorientierung aller Sinne war zum Grübeln, Zweifeln und Sichängstigen einfach keine Zeit.

Nach der Flucht und dem Ende des Bebens löst sich allmählich die Spannung, begleitet durch intensives Reden und Kichern, beides eher von expressiver, denn kommunikativer Bedeutung.

So weit, so gut, doch was war dabei eigentlich »Angst«? Noch gar nichts. Die bisher geschilderten Erfahrungen sind eher Beispiele für Furcht und deren Begleitreaktionen. Furcht ist das Gefühl, das die Flucht aus einer eindeutigen Bedrohung begleitet. Es gibt keine Entscheidungsprobleme, kein Wenn und Aber. Die Aktion ist bereits in vollem Gange: rennen, was das Zeug hält. Die Begleitemotion der Flucht hat auch subjektiv, d. h. als spürbare Empfindung, eine völlig andere Qualität als Angst.

Doch die Geschichte geht weiter: Wir beschließen, lieber eine Zeit lang zum Strand zu gehen, schließlich kommt ein Beben selten allein. Wir nehmen ausreichend Decken mit und warten. Die Stimmung ist plötzlich gereizt und wir beginnen, über irgendein irrelevantes Zeug zu streiten. Meine Frau will gleich zurück nach Europa fliegen – nach dem Motto, dass es in der Luft kein Erdbeben geben kann. Ich schimpfe nicht weniger gereizt über diesen »Unfug«. Schließlich wird uns klar, dass wir die sich aufbauende Erwartungsspannung, die Angst vor dem neuerlichen Beben, auf diese Weise kanalisieren, abreagieren wollen.

In Gedanken und im Gespräch wird das erlebte Beben gleichsam wiederholt. Wir erörtern die Möglichkeiten, wie wir uns vor weiteren Beben schützen könnten. Im Radio werden technische Angaben zum Erdbeben durchgegeben: 4,6 auf der Richterskala, Epizentrum vor Malibu – es könnte also auch ein Tsunami folgen. Und mit weiteren Beben sei zu rechnen. Auch das noch!

Am späteren Nachmittag gibt es ein kleineres Nachbeben. Als es kühl wird, beschließen wir, in die Wohnung zurückzugehen. Wir erwägen verschiedene Möglichkeiten der Vorbeugung. Sie reichen von sofortiger Abreise nach Europa (bedingungslose Flucht) bis zu der Idee, dass ein weiteres Beben, wenn es überhaupt kommen sollte, schon nicht mehr so schlimm sein würde (magisches Wunschdenken). Und außerdem sei das Haus am Strand ohnehin so leicht gebaut, dass wir höchstens ein paar Beulen bekommen würden, wenn es zusammenfiele (Leugnung und Verdrängung der Gefahr). Und Tsunami? Der wäre schon da gewesen, bei dem nahen Epizentrum im Meer, wenn er sich formiert hätte.

Unser Sohn scheint all diese Eindrücke ohne das geringste Anzeichen der Unruhe hinzunehmen. Ich selbst bin in der Rolle dessen, der die Gefahr herunterspielt, darf also keine Angst haben oder gar bekennen, höchstens etwas »unwirsch« und gereizt sein.

Angstentwicklung durch Denken und Vorstellen

Der eben geschilderte Abschnitt der Geschichte enthält die klassischen Anzeichen der Angstentwicklung. Nach einer traumatisierenden Erfahrung wird in der Vorstellung diese Erfahrung wieder und wieder bearbeitet. Wie unter Zwang muss man das Erlebte in Gedanken und Worten wiederholen. Dieser Prozess hat eigentlich die Aufgabe, den Schock zu mildern, Beruhigung und Sicherheit herbeizuführen. Die Einordnung des Erlebten in Vertrautes und Bekanntes wird möglich, ja, das Erlebte wird gerade durch die gedanklichen Wiederholungen, durch das Darüber-Reden scheinbar vertraut und – das ist der Trick – ungefährlich.

Unter gewissen Umständen führt dieser Prozess jedoch zu einem weiteren Aufbau der diffusen Spannung. So z. B., wenn das gefürchtete Ereignis nicht vorhersagbar, nicht kontrollierbar, seine Bedrohlichkeit nicht abschätzbar ist. Diese Spannung wird, zumindest in unserem Fall, begleitet durch erhöhte Unruhe, Reizbarkeit, Streitlust. Die Bereitschaft zu heftigen Reaktionen auf auch nur geringfügig von der Erwartung abweichende Umweltereignisse ist ebenfalls gesteigert: erhöhte defensive Wachsamkeit.

Das diffuse Angstgefühl motiviert nicht so sehr die bedingungslose Flucht. Dazu sind die Gefahrensignale zu unpräzise, das gefürchtete Ereignis zu undeutlich. Statt Handlungen werden zur Problemlösung eher Gedanken aktiviert. Besonders im Stadium erhöhter diffuser Erregung tendieren jedoch diese Gedanken dazu, im Kreis zu laufen. Die Kontrolle der äußeren Bedrohung ist nicht möglich, daher wird versucht, die innere Bedrohung, also die »Interpretation« derselben, zu ändern: Derselbe Vorgang wird wieder und wieder gedanklich bearbeitet. Die Gefahr dabei ist, dass bei zu großer Erregung die angstbezogenen Gedanken nicht zu Ende gedacht, sondern kurz vor der Katastrophenvorstellung abgebrochen und von Neuem begonnen werden. Man findet sich in einem fruchtlosen Denkkessel wieder, aus dem es keinen Ausweg zu geben scheint. Wie geht die Geschichte, sprich das Leben, trotz Bedrohung nun aber weiter?

Eine mögliche Lösung

Nach der Rückkehr in die Wohnung reduzieren die Routinen um das Abendessen und das Zubettbringen des Kindes die Erregung. Das Ausführen einer gewohnten Tätigkeit lenkt von Gedanken ab, die sich um das belastende Erlebnis drehen. Das reduziert die Angsterregung, vermittelt eine scheinbare Sicherheit. Als dann aber im Haus Ruhe einkehrt, steigt meine Spannung wieder. Ruhe fördert das Spürbarwerden unerledigter Ängste. Das sind Ängste, die durch inadäquate Maßnahmen, sozusagen mithilfe einer Art von Selbstbetrug, »weggeschoben« wurden. So ein Selbstbetrug ist an sich nicht schlecht, er reduziert die Erregung, die ein sinnvolles Handeln behindern würde. Langfristig aber kommt man damit nicht »durch«.

Ich gehe vor das Haus, schaue mir den Abendhimmel, das Meer und die Häuser an. Die existenzielle Bedrohung durch das Erdbeben wird plötzlich in der Vorstellung sehr lebendig. Die Angst tritt jetzt ungebremst auf, doch ist es diesmal kein »heißes«, aktives, mein Verhalten antreibendes Gefühl wie im Falle der fluchtbegleitenden Furcht. Es ist »kalt«, »klirrend«, ein Gefühl, das gepaart ist mit klarer Einsicht in die Hilflosigkeit und den Kontrollverlust angesichts elementarer Ereignisse, ein Gefühl des Grauens und der Katastrophenerwartung.

Nach und nach aber kann ich diese Stimmung zulassen, erlebe aus einer Art Fatalismus heraus wieder so etwas wie Hingabe an den Ablauf der Ereignisse. Irgendwie überraschend folgt diesen Gedanken und Stimmungen sozusagen auf dem Fuß ein neues Gefühl der Geborgenheit. Ich bin bereit, die – ohnehin weitgehend nur vermeintliche – Kontrolle über die Welt abzugeben, entwickle Gefühle der Ehrfurcht vor der Rätselhaftigkeit und Unendlichkeit dessen, »was ist«, und erlebe die jetzt winzig erscheinenden Möglichkeiten einer Kontrolle über meine Existenz plötzlich nicht mehr als bedrohlich, weil unzureichend, sondern als Geschenk. Dies geht mit Empfindungen einher, die am ehesten als ein gleißendes, doch paradoxerweise »ruhiges« Elektrisieren des Körpers beschreibbar sind – eine sehr angenehme Form der Angstauflösung.

Unversehens, wie von selbst, ist ein völlig anderer Bewusstseinszustand entstanden. Als Folge dessen treten Ruhe und Entspannung ein. Die Angst ist weg und dem Gefühl gelassener Freude, innerer Weite und dennoch Geborgenheit gewichen. Nur einmal, als der Nachbar seine automatische Garagentür öffnet und das Haus dadurch leicht erzittert, ein an sich bekanntes Ereignis, tritt tief in der Magengegend wieder eine Art »Nachbeben« auf, der Ansatz eines auf biologischer Ebene gelernten Furchtgefühls. Eine Ankündigung auch, dass der eben erfahrene Zustand leider bald wieder vergeht.

Dieser Abschnitt der Angstverarbeitung enthält die Schritte der Einsicht in die mangelnde Kontrolle über extreme Katastrophen.

Diese Verarbeitung erfolgt nicht nur gedanklich, sondern auch gefühlsmäßig. Sie erfolgt als Bereitschaft, die Katastrophen hinzunehmen und notfalls auch die Konsequenzen zu tragen. Nicht Passivität ist die Folge, sondern Konzentration auf das Machbare und Annehmen dessen, was unabänderlich ist. Damit sinkt die angstgetragene permanente Wachsamkeit, das Leben wird wieder ruhig.

Diese Ruhe ist anders als die Ruhe durch das Ausüben von ablenkenden Routinen! Nur das Auftreten des tatsächlichen Ereignisses selbst, z. B. das Wackeln des Hauses, löst wieder eine Furchtreaktion aus. Sie würde, falls sie stark genug ist, fluchtmotivierend wirken. Die Befürchtungen, Erwartungen und Katastrophengedanken aber bleiben weg. Es kann sozusagen nichts wirklich Schlimmes passieren, auch wenn es zur größten Katastrophe kommt: paradox, aber wahr. Das Gefühl der Ehrfurcht »kühlt« (leider) im Verlauf der nächsten Stunden oder Tage langsam wieder ab. In dem Maße, in dem die Alltagsroutinen die Illusion unserer Kontrolle über die Welt stützen, schwindet die »überirdische«, die Gefahr annehmende Gelassenheit wieder.

Was macht die Erdbebenangst phobisch?

Wenn z. B. im Umfeld eines derartigen Ereignisses zusätzlich externe oder interne Stressoren massiver Art gegeben sind, ist mit einer dauerhaften psychischen und körperlichen Destabilisierung zu rechnen. Und in der weiteren Folge wird eine Fixierung der Angst wahrscheinlich. Die zusätzlichen Stressoren können Probleme beruflicher, persönlicher oder zwischenmenschlicher Art sein.

Die so erhöhte allgemeine Anspannung führt zu einer größeren »Angstbereitschaft«. Das Erdbeben wird als vermeintlicher Auslöser dieser gesamten Unruhe und Angst erlebt und die Bewältigungsversuche konzentrieren sich allein auf dieses Ereignis. Wenn diese Angst dann richtig stark wird und den Alltag dominiert, dient sie förmlich zur Abschwächung durch Relativierung der anderen

Quellen für Angst und Stress. Das kann eine willkommene Ablenkung von noch unangenehmeren Problemen sein, die zwar zum Angstpotenzial beisteuern, aber nicht beachtet werden müssen.

Angstbezogene Gedanken, wie das Erwarten der Katastrophe, der Vorsatz des Vermeidens, die Planung von Fluchtmöglichkeiten etc., führen zur momentanen Erleichterung von den aus verschiedenen Problemen herrührenden Grundspannungen. Sie führen aber insgesamt zu einer Fixierung der Angst, die so zum Problem wird. Wenn ich durch angstvermeidendes Handeln im Moment die Angst reduziere, habe ich dadurch indirekt die Angstberechtigung neuerlich bestätigt. Diffuse Angst hat einen Anhaltspunkt gefunden, was einerseits kurz erleichternd wirkt – ich weiß, was mir droht –, andererseits aber die Angst auf einen irrationalen oder unkontrollierbaren Auslöser fixiert. Scheinbar weiß man, wovor man Angst hat, und die unklaren Angstbedingungen, die vielleicht viel schwerer zu bearbeiten sind, treten in den Hintergrund.

Durch die erfolgreiche Teilreduzierung der Angst durch effizientes, meist vermeidendes Handeln, verhindere ich ja geradezu die Konfrontation mit den die Angst erst ermöglichenden existenziellen Grundhaltungen: Das Angst schaffende Selbst- und Weltbild wird durch erfolgreiche Angstvermeidung verfestigt. Damit ist aber auch die Anfälligkeit für die nächsten Angstattacken derselben Art prolongiert. Denn der nächste Auslöser kommt bestimmt und die »Welt« wird auf die Dauer falsche Vorstellungen über sich nicht bestehen lassen!

Durch diese dank Vermeidung zwar reduzierten, doch im Grunde ungelösten, stets wiederkehrenden Ängste gelingt es zuweilen, eine gewisse soziale Kontrolle durch Angstgebaren zu erlangen. Sie ist ein weiterer Faktor zur Verstärkung des Problems. Dieser »sekundäre Gewinn« in Form einer Art erzwungener Hilfeleistung kann z. B. Mitgefühl, stellvertretende Problemlösung durch Angehörige oder gute Freunde, Zuwendung oder Inschutznahme sein. Gut gemeinte Hilfsbereitschaft durch Bezugspersonen wirkt langfristig angstfixierend, da Verantwortung für das eigene Tun abgegeben wird.

Ein weiterer Aspekt, der die Angst über Gebühr aufrechterhalten kann, ist die Unfähigkeit zu einem vollständigen gedanklichen und gefühlsmäßigen Antizipieren der möglichen Katastrophe. Lässt man das Unglück hingegen innerlich stattfinden, kann man sich auf realistische Gegenmaßnahmen einstellen und sich vorab auch auf den negativen Ausgang vorbereiten. In der Außenwelt macht das vorerst kaum einen Unterschied, in der Innenwelt ist es ein großer Sprung. Er bedeutet nicht, dass wir tatenlos in die Katastrophe schlittern müssen, im Gegenteil! Durch die Konzentration auf das mit unseren Mitteln Machbare und die Reduktion angstvollen Beschwörens von Unbeeinflussbarem steigt die tatsächliche Effizienz der Problembewältigung.

Ein anderer Faktor sei noch erwähnt, der zur Bildung einer Phobie, in unserem Beispiel zu einer chronischen Angst vor Erdbeben, beitragen könnte. Die Rede ist von der Sperre, mit der wir uns gegen relativierende Überlegungen zur Bedeutung der Existenz des eigenen Ich als geistige und körperliche Entität wehren. Das hängt vermutlich mit der Abwehr des Faktums des Todes zusammen, die unseren Alltag prägt. Aber wer befolgt schon im Trubel der Ereignisse zwischen den Routinen der Arbeit und des Vergnügens den Rat der Weisen, wonach wir nur dann wirklich leben, wenn wir das im Bewusstsein unserer Endlichkeit tun.

Zurück zum Erdbeben: Es liegt in der Natur derartiger Ereignisse, dass sie wenig Gelegenheit geben, die Grundlosigkeit der Angst zu bestätigen: Das Ereignis ist sehr selten. Tritt es jedoch plötzlich ein, so verhalten sich die Menschen oft völlig anders, als sie es in ihrer Erwartungsangst befürchten: Häufig bleibt die Panik aus. Dafür gibt es auch andere Beispiele, etwa Personen mit großer Angst vor einer körperlichen Erkrankung. Erhalten sie dann die Diagnose, die ihre Angst bestätigt, reagieren sie nach der ersten Schockreaktion oft mit Gelassenheit. Oder jene Person mit Waschzwang und extremer Angst vor Handekzemen: Als sie tatsächlich ein Ekzem bekommt, kann sie das, wovor sie sich mehr als ein Jahrzehnt gefürchtet hat, mit Ruhe tragen.

Beschwörungs- und Vermeidungsrituale zur Abwehr an sich seltener Ereignisse haben die Eigenschaft, auch wenn gar nichts passiert, sich eben durch das Ausbleiben des gefürchteten Ereignisses selbst zu bestätigen. Die Welt ist, man denke nur an den Bereich der Gesundheitsvorsorge, voll von solchen oft geradezu zwanghaften Manövern.

Viele irrationale Ängste werden auch durch die Schwierigkeit gefördert, die Gefahr mithilfe statistischen Denkens richtig einzuschätzen. Manchmal ist ein Ereignis, sofern es eintritt, tatsächlich höchst gefährlich. Die Wahrscheinlichkeit des Eintreffens ist aber vielleicht so extrem niedrig, dass es eigentlich doch ungefährlich ist. Die Statistik, die unser Denken anfertigt, weicht von den tatsächlichen Gegebenheiten ab. Ein Beispiel dafür ist die Schlangenangst.

In den USA sterben im Jahr durchschnittlich fünf Menschen an Schlangenbissen. Im Vergleich dazu gibt es unverhältnismäßig mehr Todesopfer im Straßenverkehr, jährlich etwa 20 000! Dennoch sind Schlangenphobien, also extreme Ängste vor Schlangen, viel häufiger als spezifische Verkehrsphobien. Dies gilt sogar für Großstädte, wo Schlangen höchstens im Fernsehen (oder an der Bushaltestelle und vor der Supermarktkasse) anzutreffen sind.

Nicht zu vergessen ist noch die Rolle der Nachahmung, im Fachjargon das »Lernen am Modell« genannt. Gerade für Ängste und angstbedingtes Handeln gilt, dass die Nachahmung eine wichtige Quelle ist. Mit einer gewissen Angstbereitschaft wird in einer Gemeinschaft von Menschen, die starke Erdbebenängste haben, diese noch verstärkt. Kinder, deren Eltern eine spezifische Tierphobie haben, nehmen diese mit größerer Wahrscheinlichkeit auch an, wie am Beispiel Maria zu erkennen war.

Nach den genannten Komponenten, die das Entstehen einer Phobie beeinflussen können, seien noch die »intrapsychischen«

kurz angesprochen. Das sind z. B. generelle Dispositionen, wie etwa eine allgemeine Ängstlichkeit gegenüber ungerichteter Aufregung an sich. Letzteres ist ein Phänomen, das häufig auch von der sozialen Umgebung, den Mitmenschen, unterstützt wird. Die Angst vor der Aufregung »an sich« kann selbstständig werden und das Leben mit Kontrollmaßnahmen zur Abschirmung vor Aufregung füllen. Ein derartiges Vorhaben wird letztlich erfolglos sein, weil ständige Wachsamkeit zur Abwehr von kritischen Situationen selbst wieder aufregend ist. Solche allgemeine Angst vor Aufregung kann sich dann relativ leicht auf spezielle Erregungsauslöser fokussieren. Man glaubt dann, Angst vor Lärm, Leistungsdruck, körperlicher Anstrengung, aber auch Freude, sexuellen Gefühlen oder Ärger zu haben, in Wirklichkeit ist es aber die Angst vor Erregung. Gerade im Anschluss an körperliche Erkrankungen, in deren Verlauf Ruhe und Reizabschirmung wichtig gewesen sein mögen, kann übersteigerte Vorsicht zu einer sekundären Erregungsphobie ausarten. In der Rehabilitation von Infarktpatienten ist dies, um nur ein Beispiel zu nennen, ein häufig zu beobachtendes Problem. Die Patienten werden übervorsichtig, horchen ständig in sich hinein und stoppen bei geringsten Anzeichen kardiovaskulärer Erregung sämtliche Aktivitäten. Die Folge ist eine übermäßige Empfindlichkeit, die zu einer Art Postinfarkt-Infarktphobie ausarten kann.

Die Entwicklung einer chronischen Angst ist, das zeigt unser Erdbeben-Beispiel, für fast jeden beliebigen Angstinhalt ähnlich. Die beim Angstgefühl stattfindenden seelischen und körperlichen Prozesse sind im Grunde sehr ähnlich, wenn auch die Inhalte der Angst, oft fälschlich »Ursachen« genannt, extrem verschieden sein können.

Kindliches Nachbeben

Noch ein Nachtrag zur erstaunlichen Gelassenheit, mit der unser zweijähriger Sohn die ganze Erdbebenepisode verkraftet hat: Zwei Wochen später gab es einen heftigen Sturm. Die Fenster wackelten und es gab auch entsprechende Geräusche. Plötzlich verlangte das Kind, wir sollten aus dem Haus und mit Decken zum Strand gehen. Nachdem dies ein bei dem Wetter schwer verständlicher Vorschlag war, fragte ich den Buben, wie er auf die Idee käme. Er sagte, er hätte Angst, weil der »graue Donner« wiederkommt.

Die uns Erwachsenen einfache Ursachenzuweisung des Wackelns der Fensterscheiben und der entsprechenden Geräusche – es war eben der Sturm – hat die Assoziation zum Erdbeben mit seinen teilweise sehr ähnlichen Sinnesreizen gar nicht aufkommen lassen. Anders beim Kind. Es reagierte auf die Ähnlichkeit der Geräusche und forderte die damals »erfolgreiche« Gegenmaßnahme wieder ein. Wir einigten uns aber auf etwas Neues. Wir inszenierten ein ausführliches Ritual, in dessen Rahmen ich dem »grauen Donner« fürchterlich drohte, wir alle vor das Haus gehen mussten und ich ihm lautstark zu verstehen gab, dass er wieder dorthin verschwinden sollte, wo der Pfeffer wächst.

Es hat wirklich geholfen! Bis zu unserer Abreise gab es kein Erdbeben mehr. Damit hatte aber dieses späte »Nachbeben« noch lange kein Ende. Jedes Mal, wenn es einen Sturm gab, musste ich wieder vor das Haus und ihn lautstark und mit grässlichen Gebärden fortjagen. Das kommt davon, wenn man sich für die Angstvermeidung anderer, und seien es die eigenen Kinder, gegen besseres Wissen einspannen lässt. Zum Glück war kein Psychiater in der Nähe. Im Übrigen hat mir das Ritual auch recht gutgetan und zumindest die ersten paar Mal auch Spaß gemacht.

Platzangst – Angst vor zu viel Freiheit?

Martha ist eine Frau Ende 40, mittelgroß, mit adrett frisiertem, dunkelbraunem Haar. Sie ist in ein nettes Kostüm gekleidet, dessen einzelne Teile in ihren Farben wohl aufeinander abgestimmt sind. Auch Schuhe und Handtasche passen zusammen. Der Eindruck einer reifen, ausgeglichenen, vielleicht etwas übersorgfältigen und angepassten Frau steht jedoch in krassem Widerspruch zum Verhalten, das Martha im Augenblick zeigt.

Sie hat sich an die Hauswand gelehnt, ihre an sich sanften Gesichtszüge sind angespannt. Die Augen weit geöffnet, klammert sie sich mit ihrer linken Hand förmlich an ihre Handtasche. Die Lippen sind zusammengepresst, das Gesicht blass. Der Atem kommt stoßweise, mit langen Pausen dazwischen; es scheint, als würde sie nur ein-, aber nicht ausatmen. Sie geht noch zwei, drei Schritte weiter, eckig und steif, nach ihren eigenen Worten wie ein »Zinnsoldat«, lehnt sich dann wieder an die Mauer, dreht sich Hilfe suchend um und sagt gepresst: »Es geht nicht mehr, das ist alles, was ich machen kann.«

Ihr Problem besteht – zumindest vordergründig – darin, dass es ihr nicht möglich ist, allein das Haus zu verlassen und durch eine Straße oder über einen freien Platz zu gehen. Versucht sie es dennoch, treten dabei die geschilderten Zustände auf.

Sie beschreibt ihre Angstgefühle mit eigenen Worten so: »Bereits bei dem Gedanken, allein aus dem Haus gehen zu müssen, werde ich sehr nervös. Dabei spielt es keine besondere Rolle, wie viel Zeit mir bis dahin noch bleibt. Ich verspüre eine Beklemmung in der Magengegend, Appetitlosigkeit, bin sehr reizbar, nervös und reagiere fahrig auf die geringste Ablenkung. Mein Herz droht zu zerspringen, ich spüre den Schmerz in der gesamten Brustgegend und im Hals klopft der Puls wie rasend.

Dann wage ich kaum zu atmen. Ich habe einfach Angst, dass ich, wenn ich mich noch mehr bewege, irgendwie auseinanderfalle. Ich nehme mir dann meist wieder vor, gar nicht aus dem Haus zu gehen, selbst wenn es sich nur um den Gang zum Milchladen um die Ecke handelt. Es fällt mir schwer, meinen Mann zu bitten, diesen Weg für mich zu tun. Ich weiß, dass er mit großer Besorgnis beobachtet, wie ich mehr und mehr innerhalb unserer vier Wände sitze. Aber andererseits ist dieser Zustand – ich bin gar nicht sicher, ob es Angst ist – so unangenehm, dass mir gar nichts anderes übrig bleibt.

Wenn ich wirklich einmal weggehe, so geht es schon im Treppenhaus los. Am deutlichsten sind das Herzklopfen und die verkrampfte Atmung. Damit geht ein Gefühl einher, als würde der Boden unter meinen Füßen wanken und sich ein Nebel zwischen mich und die Umwelt schieben. Ich bin am ganzen Körper verkrampft, Arme und Beine sind wie »eingehängt«, als würden sie nicht zu mir gehören. Ich verspüre eine Leere im Kopf und kann keinen klaren Gedanken mehr fassen. In diesem Augenblick drehe ich dann einfach um. Da ist mir alles egal, ich brauche keine Milch und keine Butter mehr, sondern will nur noch zurück in meine Wohnung.

Sobald ich mich zum Rückzug entschlossen habe, werden die unangenehmen Erscheinungen in meinem Körper meist gleich schwächer. Nur manchmal, wenn ich schon weiter weg bin und der Rückweg sehr lang ist, da kann es dann noch schlimmer sein als beim Hingehen. Bin ich dann erst wieder zu Hause, so kommt eine bleierne Erschöpfung über mich. Ich muss mich hinlegen und habe das Gefühl, völlig ausgebrannt zu sein. Dazu kommt dann noch ein Gefühl tiefer Niedergeschlagenheit und Hoffnungslosigkeit, die ich angesichts meiner Behinderung erlebe. Einerseits bin ich froh, zu Hause zu sein, wenigstens wieder den Ort der Sicherheit erreicht zu haben. Andererseits mache ich mir Vorwürfe, nicht einmal diese lächerliche Entfernung geschafft zu haben. Ich kann mir das alles nicht erklären. Auch eine Vielzahl ärztlicher Untersuchungen hat keinerlei organische Grundlage meines Leidens aufzeigen können. Es ist mir sogar schon vorgeworfen worden, ich wäre eine Simulantin und wollte mir den vorzeitigen Ruhestand erschleichen!«

Angst vor Körperreaktionen

Im Gegensatz zu Maria hat Martha keine Angst vor irgendeinem ihr vielleicht »feindlich gesinnten« Lebewesen oder einem Unglück, wie es durch Blitz, abstürzende Flugzeuge oder Bomben ausgelöst werden könnte. Vielmehr hat sie primär Angst vor den Gefühlen und Empfindungen, die in ihr selbst auftreten. Der Zustand großer Erregung, der Atemnot, des Herzflatterns, kurz der Panik, wird zwar durch eine äußere Situation ausgelöst, Angst hat sie jedoch in erster Linie vor den Reaktionen des eigenen Körpers.

Verschlimmert wird das Problem dadurch, dass die tatsächliche Wahrnehmung der äußeren Angstauslöser im Laufe der Zeit gar nicht mehr notwendig wurde, um den gefürchteten Prozess in Gang zu setzen. Allein die Vorstellung der bedrohlichen Situation und des dabei möglicherweise auftretenden Kontrollverlustes reicht aus, um den Erregungszustand herbeizuführen. Er kann nur durch den festen Vorsatz wieder beruhigt werden, keinesfalls aus dem sicheren Haus wegzugehen: Angstvermeidung in der Vorstellung. Dadurch wird die Unfähigkeit, die Angst zu bewältigen, mehr und mehr zur fixen Idee, die durch nichts zu erschüttern ist. Durch die gedankliche Vermeidung werden kategorisch Grenzen gebildet, die nach und nach unumstößlich werden. Die Falle dabei ist, dass das Denken der eigenen Unfähigkeit Angst reduziert, das Denken – und in der Folge das Handeln – gegen diese selbst geschaffenen Grenzen aber Angst verstärkt.

Wie hat das alles begonnen?

Vor mehr als zwölf Jahren, Martha war damals eine lebenslustige, manchmal wohl auch etwas hektische Frau, war sie nach einer Angina etwas zu früh aufgestanden. Sie wollte möglichst bald wieder ihrer Arbeit nachgehen. Als sie im Durcheinander des morgendlichen Berufsverkehrs auf die Straßenbahn wartete, bekam sie plötzlich eigenartige körperliche Zustände: »Es war mir, als würde der Magen auf einmal unten durchsacken. Dazu kam ein Gefühl der Beklemmung, das sich über meinen ganzen Oberkörper erstreckte. Ich musste mich festhalten, da ich Angst hatte, ich würde umfallen. Der ganze Spuk war nach höchstens zwei Minuten wieder vorbei. Ich war danach zwar etwas schwach, konnte jedoch allein zurück nach Hause gehen. Die Idee, an diesem Tag arbeiten zu gehen, hatte ich aufgegeben und legte mich wieder ins Bett.

Etwa zwei Monate später, ich war von der Angina längst genesen, passierte mir etwas Ähnliches. Ich war in der Straßenbahn, die zu diesem Zeitpunkt ziemlich voll war. Wieder dauerte alles nur relativ kurze Zeit, mein Angstgefühl dabei war jedoch sehr stark.

Am nächsten Tag kam ich nicht einmal bis zur Straßenbahnhaltestelle. Ich musste mich unterwegs an eine Hauswand lehnen und es dauerte diesmal viel länger als sonst. Als es wieder halbwegs ging, versuchte ich weiterzugehen, doch das Herzrasen wurde so stark, dass ich aufgab. Zwischendurch hatte ich das Gefühl, das Herz setzt aus oder macht Sprünge. Und ich fühlte mich grenzenlos allein, von aller Welt und Gott verlassen.

Schließlich bat ich einen Passanten, mich nach Hause zu begleiten. Der rasch herbeigerufene Arzt konnte jedoch keine organische Ursache finden, nicht einmal die Spuren des Anfalles konnte er registrieren. Zwar hatte ich etwas überhöhten Blutdruck, jedoch schien das diesen Anfall keinesfalls zu erklären.«

Ein Teufelskreis

Bedingt durch diese Vorfälle war Martha, damals Mitte 30, zutiefst verunsichert. Sie konnte sich das alles nicht erklären und begann, nach äußeren und inneren Anzeichen für das Auftreten der gefürchteten Zustände zu suchen: »Ich war bestrebt, möglichst früh herauszufinden, wann es wieder kritisch wird. Wenn ich z. B. so ein allgemeines Unwohlgefühl in meinem Körper verspüre, gehe ich gleich gar nicht mehr außer Haus. Ich kann dieses Gefühl am besten beschreiben, indem ich das Bild eines Autos verwende: Der Motor läuft bereits auf vollen Touren, die gleichzeitig gezogene Handbremse verhindert aber ein Abfahren. Ich habe das Gefühl, dass in dem Augenblick, wo eine Belastung auf mich zukommt, alles blockiert ist. Aber auch dazwischen ist es so, als wäre mein ›Standgas‹ etwas zu hoch eingestellt. Auch wenn gar nichts passiert, ich gar nichts zu leisten habe, bin ich eigenartig erregt und fahrig.

Ich entwickelte bestimmte Tricks, um mich abzulenken. Ich hatte z. B. stets meine Handtasche dabei, in der ich dann, wenn es kritisch wurde, einfach die verschiedenen Dinge durchstöberte. So als würde ich nach etwas suchen. Auch Zeitunglesen half, mich von den Gedanken des drohenden Angstanfalles abzulenken. Ich versuchte es auch mit Zählen oder indem ich irgendwelche Eigenarten an den Häusern besonders konzentriert beobachtete. Leider hatten diese Ablenkungsversuche nur dann Erfolg, wenn meine Nervosität nicht allzu hoch war oder die Angst sich erst in der Anfangsphase der Entstehung befand. Da versuchte ich dann auch fast krankhaft, die ersten körperlichen Anzeichen ansteigender Erregung einfach zu ignorieren. Wenn es aber dennoch richtig losging, war all das nutzlos. Konfus und bis zum Äußersten erregt, konnte ich nur noch ein Ziel anstreben: nichts wie raus aus der Situation und auf dem schnellsten Wege nach Hause.

So begann sich innerhalb eines Jahres mein Lebens-Raum mehr und mehr einzuengen. Mein Alltag war angefüllt mit angstvoller Erwartung und dem Planen, wie ich die nächste Problemsituation am besten vermeiden könnte. Mein Mann hat sich in dieser Phase rührend um mich gekümmert, doch ich war sehr unglücklich darüber, dass er meinetwegen all diese Umwege und die Mehrarbeit übernehmen musste.«

War Marthas Ehemann anfangs sehr geduldig und hilfsbereit, so wurde er im Laufe der Zeit zunehmend abweisender, im Unterton immer leicht verärgert und zur Hilfe nur noch in den wirklich allernotwendigsten Dingen bereit. Und diese waren natürlich die immer häufiger drohenden Panikattacken.

Das war letztlich auch der Auslöser dafür, Psychotherapie zu beanspruchen. Verwandte und Bekannte sollten nichts erfahren, weil Martha fürchtete, sie könnte von ihnen für verrückt gehalten werden. Sie hatte in der Anfangsphase manchmal versucht, Verständnis für ihre Probleme zu bekommen, war dabei jedoch auf das Gegenteil gestoßen. Man hielt sie für eine Simulantin oder gab ihr triviale Ratschläge.

Danach hatte es Martha aufgegeben, die entferntere Verwandtschaft zu informieren. Stattdessen hatte sie sich mehr und mehr zurückgezogen. Wenn dennoch jemand zu Besuch kam, war sie angespannt, schweigsam, überließ ihrem Mann die Konversation. Dies führte dazu, dass sie sich im Laufe der Jahre sozial stark isolierte, eine unsichtbare Mauer zwischen sich und den anderen errichtete. Sie selbst und ihr Mann bedauern das sehr. In dem Maße, in dem sich nun das Verhalten des Mannes ihr gegenüber zu verändern begonnen hat, kommt für Martha zu den beschriebenen Ängsten noch die Angst vor einer möglichen Trennung hinzu. Kein Wunder, dass auch ihr Sexualleben freudlos ist.

Marthas Alltag ist durch ein Übermaß an Stress und Angst gekennzeichnet, durch ständige Erwartung neuer Schwierigkeiten und eine Kette von Erfahrungen der Hilflosigkeit und Behinderung. Ihre Abhängigkeit ist allumfassend geworden. Die angenehmen Seiten des Lebens sind für sie praktisch nicht mehr existent. Das höchste der Gefühle, zu dem sie in diesem Dilemma fähig zu sein scheint, ist das Ausbleiben einer Angstreaktion oder die Erleichterung nach erfolgreicher Vermeidung einer »kritischen« Situation.

Blockierung gegensätzlicher Kräfte?

Die eben geschilderten Schwierigkeiten werden im Fachjargon als Platzangst oder Agoraphobie bezeichnet. Letztere enthält den griechischen Stamm »agora«, was so viel wie »Versammlung«, aber auch »Marktplatz« bedeutet. Damit soll ein typischer Aspekt des Angstproblems charakterisiert werden, die Angst vor freien, offenen Plätzen, die insbesondere dann auftritt, wenn sich auf diesen Plätzen viele Menschen befinden.

Agoraphobie ist ein relativ häufiges Phänomen. Die leichteste Ausprägung tritt in Form eines Unbehagens vor Reisen, Trennungen, Öffentlichkeit auf. Bei mittlerem Ausprägungsgrad kann es sein, dass das Auftreten der Angstgefühle auf bestimmte Situationen beschränkt ist, z. B. einen ganz bestimmten Marktplatz oder ein ganz bestimmtes Theater. Agoraphobie tritt gar nicht so selten gemeinsam mit dem scheinbaren Gegenteil auf, der Klaustrophobie, der Angst vor dem Eingeschlossensein.

Diese recht wissenschaftlich, weil griechisch, klingenden Bezeichnungen sind jedoch im Grunde irrelevant. Sie tragen zum Verständnis des Problems und vor allem zur Veränderung desselben nicht viel bei. Entscheidend ist das Elend der betroffenen Person in dieser Situation, das noch verstärkt wird durch die Schwierigkeit der Bezugspersonen, bei all dem Chaos auch noch mitfühlend zu sein. Denn das Problem nervt und man versteht es im Grunde nicht. In Begleitung kann die betroffene Person überallhin, allein scheitert sie schon an der Haustür. Für Außenstehende ist das ja wirklich schwer zu verstehen.

Angst vorm »anderen Ich«

Auffallend ist die enorme Intensität der Erregung, die jedoch nicht in eine eindeutige Handlung kanalisiert werden kann. Der Betroffene bietet vielmehr das Bild eines Menschen, der zwischen zwei extrem starken Handlungsimpulsen stecken bleibt, dem Wunsch nach Freiheit und Unabhängigkeit und dem Wunsch nach Schutz, Abhängigkeit, Sicherheit.

Diese Elemente lassen sich auch in der Biografie immer wieder finden. Da gibt es die Erfahrung zu früher Erziehung zur Selbstständigkeit, verbunden vielleicht mit der versteckten Botschaft an das Kind, dass es im Grunde dazu nicht fähig ist. Auch reale Trennungen von geliebten Personen in der Kindheit können diese Angst vor alleiniger Verantwortung bedingen. Die Angst vor freien Plätzen steht dann für die Angst vor Freiheit im übertragenen Sinn.

Mag sein, dass die Befürchtung auch eine Rolle spielt, dass man bei tatsächlichem Gebrauch der Freiheit im zwischenmenschlichen Bereich völlig über die Stränge schlägt. Immer wieder kommt die Äußerung im Gespräch, dass bei Wegfallen der Angst der »andere« Teil der Persönlichkeit zum Zug kommt, der rücksichtslose, aggressive, alle Tabus sprengende. Um diese vermeintlich entsetzliche Erfahrung nicht zu riskieren, bleibt man lieber ängstlich, abhängig, unreif. Der Preis ist allerdings hoch.

Die Entstehung dieser Form der Angst ist ziemlich sicher in Bedingungen der frühen Entwicklung angelegt. Wie im skizzierten Fall können aber akute Phasen allgemeiner körperlicher und seelischer Labilisierung das Auftreten auslösen. Das kann durch eine eben überstandene physische Erkrankung oder eine Änderung des biologischen Gleichgewichts, wie z. B. im Verlauf einer Schwangerschaft, geschehen. Aber auch einschneidende Lebensveränderungen wie die Auflösung einer Ehe, Arbeitslosigkeit oder der Tod einer wichtigen Bezugsperson können diese Prozesse in Gang setzen. Die Bereitschaft dazu ist jedoch viel früher entstanden. Untersuchungen zeigten, dass bei vielen Betroffenen sechs bis neun Monate vor dem ersten Auftreten der Panikattacken eine Trennung von einer wichtigen Bezugsperson verkraftet werden musste oder andere wesentliche Veränderungen erlebt wurden: folgenschwere körperliche Erkrankungen, Verlust eines als sicher empfundenen Arbeitsplatzes, Verlust der Zugehörigkeit zu einer bis dahin soziale Sicherheit gewährenden Gemeinschaft.

Die akute Labilität ist für den Betroffenen meist körperlich spürbar. Die aus dieser Situation heraus auftretenden Gefühle des Verlustes der Kontrolle über den eigenen Körper und die damit einhergehenden Panikgefühle werden von dem Betroffenen als schrecklich erlebt.

Einer der einfachsten und elementarsten Lernprozesse, zu denen wir fähig sind, ist an dem weiteren Geschehen beteiligt. Es ist die Eigenschaft, einmal ausgelöste Reaktionen, vor allem wenn sie vom vegetativen Nervensystem her gesteuert werden, dann wieder auftreten zu lassen, wenn wir uns wieder in ähnliche Situationen begeben: die Konditionierung von Affekten. Wir wollen uns verständlicherweise vor einem ähnlichen Erlebnis schützen. Daher versuchen wir, Situationen, in denen es auftrat, gar nicht mehr aufzusuchen. Die ansatzweise Auslösung der konditionierten Erregung führt zu Flucht und Vermeidung. Würden diese ohne Widerstand ausgeführt, gäbe es keine Angst, höchstens Furchterregung als fluchtbegleitendes Gefühl. Angst wird daraus erst, wenn die Vermeidung nicht restlos gebilligt wird. Der Betroffene macht sich Vorwürfe, bekämpft seine Fluchtimpulse und bleibt so zwischen den einander widersprechenden Kräften förmlich stecken.

Ein Mensch, der konsequent und aus innerer Überzeugung alle möglichen Belastungen vermeidet, wird vielleicht ein sehr reduziertes Leben führen, aber kein Angstproblem haben. Dazu kommt es erst, wenn er sich selbst Vorwürfe macht, sich an anderen misst, sein Versagen beklagt, aber dann nur halbherzig bekämpft.

Vermeidung bewirkt zwar eine momentane Erleichterung, langfristig fixiert sich gerade dadurch jedoch die konditionierte Angst. Dieser Mechanismus betrifft auch die persönliche Selbsteinschätzung. Jemand, der Angstsituationen vermeidet, wird gleichsam als Rechtfertigung stets aufs Neue sagen, dass er diese oder jene Situation nicht erfolgreich und angstfrei bewältigen kann. Die damit einhergehende Erwartung eines Angstanfalles bewirkt eine erhöhte Bereitschaft für das tatsächliche Eintreten einer Angstreaktion. Die ersten Anzeichen gesteigerter Unruhe sind dann auch tatsächlich jedes Mal die Bestätigung dieser Erwartung; die Situationsangst wird neuerlich »verstärkt«, die fixe Idee der eigenen Unfähigkeit zur Angstbewältigung noch etwas weiter gefestigt.

Ein plausibles Modell für die Entstehung dieser Ängste könnte somit lauten: In einer Phase an sich unspezifischer körperlicher und/oder seelischer Schwächung und Verunsicherung kann es zu ein oder zwei extrem belastenden körperlichen Erfahrungen in Form von Schwächeanfällen oder Kreislaufstörungen kommen. Erst durch die damit einhergehende Panikreaktion und später durch Vermeidung der Angst machenden Situation kann es zu einem starren »Angstkomplex« kommen. Negative Sekundärgefühle – als Folge der Abwertung der eigenen Person – führen zu einer depressiven Grundstimmung, gepaart mit einer Schwächung von Selbstsicherheit, Unabhängigkeit und emotionaler Sicherheit. Aufgrund frühkindlicher Erfahrungen mit Trennungen, doppeldeutiger Selbstständigkeitserziehung, unerfüllten Abhängigkeitswünschen trifft dieser akute Angstprozess auf eine erhöhte Bereitschaft in symbolischer Form, die alten Verhaltensmuster zu wiederholen.

Solche Ängste können aber auch ohne ein besonders dramatisches Erlebnis, ganz allmählich, entstehen: Eine unklar erlebte Unruhe tritt immer dann auf, wenn sich die Person von zu Hause wegbewegt. Und irgendwann löst dieses Unbehagen schon allein der Gedanke daran aus, demnächst das Haus zu verlassen. Um diese Unruhe zu vermeiden, werden dann die Ausflüge immer kürzer und seltener und selbst die gedanklichen Vorsätze dazu werden vermieden. Man bricht die Vorstellung davon einfach ab und versucht, andere Pläne zu schmieden. Eines Tages ist dann das Endergebnis das gleiche wie in den »klassischen« Fällen, deren Malheur mit Panik und Kreislaufattacken begonnen hatte.

Die Anfälle panischer Angst können unterschiedlich lang sein. Ich habe Personen kennengelernt, bei denen diese Reaktionen nur eine Minute dauerten. Bei anderen dauerten sie u. U. mehrere Stunden. Es ist eher die Regel, dass sich die betroffenen Personen nach dem Anfall sehr erschöpft und niedergeschlagen fühlen. Es kann aber auch sein, dass sie danach keinerlei Probleme haben und über mehrere Wochen hinweg kein intensives Angsterlebnis mehr auftritt.

»Vorbeugendes« Understatement

Gerade diese starken Schwankungen der Anfälligkeit sind es, die den Betroffenen zu schaffen machen. Wie soll man auch der Umwelt klarmachen, dass das Fahren im öffentlichen Bus an dem einen Tag keinerlei Beschwerden macht, dass an einem anderen Tag aber vielleicht Todesängste auftreten. Diese von den verschiedensten Faktoren äußerer und innerer Art abhängige Inkonsistenz des Angstphänomens führt dazu, dass die unter diesem Problem Leidenden sich manchmal sozusagen präventiv in einem schlechteren Zustand präsentieren, als es im Moment tatsächlich der Fall sein mag. Das hat den Vorteil, dass nicht jedes Mal, wenn es wirklich »kritisch« wird, auch noch die Auseinandersetzung mit dem Partner geführt werden muss. (Die kann man ohnehin dann besser führen, wenn es einem nicht ganz so schlecht geht.)

Allerdings muss diese »Selbstschwächung« auch vor einem selbst glaubwürdig sein, was sie gewöhnlich nur ist, wenn man sich tatsächlich schwach fühlt. Die Konzentration auf kleinste Anzeichen von aufziehenden Schmerzen, Schwäche- oder Angstgefühlen ist dann eine Art von Freibrief zum Abbrechen aller Belastungen und in erster Linie sind das dann eben die Konfrontationen mit Situationen, die zu einem intensiveren Angstgefühl führen können.

Die vielen Tricks der Vermeidung

Die Jahre des »Stellungskrieges« gegen die Angst machen ausgesprochen raffiniert im Ausnutzen aller Möglichkeiten, die helfen, kritische Situationen zu vermeiden. Das gilt eigentlich für jeden von uns, ob wir nun an einer manifesten Angst leiden oder ob wir es schaffen, sie vor anderen und vielleicht auch vor uns selbst zu verstecken. Deshalb werden sich nicht nur Leser mit »klassischen« Agoraphobien in diesem Abschnitt wiedererkennen.

Aber was ist eine »kritische Situation«? Das sind z. B. die Gelegenheiten, bei denen die Gefühle der Angst so stark werden, dass wir die Kontrolle über sie, die Situation und uns selbst zu verlieren glauben. Irgendeine oft gar nicht genau präzisierbare Katastrophe wird dann erwartet. So wie das Kind es nicht wagt, seine Mutter zu verlassen, ohne genau zu wissen, was ihm widerfährt, so fürchtet der Erwachsene die Trennung, ohne den Gedanken wirklich zu Ende zu führen. Die vermeintliche Katastrophe gilt es dann um jeden Preis zu vermeiden.

So kann es geschehen, dass wir oft ein Leben lang vor diesen vermeintlichen Katastrophen davonlaufen. Damit berauben wir uns aber der Gelegenheit, die Gefährlichkeit der Situation wirklich zu testen. Vielleicht könnten wir andernfalls feststellen, dass die Katastrophe gar keine ist. Gerade bei irrationalen Ängsten kann es nämlich sehr wohl sein, dass in dem Moment des Kontrollverlustes, bedingt durch das Aufgeben des Widerstandes gegen die übergroße Angst, eben diese Angst auch schon aufgelöst ist. Nur, wie wir alle wissen, helfen solche Einsichten kaum, unser Tun und Denken im Augenblick der Panik zu beeinflussen.

Manche unserer Vermeidungstricks setzen an der Außenwelt, manche an der Innenwelt an, wir verfügen über zahlreiche äußere und innere Manipulanten: In erster Linie ist hier die Perfektionierung der »Hilflosigkeit«, das Organisieren der Unterstützung durch einen Begleiter zu nennen. Die Betroffenen fühlen sich sicherer und ruhiger, wenn sie sich jemandem anvertrauen können, der sie auf ihrem Weg begleitet. Das ist verständlich und dagegen ist an sich auch nichts einzuwenden. Häufig ist jedoch zu beobachten, dass diese Unterstützung zu einem Abhängigkeitsverhältnis führt. Dem Betroffenen ist das auf der einen Seite sehr angenehm, weil nützlich, gleichzeitig schürt das aber auch unterschwellig sehr viel Ärger und Aggression. Diese ambivalenten Gefühle werden jedoch im Allgemeinen nicht artikuliert, da der Betroffene fürchtet, verlassen zu werden. Man behilft sich dann meist damit, dass man seinen Ärger gegen die eigenen Impulse nach Selbstständigkeit, also gegen das eigene, nach Unabhängigkeit und Eigenverantwortlichkeit strebende, eben erwachsen werden wollende Selbst richtet. Was bleibt, ist chronische Anspannung, die zwischen hilfloser Unterwürfigkeit und unterdrücktem Ärger förmlich stecken geblieben ist. Das aber ist ein Dauerstressor, der neue Angstreaktionen erst recht wahrscheinlich macht.

Ein eingespieltes System

Es ist jedoch manchmal schon erstaunlich zu beobachten, wie gut etwa der unter Ängsten Leidende und sein Betreuer aufeinander »eingespielt« sind. Manchmal handelt es sich hier geradezu um eine menschliche Symbiose, eine Art sozialer Arbeitsteilung, bei der beide ihre Aufgabe erfüllen müssen, um als Paar so zu funktionieren, wie dies sonst vielleicht ein einzelnes Individuum tut.

Da ist es dann auch manchmal so, dass die Gesprächsgewohnheiten zwischen den Partnern, die keineswegs Geschlechtspartner sein müssen, bestimmten, sich stets wiederholenden Gesetzmäßigkeiten folgen: Der unter agoraphobischen Ängsten Leidende erklärt frank und frei, dass er völlig auf den anderen angewiesen ist, ohne den anderen hilflos ist, wahrscheinlich rasch sterben würde. Gleichzeitig signalisiert er jedoch dem Helfer, dass dieser zum bedingungslosen Helfen verpflichtet sei. Andernfalls würde er sich der

Missachtung der selbstverständlichsten aller moralischen Regeln des Zusammenlebens schuldig machen. Und wer will sich schon gerne sagen lassen, dass er einen Hilfsbedürftigen im Stich gelassen hat. So ist der Helfer dazu »verdammt«, seine Rolle weiter auszuüben.

Nebenbei sei noch erwähnt, dass in einer derart »gut eingespielten Angst-Beziehung« der Helfer natürlich auch oft seinen heimlichen, nicht bewussten Grund hat, warum er sich in diese Mühle einspannen lässt. Er zieht seinen »Gewinn« u. a. daraus, dass er die Rolle des Selbstlosen, des geduldigen Samariters übernehmen kann, die es ihm auch erlaubt, über die Belastung durch den anderen zu klagen. Das lenkt unter Umständen von den eigenen Problemen und Trennungsängsten ab. Sie treten erst auf, wenn der »Patient« in dieser Beziehung plötzlich angstfreier und dadurch bewegungsfreier wird. Es ist gut möglich, dass der Helfer, der angeblich die Heilung des »Patienten« so sehr wünscht, dann Maßnahmen ergreift, die den Therapiefortschritt des anderen sabotieren. Denn eine Befreiung des Partners bzw. der Partnerin würde die fragile Stabilität des Helfers gefährden. Er braucht zu seiner Sicherheit jemanden, der hilfsbedürftig und von ihm abhängig ist.

Ein kleines Beispiel dafür ist der Dialog zwischen einer Klientin und ihrem Mann. Er spielte sich tatsächlich in der wiedergegebenen Form ab, nachdem die Frau erstmals nach vielen Jahren wieder allein um einen Häuserblock gehen konnte und dies voll Freude dem Mann berichtet hatte, der sie von der Therapiestunde abholen kam:

Sie (euphorisch): »Stell Dir vor, Erwin, ich bin heute erstmals allein um den Block gelaufen, fast eine Stunde lang!«

Er: »Na, das ist ja sehr gut, dass du das endlich kannst. Dann brauchst du mich eigentlich gar nicht mehr. Dann kann ich ja gleich morgen das tun, was ich schon seit Jahren machen wollte. Ich werde für drei Wochen ins Gebirge fahren. Dann kann ich ja jetzt doch noch den Urlaub machen, nach dem ich mich seit Jahren sehne.«

Sie (sichtlich zurückschreckend, rudert sofort zurück): »Nein, nein, so weit bin ich ja noch nicht. Das ist ja der allererste Anfang und es kann jederzeit ein Rückschlag kommen. Das wäre ja schrecklich, wenn ich dann allein wäre. Bitte fahr' doch nicht gleich weg, wenn es mir ein wenig besser geht.«

Er: »Also gut, wenn du mich noch brauchst, dann verzichte ich eben auf den Ausflug und bleibe hier. Dir zuliebe«

Der Griff zur Tablette

Ein heikles Thema aus der Vermeidungstrickkiste ist der Gebrauch und Missbrauch von Beruhigungstabletten. Sie haben im Augenblick des ansteigenden Angstzustandes eine lindernde und entspannende Funktion. Wenn sie richtig und gezielt eingesetzt werden, können sie das Problem zweifellos abschwächen, den Angstanfällen die Spitze nehmen. Leider ist es jedoch so, dass diese Medikamente häufig über Bedarf eingenommen und auch verschrieben werden. Das führt dazu, dass zu den anderen, ohnehin schon reichlich vorhandenen Vermeidungsmaßnahmen noch eine weitere, nämlich die medikamentöse, hinzukommt. Es kann vorkommen, dass sich um die Medikamentendöschen richtige Vermeidungs- und Beschwörungsrituale ranken. Ein Klient berichtete, dass er allein bei dem Gedanken, er könnte seine »Pülverchen« nicht dabeihaben, den Ansatz eines Angstanfalls verspürte. Das führte dazu, dass er in alle Kleidungsstücke vorsorglich kleine Pharmadosen steckte, in manche sogar einnähte.

Der Vollständigkeit halber ist zu sagen, dass die meisten Klienten wissen, dass sie von Beruhigungstabletten keine anhaltende Lösung ihres Problems erwarten können. Außerdem ist, auch bei zuweilen anderslautender Beschreibung der Präparate, das Auftreten unerfreulicher Nebeneffekte einzukalkulieren. Diese betreffen die Einengung und Trübung der Wahrnehmung, die Verlangsamung der Reaktionstätigkeit, die Abnahme der Merkfähigkeit und des Denkens.

Ungewohnte körperliche Zustände wie etwa Übelkeit, Schwindel, taubes Körpergefühl können dazukommen. Man kann verstehen, dass viele Betroffene angesichts derartiger Erfahrungen bezüglich der Medikamenteneinnahme einen zusätzlichen Konflikt erleben. Aus einer Studie unseres Instituts geht hervor, dass mehr als die Hälfte aller Klienten mit chronischen Ängsten auch eine sekundäre Medikamentenabhängigkeit entwickeln.

Angst vor der Angst

Das Hauptproblem bei der Agoraphobie scheint die Angst vor der unkontrollierbaren Angst zu sein. Ein Mensch mit Agoraphobie befindet sich ständig in Erwartung der Angst, während sein Denken auf rechtzeitige Vermeidung ausgerichtet ist. Erwartungsangst und Vermeidungsverhalten bestimmen so den kompletten Tagesablauf. Wenn das Angstgefühl dann doch auftritt, vielleicht im Ansatz noch gar nicht so stark ist, wird die gerade in Gang gesetzte Handlung abgebrochen und zum bedingungslosen Rückzug geblasen. Die Betroffenen hoffen und warten darauf, keine Angst mehr zu haben, um dann die kritischen Situationen und Wege besser bewältigen zu können.

Doch diese Situation wird nicht so ohne Weiteres eintreten. Es ist genau das umgekehrte Verhalten, das zu einer Lösung führt – mit der Bereitschaft, einen Weg, den man sich vorgenommen hat, zu Ende zu gehen, und zwar auch dann, wenn dabei Angstgefühle auftreten sollten. Damit ist ein allgemeingültiges Prinzip zur Bewältigung irrationaler Ängste angesprochen: Erst wenn ich mich in meinem Verhalten nicht mehr vollständig durch das Angstgefühl bestimmen lasse, sondern eine Handlung trotz zum Teil intensiver Angst ausführe, kann die Auflösung des Angst-Vermeidungs-Zirkels in Gang kommen.

Dieser Weg ist meist mühsam und langwierig. Dabei ist es vielleicht ganz hilfreich, wenn wir unsere Definitionen von Mut etwas genauer hinterfragen. Ist derjenige mutiger, der angstfrei die schwierigste Situation besteht, oder etwa jener, der trotz starker Ängste seine Aufgabe unter großer Anstrengung und mehr schlecht als recht durchführt?

Angst vor Freiheit und Verantwortung

Was würden Sie tun, wenn Sie plötzlich frei von Ihren Ängsten wären? Sicher könnten Sie eine lange Reihe von Tätigkeiten aufzählen: ein neues Leben anfangen, reisen, selbstständig werden und all das nachholen, was man bisher versäumt hat. Die Sehnsucht nach Freiheit im sozialen, im emotionalen und im physischen Bereich ist sicher echt. Dennoch ist fraglich, wie gut es auf Anhieb gelingen würde, die neu gewonnene Freiheit zu nutzen. Um die Bereitschaft und um die Fähigkeit, für das eigene Leben Verantwortung zu übernehmen, muss im Alltag jedes Mal neu gerungen werden.

Es kann sein, dass Agoraphobie ein Versuch ist, der Angst vor Selbstverantwortung und Freiheit ein etwas anderes Gesicht zu geben. Im Grunde gilt das aber nicht nur für speziell diese, sondern vermutlich für die meisten Alltagsängste. Oft sind die lebenseinengenden psychischen Probleme nicht offen erkennbar.

In psychologischen Experimenten an zufällig ausgewählten Personen konnte festgestellt werden, dass häufig die Wahlmöglichkeit zwischen zwei Alternativen dem Zwang zu einer der beiden Alternativen vorgezogen wird. Das gilt auch dann, wenn die Versuchspersonen ohnehin die Alternative gewählt hätten, zu der sie gezwungen worden sind! In einer diesbezüglichen Untersuchung wurde z. B. festgestellt, dass es uns meist angenehmer ist, darüber entscheiden zu können, ob wir etwa eine Spritze im Krankenhaus gleich oder erst in einigen Stunden bekommen. Stehen wir dann aber tatsächlich vor der Wahl, so tritt Entscheidungsunlust auf, die als unangenehm erlebt wird.

Wir drängen uns zwar nach der Freiheit, wählen zu können, solange wir diese Freiheit nicht haben. Wird sie uns aber gegeben, schrecken wir vor der Verantwortung zurück, versuchen wir uns gar vor der Entscheidung zu drücken. Je mehr Wahlmöglichkeiten, also je mehr Freiheiten, desto schlimmer. Dies gilt nicht nur dann, wenn die Entscheidung zwischen unangenehmen Dingen zu treffen ist, sondern auch, wenn beide Wahlmöglichkeiten durchaus positive Konsequenzen haben!

In einer anderen Untersuchung zum gleichen Thema wurde festgestellt, dass Menschen, die keine Kontrolle über Teile ihres Arbeitsgebietes haben, viel Energie darauf verwenden, diese Kontrolle zu erlangen. Sobald sie ihnen jedoch gewährt wird, tritt eine neue Form der Belastung auf, nämlich die Entscheidungsunlust und die Angst vor der Verantwortung.

Nicht selten passiert es dann, dass diejenigen, die sich zuerst sehr anstrengten, in eine Entscheidungsposition zu kommen, nachher bemüht sind, sich diese wieder zu nehmen. Sie versuchen zum Beispiel, diese Verantwortung wieder an einen formalen Mechanismus zu delegieren. Mag sein, dass zumindest ein Aspekt der Bürokratisierung unseres Lebens die Angst der Menschen vor persönlichen Entscheidungen und den damit einhergehenden Verantwortungsgefühlen ist. Die buchstabengetreue, strikte Einhaltung einer Verordnung oder eines Gesetzes fällt manchem »Verantwortlichen« leichter als eine flexible Entscheidung mit Rücksichtnahme auf die jeweilige Situation.

Dieses Thema der Emanzipation unseres selbstverantwortlichen Handelns wirkt in die verschiedensten Lebensbereiche hinein, in Entscheidungen bei der Arbeit, in die Gestaltung unserer Sozialkontakte und der Freizeitaktivitäten. Es hat aber sicher auch eine Bedeutung für das Problem der Aufrechterhaltung chronischer Angstreaktionen. So unangenehm und offensichtlich behindernd diese Ängste für den Betroffenen wohl auch sind, so haben sie doch auch, zumindest um einige Ecken herum, vordergründig gewisse scheinbare Vorteile: Der mühsame und schwierige Entwicklungsprozess, der für das Wachsen und Entfalten der Persönlichkeit notwendig ist, zieht Rückschläge und schmerzhafte Erfahrungen unweigerlich nach sich. Sie sind auf andere Art belastend als die Angstanfälle: Sie bringen Phasen der Einsamkeit, der Trauer, der selbstverantwortlichen Lebensorientierung.

Das sind Gefühle, die erlebbar werden, wenn wir uns die Grenze zwischen uns selbst und anderen Menschen bewusst machen. Das Akzeptieren dieser Grenze setzt voraus, dass ein gewisses Maß an Einsamkeit ertragen und die dabei auftretende Trauer gefühlt werden kann.

Die psychische Entwicklung, von der kindlichen Abhängigkeit zum selbstverantwortlichen Menschen, kann Phasen enthalten, die viel Angst auslösen. Und manchmal fühlt sich die Angst schlimmer an als das Ziel der autonomen, eigenverantwortlichen Persönlichkeit. Kein Wunder, dass wir dann vor unserer eigenen Entwicklung zurückschrecken, uns ihr vielleicht gar nicht stellen wollen. Schließlich wartet an deren Ende der Tod, für jeden, unausweichlich. Kein Wunder, dass wir dieses Faktum im Alltag gerne verdrängen, solange es irgendwie geht. Und die Auseinandersetzung mit den Grundfragen unserer menschlichen Existenz gerne auf später verschieben, was bedeutet, bis dahin ein Leben in Abhängigkeit zu pflegen, das uns einlullt. Etwa nach dem Motto: Irgendwann in den Himmel kommen, das wäre schon eine feine Sache, aber vielleicht findet sich jemand, der mich dorthin trägt. Außerdem, muss ich wirklich schon heute damit anfangen, selbstverantwortlich zu leben?

Durch die Verklammerung im Netzwerk der Vermeidungsstrategien, durch das Festhalten an unreifen Angstlösungen werden einerseits Risiken umgangen, andererseits aber auch Chancen zur persönlichen Weiterentwicklung verspielt. Damit wird der Vorgang der Persönlichkeitsentfaltung auf eine kaum merkliche Weise eingefroren. Man kann diese Überlegungen auch so zusammenfassen: Die neurotischen Ängste sind unangenehm und im Alltag behindernd – das ist der eine Preis. Sie behindern zudem die persönliche Weiterentwicklung, wodurch der Betroffene seine Möglichkeiten nicht wirklich ausschöpft – das ist der zweite Preis. Der heimliche, scheinbare Gewinn dieser Stagnation der persönlichen Reifung ist das Ausbleiben derjenigen schmerzhaften Erfahrungen, die mit dem Erwachsenwerden notwendig einhergehen: Trennungen, existenzielle Einsamkeit, Freiheit und Verantwortung, Endlichkeit.

Neben der Stagnation der persönlichen Reifung kann der Preis dafür eine absurde und dennoch reale Angst sein. Wir müssen dann viel Kraft aufwenden, um uns durch unerledigte und stets wiederkehrende innere Kämpfe an der Fortführung unseres Lebens zu hindern. Ich bezweifle allerdings, dass das Leben diesen »cop-out«, dieses Ausbüchsen mittels stellvertretenden Leidens, etwa in Form einer manifesten neurotischen Angst, auf Dauer zulässt. Oft fügen sich die Lebensumstände so, dass wir mit den relevanten Fakten unserer Existenz wieder und wieder konfrontiert werden.

Es ist möglich, dass Psychotherapie einiges davon vorwegnehmen hilft. Katastrophen, die wir in unserem Innenleben erfahren und verarbeiten konnten, müssen sich vielleicht in der äußeren Realität nicht wieder ereignen. Mag sein, dass wir lernen, durch diese Vorwegnahme den Zwang zur Wiederholung selbst- und fremdzerstörerischer »Programme« aufzulösen.

Angst verändert das Denken

Bestimmte Formen des Denkprozesses können natürlich auch der Angstvermeidung dienen, indem Entstellungen der Wahrnehmung bereits in der Entstehung, vor allem aber in der Erinnerung vorgenommen werden, z. B. durch Ablenkung, konfuses Verhalten, das Ignorieren von Fakten.

Extreme Formen dieser Entstellung treten auf, wenn ganze Abschnitte dessen ausgeblendet werden, was erlebt wurde. Besonders nach traumatischen Erfahrungen kann es zu derartigen Spaltungen im Bewusstsein kommen. Erinnerungslücken nach Unfällen, Naturkatastrophen, Gewalt- oder Missbrauchserfahrungen können dieses Phänomen auslösen.

An sich wäre das eine barmherzige Schonung der traumatisierten Person, die bei extremen Erlebnissen gleichsam neben sich steht, alles irgendwie unwirklich erlebt oder nicht mehr weiß, wer sie nun letztlich ist. Die Dissoziation, so werden diese Erlebnisse im Fachjargon zusammenfassend bezeichnet, schützt im Augenblick der Katastrophe vor dem psychischen Zusammenbruch. Die spätere Bewältigung des Erlebten wird jedoch durch die Neigung zu Dissoziation eher erschwert.

Eine Form dieser inneren Vermeidung erlebte ich bei Lisa. Ich traf sie an einem sonnigen Februarnachmittag in einem geschlossenen Altersheim in Los Angeles. Dieses Heim ist eine Einrichtung für alleinstehende alte Menschen, die im Zuge des Nachlassens ihrer Verstandes- und Gedächtnisfunktionen nicht mehr in der Lage sind, sich im Alltag zurechtzufinden.

Lisa ist ein Außenseiter in dieser Runde. Sie ist erst 45 Jahre alt und ihr zweiter Mann ist ein Jahr zuvor an Herzversagen gestorben. Sie hat anschließend einen Suizidversuch unternommen, wurde in bewusstlosem Zustand gerettet und hat seither ihr Gedächtnis über die letzten 30 oder 35 Jahre verloren. Lisa ist gebürtige Deutsche. Sie kam als Teenager nach Amerika und blieb dort. Sie hat einen Sohn aus erster Ehe, den sie zeitweilig sieht, aber nicht als ihren Sohn erkennt.

Ich wurde eingeladen, mit Lisa zu sprechen, da mir dies auf Deutsch möglich war, in der Hoffnung, auf diese Weise den Wiederherstellungsprozess ihres Erinnerungsvermögens zu fördern.

Lisas Störung wurde diagnostiziert als die Folge einer »funktionalen Hirnschädigung«. Darunter ist im Klartext zu verstehen, dass man nicht genau weiß, was ihr neurologisch wirklich fehlt. Eine organische Beeinträchtigung des Gehirns wird zwar aufgrund bestimmter Eigenarten in ihrem Verhalten vermutet, sie kann jedoch auch mittels neuerer Diagnoseverfahren nicht nachgewiesen werden. Vor dem Gespräch mit Lisa habe ich erfahren, dass ihre zweite Ehe problematisch war, sie von Freunden als häufig depressiv, überkritisch, unzufrieden, extrem intelligent und für ihre bürgerlichen Lebensverhältnisse als zu nachlässig in den äußeren Dingen bezeichnet wird. Ihr verstorbener Ehemann wird als besonders rücksichtsvoll, liebevoll und gutmütig, auf alle Eskapaden seiner Frau geduldig eingehend beschrieben.

Als ich Lisa das erste Mal begegne, bin ich überrascht. Sie sieht um einiges jünger aus als 45. Ihre Augen sind neugierig, ständig in Bewegung, sie ist über meinen Besuch sichtlich erfreut. Sie begrüßt mich auf Englisch, was überraschend ist. Sie hat nämlich erst einige Tage vor meinem Besuch zaghaft begonnen, englische Wörter sporadisch und wie automatisch wieder zu benutzen – Phrasen, wie »how do you do«, »I don't know«, »who are you«, »what's your name« u. Ä.

Ich spreche mit ihr Deutsch und stelle zu meinem Erstaunen fest, dass das Gespräch fließend und lebendig, sehr flexibel abläuft. Allerdings erinnert sie sich nach wenigen Minuten nicht mehr, worüber wir zuvor gesprochen haben. Außerdem ist auffallend, dass sie von selbst mehr und mehr ins Englische zurückkommt. Dies geschieht dann jedoch stärker in automatisierten Floskeln, bei denen ich den Eindruck habe, dass sie »irgendwie nicht dahintersteht«.

Sie beginnt stattdessen, mit mir auf eine sehr direkte Art zu flirten, was mich zuerst einmal ganz schön verunsichert. Sie ist im wahrsten Sinne des Wortes präsent, in der Gegenwart, und zwar vollständig. Sie scheint keine Gedanken an die Zukunft und die Vergangenheit zu verschwenden. Was da ist, ist real.

Das bedeutet, dass sie über weniger konventionelle Vorsichtsmaßnahmen und Hemmungen im zwischenmenschlichen Kontakt verfügt, als dies bei Frauen ihres Alters und ihres kulturellen Hintergrundes sonst üblicherweise der Fall sein mag – und worauf sich ein männlicher Gesprächspartner auch implizit einstellt, vor allem beim Besuch in einem Altersheim.

Das Fehlen dieser Schranken bedeutet auch, dass Lisa durch die unmittelbar vorgegebene Situation in ihrem Bewusstseinsablauf gefangen ist. Sie kann nur auf das reagieren, was sie unmittelbar wahrnimmt. Meine Neugierde ist geweckt. Was hat diese Frau an psychischen Funktionen verloren, dass ihr Erleben diese Form annimmt? Ist sie der absolute Gegenwartsmensch, der erste wirkliche Existenzialist? Verkörpert sie die in so vielen »Hier und Jetzt«-Ideologien angestrebte paradiesische Lebenshaltung einer von den Fesseln der Vergangenheit und den Ängsten vor der Zukunft freien Existenzweise? Oder ist sie einfach – auf eine für sie angenehme Weise – verrückt?

Sie lacht, ist voller Energie und dabei neugierig und scheu zugleich, wie ein Kind. Hier ist unser Dialog:

Willi Butollo: Du willst wissen, wie alt ich bin. Ich bin 38. Wie alt bist Du?

Lisa: 38, 38 ist schön, 38 ist mein Boyfriend. Er lebt in Hameln. Du kannst ihn sehen, er besucht mich hier. Er heißt Udo. Du könntest auch mein Boyfriend werden.

W. B.: Aber wie alt bist Du?

L.: Ich bin 13. Awful, 13 ist awful.

W. B.: Was ist so schlimm daran, 13 Jahre alt zu sein?

L.: Es ist einfach schrecklich. Man kann nichts tun, gar nichts kann man tun. 13 ist schlimm. Ich bin 18.

W. B.: 18? Wie ist es, 18 zu sein?

L.: O. k., nichts Besonderes, aber ganz gut, besser als 13.

W. B.: 13 ist also vorbei. Vergangen. Was ist vergangen, was ist Vergangenheit? Weißt Du etwas, was vergangen ist?

L.: Keine Ahnung, nein, ich weiß nicht, was vergangen ist.

W. B.: Versuch, Dich zu erinnern, wie es war, als Du ein Kind warst.

L.: Nein, ich weiß nicht, was vergangen ist.

W. B.: Versuch, Dich zu erinnern, wie es war, als Du ein Kind warst.

L.: Nein, nein, ich kann es nicht.

W. B.: Schade, aber vielleicht versuchst Du es einfach. Stell Dir vor, wie es war, als Du ein Kind warst.

L.: Wie mach ich das?

W. B.: Schließ die Augen und stell Dir vor, wie Deine Mutter aussieht. Stell Dir vor, Du gehst in die Schule. Wie sah es in der Schule aus?

L.: Ich weiß es nicht, ich weiß nicht, wie meine Mutter aussieht. Du kannst sie sehen, wenn sie kommt. Ich weiß nicht, ich war nicht in der Schule. Doch, ich war in der Schule, aber ich weiß nicht, wie es dort aussieht. Die Augen zumachen, das kann ich nicht. Ich kann nicht die Augen zumachen. Oh, nein, nein, ich mache die Augen nicht zu.

W. B.: Was würde passieren?

L.: Ich weiß nicht, aber ich kann die Augen nicht zumachen. Kannst du die Augen zumachen?

W. B.: Schau her, ich mach die Augen zu. Ich stelle mir jetzt vor, wie ich ein Kind war, ich stelle mir meine Schule vor, diese Holzbänke, bei denen die Sitze und das Pult fest zusammengeschraubt sind, in einer langen Reihe, dazu der dunkle, eingelassene Boden. Ich erinnere mich sogar an den komischen Geruch in diesem Zimmer.

L.: Du machst wirklich die Augen zu. Du gefällst mir, wenn Du die Augen zumachst. Dann schaust Du nicht so, dass ich Angst habe.

W. B.: Hast Du Angst?

L.: Nein, ich hab keine Angst. Nein, hast Du vielleicht Angst?

W. B.: Sicher, manchmal, dann mach ich meistens meine Augen auf.

L.: Ich will versuchen, meine Augen zuzumachen, aber Du passt auf, dass nichts passiert. O. k., ein ganz klein bisschen mach ich sie zu. (Sie schließt tatsächlich für zwei Sekunden die Augen.)

W. B.: Gut, war es schlimm? (Lisa schüttelt den Kopf.) Na also, es war nicht schlimm. Jetzt versuch, Dir vorzustellen, wie das früher war. Mach die Augen zu und denk daran, wie Du als Kind in die Schule gingst.

L.: Ich will nicht rein in die Schule und ich will sie nicht sehen. Ich bin ja nicht in der Schule ... (Augen wieder offen)

W. B.: Kennst Du John (Lisas verstorbener Ehemann)?

L.: Ja, er ist mein Boyfriend. Er ist nett.

W. B.: Dein Boyfriend? Sie haben mir gesagt, dass er Dein zweiter Ehemann ist.

L.: Nein, er ist mein Boyfriend. Er ist mein Boyfriend und kommt und besucht mich regelmäßig.

W. B.: Sie haben mir gesagt, dass er ...

L.: Nein, nein, nein, er lebt und er kommt mich besuchen. Er lebt, er ist nicht gestorben!

W. B.: Kennst Du Michael?

L.: Ja, er ist mein Boyfriend. Er ist nett.

W. B.: Sie haben mir gesagt, dass er Dein Sohn ist. Er ist jetzt 21.

L.: Nein, er ist nicht mein Sohn. Er ist mein Boyfriend. Er sieht so ähnlich aus wie Du. Du bist mein Boyfriend.

W. B.: Sag mir, wie Dein Vater aussieht. Du hast ihn sehr gern gehabt, nicht wahr?

L.: Ja, meinen Vater habe ich sehr gern, aber ... Ja, wie sieht er aus. So, wie mein Vater halt aussieht.

W. B.: Sie haben mir gesagt, dass Dein Vater schon vor 30 Jahren gestorben ist.

L.: Nein, nein, nein, er lebt, er lebt. Er ist nicht gestorben. Mein Vater lebt und er wird auch nicht sterben.

W. B.: Gibt es überhaupt jemanden, der gestorben ist? Ist überhaupt schon einmal jemand gestorben?

L.: Nein, alle leben. Niemand stirbt, wozu auch?

W. B.: Was glaubst Du, wozu die Menschen dann Friedhöfe bauen? Weißt Du, wie ein Friedhof aussieht?

L.: Ein Friedhof, nein, ich weiß nicht, wie ein Friedhof aussieht. Ich war noch nie auf einem Friedhof.

W. B.: Doch, erinnere Dich!
L.: It's awful! All these dead bodies around. It's an awful place, I don't like it.
W. B.: Du hast Angst vor dem Sterben?
L.: Ja, nein, ich werde nicht sterben. Du wirst auch nicht sterben.
W. B.: Ich glaube, dass ich sterben werde.
L.: Nein, willst Du denn sterben? Bleib bei mir, bleib doch hier, dann stirbst Du nicht. Dann bist Du immer glücklich. Warum willst Du denn sterben? Lass uns doch leben! Ich will nicht, dass Du stirbst, bleib bei mir, dann sterben wir beide nicht ... (Sie lächelt, hintergründig, verschmitzt. Ich hingegen bin ziemlich verdattert.)

Lisa scheint irgendwie »beschlossen« zu haben, sich das Paradies auf Erden zu holen. Wie sie das macht, ist ein Rätsel. Sie versucht wohl mit großer Anstrengung, die Dimension Zeit aus ihrem Denk- und Erfahrungsrepertoire zu streichen. Sie hat keine Vergangenheit und keine Zukunft und deshalb konsequenterweise auch keine Angst ... oder? Ihre Augen begannen jedes Mal unruhig zu flackern, wenn eine der Fragen auf die Vergangenheit, die Vorstellung vergangener Erlebnisse, die Zukunft, die Möglichkeit des Todes kam. Ihre Kopfbewegungen, ihre Augenbewegungen, die Atmung, alles deutete darauf hin, dass in ihrem Bewusstseinsablauf eine Blockierung all jener Vorstellungsinhalte vor sich ging, die eine potenzielle Bedrohung ihres Paradieses darstellten.

Und da sitze ich nun, soll ich weitermachen und versuchen, sie dem Paradies zu entreißen? Soll ich sie in das Elend und Dilemma des um seine Sterblichkeit Wissenden zurückrufen? Wird ihr Paradies halten? Welche Kämpfe muss sie führen, um dieses System aufrechtzuerhalten?

Wenn sie zurückkommt, kommt sie zurück in ihre frühere Persönlichkeit: depressiv, nörglerisch, einmal geschieden, einmal verwitwet, in einem fremden Land, das gegenüber mittellosen Kranken nicht sonderlich barmherzig ist, mit der Möglichkeit des nächsten Suizidversuches?

Was ist mein Interesse an Lisa? Ich komme mir in dieser Situation ein bisschen vor wie die Schlange im Paradies, die versucht, den beiden ersten Menschen den Apfel vom Baum der Erkenntnis wieder schmackhaft zu machen. Dabei beschäftigt mich auch das Interesse der Schlange an diesem Prozess.

Kann sie – kann ich – diesen Lösungsversuch Lisas akzeptieren? Ihr Suchen nach konfliktfreier Harmonie ist ein Rückschritt. Sie hat jenen Teil des Denkens ausgeschaltet, wo Gegenwärtiges mit Vergangenem verglichen und Zukünftiges entworfen werden kann. So könnte ihr eine Art Rückkehr in ein nicht reflektiertes Ablaufen »der Ereignisse« gelingen. Damit aber wäre der Verzicht auf all die Eigenschaften verbunden, die uns sozusagen erst als Menschen bestimmen und auf die wir gelernt haben, stolz zu sein: das Denken, das objektive Analysieren, die Fähigkeit, aus dem Ablauf der Ereignisse zurücktreten zu können, um die Dinge von außen zu betrachten. Und nicht zuletzt gehört dazu auch die Versachlichung des Todes, den wir durch diese Operationen auch für uns denken können, und damit wohl auch die Versachlichung des Lebens? Das Denken hat uns mit unserem Tod konfrontiert, jetzt soll es uns auch helfen, diesen Schock durch Versachlichung zu vermeiden. Prinzipiell sind wir dann nicht so viel anders dran als Lisa. Doch wie geht das Gespräch weiter?

W. B.: Hast Du John gesehen, als er starb?
L.: Ich habe ihn gesehen, aber er ist nicht gestorben. Er besucht mich. Heute Abend kommt er wieder. Er ist mein Boyfriend. Nein, er ist mein Husband. Er ist ganz nett, aber ich hab Dich lieber. Sie sagen, dass er gestorben ist? Hm ... mag sein, ich weiß es nicht ...

Für einige Sekunden verharrt sie bei dieser Erfahrung. Ihre Augen werden ruhig und feucht, als würde sie jeden Augenblick zu weinen beginnen. Doch dann wird sie wieder unruhig, die Augen beginnen zu flackern, und sie ist wieder in ihrer Gegenwart, vollständig.

Der Ausflug in die Vergangenheit war kurz, wahrscheinlich schmerzhaft. Die Angst vor der totalen Überwältigung durch die Erfahrungen, die in ihrem Unbewussten schlummern, ist zu groß, als dass sie dieses Risiko jetzt weiter eingehen möchte. Sie schlägt die Tür zur Vergangenheit, zu ihrer Vergangenheit wieder zu. Sie hat sich anscheinend entschieden, lieber ein Gefangener der Gegenwart als ein Gefangener der Vergangenheit zu sein.

Ich verabschiede mich von ihr. Sie ist wirklich traurig, doch als sie sich umdreht, lacht sie wieder. Sie hat mich und unsere gemeinsamen Augenblicke gleich wieder vergessen. Sie lässt sich freundlich und willig von der Pflegerin wegführen. Im Weggehen höre ich sie etwas über ihren Boyfriend erzählen ... Welcher wird es wohl sein?

Ich bin betroffen, verwirrt, verunsichert. Die Erfahrung mit Lisa wirkt nach: Die Fähigkeit zur Erinnerung an Vergangenes ist die Voraussetzung für die Fähigkeit, Zukunft zu denken. Ohne Zukunft und ohne Vergangenheit gibt es keine Angst. Ohne Angst ist das Leben paradiesisch. Wir sind dann zwar Spielball unmittelbarer, gegenwartsbezogener Reaktionen und unwiederbringlich Gefangene unserer inneren und äußeren Umgebung. Dafür aber sind wir dann auch in Harmonie mit unserer Umwelt, selbst wenn diese uns umbringt. Aber ... sind wir das nicht ohnehin, selbst wenn unser Denken uns etwas anderes sagt?

Durch die Fähigkeit, voraus- und zurückzudenken, haben wir uns die Illusion der Unabhängigkeit, die Illusion der Fähigkeit zur Auflehnung gegenüber den Unbilden dieser Welt erworben. Als Preis dafür haben wir subjektiv die Harmonie verloren.

Aber, hat Lisa das Paradies wiedergefunden? Ich zweifle daran. Zu sehr kämpft sie um die Erhaltung des Zustandes. Die Abwehr nicht in dieses Paradies passender Informationen ist noch sehr dicht. Sie wird es vermutlich nicht lange bleiben. Mit der Rückkehr der englischen Sprache werden langsam, aber stetig auch die jüngeren Erlebnisse wieder zurückkommen. Noch helfen ihr die Angst und ihre Fähigkeit zur blitzartigen inneren Angstvermeidung durch Nichtdenken, diesen Prozess der Erinnerung aufzuhalten. Wie lange? Wahrscheinlich wird sie »zu uns« zurückkommen müssen, mit allen Konsequenzen, also auch der, zu wissen, dass sie eines Tages stirbt, so wie wir auch. Oder?

Der Prozess der Absperrung von Erfahrungen aus dem Bewusstsein dient der Schonung der Gegenwart. Im Falle besonders dramatischer Erlebnisse ist diese Absperrung besonders deutlich, wie es das Schicksal Lisas demonstriert. Grundsätzlich sind wir aber alle diesem Prozess der Absperrung ausgeliefert, für den es Begriffe wie Verdrängung, Verschiebung, Projektion usw. gibt. Bedrohliche, unser Weltbild gefährdende Erinnerungen und damit verbundene emotionale Erlebnisse sind aus dem Bewusstsein eliminiert. Ihre Wiederaktivierung ist angstauslösend und, wenn wir uns diesem Prozess stellen, schmerzhaft und überwältigend.

Die Bewältigung dieses schmerzhaften Prozesses, entweder gleich zum Zeitpunkt des ersten Erlebens desselben oder in der Wiederbearbeitung im Rahmen einer Therapie, führt nach der Schmerzerfahrung im Allgemeinen zu einem Gefühl großer Erleichterung, der Zufriedenheit mit sich selbst, der Harmonie – bis zum nächsten Schock.

Die Grenze zwischen Pathologie und »Normalneurose« ist auch hier fließend. Ist der Unterschied zwischen einem erleuchteten Guru im Himalaja und Lisa im Altersheim von L.A. eine Frage des Vorzeichens, der sozialen Einbettung und Wertung desselben Verlangens nach ewiger Harmonie? Oder sind es einfach zwei verschiedene Methoden, die Verzweiflung angesichts des antizipierbaren Todes zu vermeiden, wobei wir im Falle Lisas dazu »pathologisch« sagen? Vielleicht ist der Weg des Gurus ein ganz besonders trickreicher Weg zum selben Ziel – dem Wiedereintritt in das verlorene Paradies durch die freiwillige Rückgabe des Apfels der Erkenntnis?

Oder besteht zwischen dem Weg des Gurus und dem, den Lisa gewählt hat, doch ein qualitativer Unterschied? Betrachten wir ihre Lage vor dem Hintergrund der Idee, dass das Leben Einübung in das Sterben ist, dass wir während des Lebens gezwungen werden, seine Inhalte auch wieder gehen zu lassen, dass wir auf eine Stabilität unseres Seins verzichten müssen, ein Vorgang, der immer wieder Neues, Unbekanntes bringt, der Angst macht. So gesehen ist Lisa in einem Stadium, in dem sie dieses Gehenlassen der Vergangenheit im Einzelnen nicht bewältigt. Sie versucht, dieses Problem zu lösen, indem sie die Vergangenheit als Ganzes streicht. Dieses Streichen ist aber kein Abgeben, kein »letting go«, sondern ein Gewaltakt.

Das Zurücklassen von Dingen, die ihr nahestehen, muss für sie derart schmerzhaft sein, dass sie damit nicht umzugehen bereit ist. Regressiver Kampf gegen den Lauf der Ereignisse und die Erfahrung der damit verbundenen seelischen und körperlichen Schmerzen machen auf die Dauer höchstwahrscheinlich krank – seelisch und körperlich.

Die »Existenzangst«, die Angst vor dem Nichtsein, kann durch Zulassen »neurotischer Angst«, der Angst vor dem Sein, kaschiert werden. Welche Alternativen haben wir, wenn wir Lisas Weg nicht wählen? Das ständige Einüben des Loslassens von Vergangenem, seien es nahestehende Personen, die wir lieb gewonnen haben, Bequemlichkeiten, die uns unentbehrlich erschienen? Das Einüben des Sterbens in den kleinen alltäglichen Dingen, das Ertragen des Zusammenbrechens unserer Pläne im Kleinen und im Großen, auf körperlicher, emotionaler und kognitiver Ebene? Das heißt nicht, gegenwärtiges Erleben zu negieren, abzuwerten, das heißt nicht, kampflos zu leben, im Gegenteil! Aber durch das Bewusstsein von der Endlichkeit unserer Erlebnisse, der positiven wie der negativen, können wir sie annehmen, genießen, erleiden etc. Festhalten an Vergangenem behindert jedoch das Erleben dessen, was ist – das aber ist die Realität unseres Lebens. Früher oder später müssen wir uns von diesen Dingen trennen und diese Trennung wird uns umso leichter fallen, wenn wir uns vorher in der Fähigkeit geübt haben, Trennung, Verzicht und Enttäuschung zu ertragen.

Erklärtes Ziel der meisten Psychotherapien ist unter anderem, die Fähigkeit zu entwickeln, sich von Schädlichem, Behinderndem abgrenzen zu können, irrationale Lebensbindungen hinter sich zu lassen und Trennung auch auszuhalten, wenn danach erst einmal Leere kommt. Therapie zielt aber auch darauf, zu reifen Bindungen fähig zu werden, sie erst einmal aufzubauen, zu halten, zu verändern oder sie eventuell in neuer Gestalt wiederherzustellen. Für manche Menschen ist dies vielleicht auch die Vorbereitung auf eine reifere Möglichkeit, das Unfassbare des Lebens anzunehmen.

Die Hochkulturen der Menschheit haben sich schon immer vorrangig mit den Fragen nach Leben und Tod und ihrer Einbettung in einen sinngebenden Zusammenhang beschäftigt. Erst unsere Zivilisation hat beispielsweise den Tod an den Rand des Alltags gedrängt. In den letzten Jahren sind nun neue Psychotherapien bzw. psychologische Konzepte stärker in den Vordergrund getreten, die ihren Ursprung in mystischen Erfahrungen verschiedener Traditionen haben. Diese Formen der Therapie, die eigentlich eher eine Lebens- oder Erlebensphilosophie sind, setzen jedoch eine Bereitschaft zur Veränderung unseres Weltbildes voraus, vor allem aber auch unseres Verständnisses von Krankheit. Das hat natürlich Konsequenzen für praktisch alle Lebensbereiche.

Manche dieser neuen Psychotherapien betrachten den Menschen als integrativen Bestandteil des Universums; sie pflegen auch Seiten der menschlichen Existenz, die früher in den Psychotherapien weniger betont wurden: Der Mensch als geistiges und transzendentes Wesen wird in diesen Therapieansätzen in den Vordergrund der Aufmerksamkeit gerückt und damit eine Art des Sich-Weghebens über Alltagsprobleme suggeriert. So als könnte der Blick auf jenseitige Idealgestalten die Verstrickung im irdischen Alltag, die in diesen Augenblicken nicht mehr wahrgenommen wird, nicht nur für Momente ausblenden, sondern auch lösen.

Die »Niederungen« klassischer Psychotherapien leisten allerdings wichtige, im Grunde unverzichtbare Vorarbeit für den Ausflug in andere Sphären, so man die dann überhaupt noch braucht. Zur Entlastung von Alltagsproblemen ersehnte spirituelle Höhenflüge bergen die Gefahr der platten Vermeidung von realen oder neurotischen Lebenskonflikten und ihre damit verbundenen Heilsversprechungen geraten leicht in das Fahrwasser missbräuchlicher Ausbeutung von Menschen, die durch ungelöste Ängste belastet sind.

Klassische Psychotherapien haben vielleicht in der Vergangenheit die positiven Ressourcen unterschätzt, die in religiösen Erfahrungen liegen mögen. Das muss nicht weiter verwundern, da sie ja vorwiegend mit den fatalen Auswirkungen repressiver religiöser Praxis auf die seelische Entwicklung von Menschen allen Alters, vor allem aber von Kindern und Jugendlichen, bis hin zum emotionalen und sexuellen Missbrauch zu tun hatten. Wenn aber Spiritualität zu unserem Leben gehört, muss sich Psychotherapie damit befassen und negative wie positive Merkmale spirituellen Lebens sichtbar machen. Ein wesentlicher Gesichtspunkt dabei ist die Vermeidung durch »Glauben«.

Die Angst verändert das Denken, besonders wenn es helfen soll, die Angst zu reduzieren. Angstklärung im Denken geschieht, wie schon erwähnt, durch Suche nach sachlicher Information. Angstvermeidung im Denken erfolgt aber auch durch gezieltes Verkürzen von Sachverhalten, z. B. weil man reale Gefahren nicht wahrnehmen will. Eine spezielle Form dieser »denkenden Angstvermeidung« kann im Glauben von tröstlichen religiösen Konzepten bestehen. Sie reduzieren Angst, was den Menschen beruhigt, wodurch dieser dann die so gedachten Konzepte auch gerne glaubt. Denn Angstreduktion fixiert die Handlung, die zur Erleichterung führt. Und die »erleichternde« Handlung ist in diesem Fall das Denken bzw. Glauben von Trost spendenden Gedanken und Vorstellungen. Der Preis? Die Fähigkeit zu kritischem, eigenverantwortlichem Denken wird beiseitegeschoben, die Abhängigkeit von angeblich »wissenden«, die Glaubensdogmen vermittelnden Lehrern wird wieder hergestellt. Ein Pakt also: Du bekommst meine Abhängigkeit und ich bekomme von Dir im Gegenzug das ewige Leben (versprochen).

Ich will mit diesen Worten nicht glaubende Menschen abwerten, sondern lediglich auf die sich rein psychologisch zeigende Möglichkeit des religiösen Selbstbetruges hinweisen. Man sollte dabei die Frage zulassen, wie reif eine (versprochene) spirituelle Entwicklung letztlich ist, die auf Angstvermeidung aufgebaut ist. Und im Nachsatz: Wie gültig, wie wahr sind jene theologischen Konzepte verschiedenster Provenienz, die im Laufe der religiösen Erziehung geglaubt werden müssen und irgendwann dem Insider sogar, dank schier endloser Wiederholung, als Fakten erscheinen mögen? Sollen sie nicht letztlich in erster Linie die Vermeidung existenzieller Grundängste leisten? Indem sie die existenziellen Fakten des Lebens verdrängen? Und die Menschen durch die »Wissenden« manipulierbar und missbrauchbar werden?

Die Angst vor den anderen

Walter, 36 Jahre alt, will eine Bohrmaschine kaufen. Kein Profigerät, einfach etwas für den Hausgebrauch. Im Baumarkt schleicht er förmlich in der Abteilung für Elektrowerkzeug um das Regal mit den diversen Apparaten herum. Verschiedene Fabrikate, Größen, diverse Zusatzstücke wie Auf- und Einsätze; die Bohrer mit unterschiedlichen Passungen, alles für den Laien eher verwirrend. Einkäufe dieser Art hasst er, obwohl ihm die Anonymität im Baumarkt an sich ganz angenehm ist. Doch wehe, wenn er eine Information braucht!

Die Verkäufer, in seinen Augen voller Verachtung gegenüber den umherirrenden Kunden, treiben sich meist ohnehin genau dort herum, wo keiner etwas von ihnen braucht. In Walters Fantasie vermutlich frustrierte, in ihrem gelernten Beruf nicht mehr vermittelbare ehemalige Schweißer, Installateure oder Spengler. Man muss ihnen erst hinterherlaufen, sie dann »stellen« und schließlich richtig demütig bitten, wenn man eine Information braucht. Und die bräuchte er nun. Walter baut sich vor dem Verkaufsberater auf, so gut er kann, fragt nach einer passenden Bohrmaschine. Er fragt natürlich falsch, sagt nicht gleich, wo er was in welchen Materialien bohren möchte, ob er auch schleifen und flexen will und ob das Gerät fixierbar sein soll.

Unter dem kalt taxierenden Blick des Experten geschieht nun das, was Walter nur zu gut kennt und hasst, er weiß absolut nichts mehr. Die Vorstellungen davon, wie er das Gerät anwenden will, bröckeln in sich zusammen, er wird noch aufgeregter, als er ohnehin schon ist, und verliert sich selbst irgendwie. Es ist, als würde er sich dem Berater sofort bedingungslos unterwerfen wollen, keinerlei Ansprüche mehr stellen, nur noch glimpflich aus der Situation herauskommen wollen.

Außer seiner Aufregung spürt Walter nichts mehr, er spürt sich nicht mehr. Er löst sich in der als Konfrontation erlebten Situation – eigentlich hat er ja nur eine Frage – gewissermaßen präventiv auf. Ein inneres Fiasko, eine Art Selbstaufgabe, bevor sich überhaupt etwas auch nur annähernd Konflikthaftes formieren könnte.

Während Walter etwas von Mauerhaken und Lampenaufhängen stammelt, deutet der zu einer Art streng prüfendem Chef, ja über Gedeih und Verderben befindendem Scharfrichter mutierte Verkäufer mit knappster Bewegung auf eine Seite im Regal und zieht wortlos weiter. Nicht einmal kopfschüttelnd, ohne weitere Reaktion.

Walter verzichtet auf die Bohrmaschine, flüchtet an der Kasse vorbei, mit erhobenen Händen signalisierend, dass er nichts gekauft hat. Wieder einmal erfolglos – einerseits erleichtert darüber, dass er die demütigende Aburteilung hinter sich lassen kann, andererseits deprimiert über das innere Chaos, das er gerade erlebt. Dass er ohne Bohrmaschine heimgeht, ist für ihn dabei noch das geringere Übel.

Angst vor Ablehnung und negativer Bewertung

Die Angst vor den Mitmenschen hat viele Gesichter, sie tritt in den verschiedensten Situationen auf und kann sich subjektiv und im Verhalten sehr unterschiedlich äußern. Sie kann sehr früh entstehen als die Angst des Kindes, von seinen Eltern abgelehnt, nicht geliebt, gestraft, kurz, körperlich oder seelisch verletzt zu werden. Aber auch das Gegenteil kann zum Inhalt der Angst werden: Die Befürchtung des Kindes, dass es von seiner Mutter mit »tätlicher Liebe« überschüttet wird, dass dabei seine eigenen Bedürfnisse ignoriert, seine physischen und psychischen Räume total ausgefüllt werden. Stark kontrollierende Formen von Zuwendung lassen zu wenig Platz zur Entfaltung der eigenen Persönlichkeit. Die Angst vor Menschen kann aber natürlich auch erst später im Leben entstehen, nach traumatischen Erlebnissen, die begleitet waren von der Gefahr, seelisch oder körperlich vernichtet oder aus der Gemeinschaft ausgeschlossen zu werden.

Es ist aber auch bei späterem Auftreten sehr wahrscheinlich, dass es im Grunde die Formen kindlicher Ängste sind, die sich später beim Erwachsenen als Angst vor den Mitmenschen, als Sozialangst, wieder zeigen. Da ist nicht nur die Angst des sozial Schwächeren, des beruflich Abhängigen, vor der abwertenden Kritik durch den Vorgesetzten oder die »kompetenten anderen«. Da ist auch die Angst eben dieses Vorgesetzten, des scheinbar Überlegenen und nach äußeren Maßstäben Erfolgreichen, seine Angestellten könnten an ihm eine Schwäche entdecken. Sie könnten seine Autorität missachten, den Schutz, den ihm sein Status gibt, ignorieren und ihn direkt konfrontieren, wobei seine Schwächen offenkundig würden. Und das wäre dann die schlimmste Katastrophe.

Im Grunde sind dies zwei Seiten derselben Münze: Für das Gefühl, selbst etwas wert zu sein, eine Lebensberechtigung zu haben, wichtig und nützlich zu sein, glauben wir, die Anerkennung und die Zustimmung der anderen zu brauchen. Wenn sie uns diese aber versagen, fürchten wir eine entsetzliche, wenn auch meist unbestimmte Katastrophe. Allzu leicht bekommen wir auch von außen die Bestätigung für das, was wir heimlich schon immer ahnten, aber nicht realisieren wollten: unfähig, wertlos, unwichtig, kurz, überflüssig zu sein.

Eigentlich hat es in diesem Dschungel von versteckten Katastrophenfantasien und Bewertungsängsten derjenige, der seine Angst vor dem Kontakt mit anderen zur Schau stellen muss, noch vergleichsweise leicht. Er ist möglicherweise noch besser dran als derjenige, dem es gerade noch gelingt, sie zu vertuschen. Eine häufig vertretene These über psychosomatische Erkrankungen nämlich besagt, dass sie gerade bei Menschen am ehesten auftreten, die ihre Ängste und Konflikte vor ihrer Umwelt erfolgreich verbergen und chronisch eine »heile Welt« demonstrieren.

Die Angst vor Ablehnung und negativer Bewertung kann sich in die Liebesbeziehungen zwischen Partnern ebenso einschleichen wie in den Sozialkontakt am Arbeitsplatz, in das Lehrer/Schüler-Verhältnis oder in Familienbeziehungen. Dies geschieht oft unmerklich, da sich die Angst nicht immer auch als subjektiv spürbares Angstgefühl äußern muss. Wir haben viele Tricks, um dieses unangenehme Gefühl nicht nur vor den anderen, sondern auch vor uns selbst zu verstecken: besondere Betriebsamkeit und Hektik, zur Schau gestellte Überlegenheit, Gelassenheit; vielleicht auch das Lächerlichmachen desjenigen, der seine diesbezügliche Angst nicht zu verstecken versucht; das kritische Verwenden von Urteilen und Bewertungen, welche eine überlegene Distanz gegenüber anderen schaffen sollen, und zwar besonders dann, wenn wir an ihnen unsere eigenen Merkmale nicht sehen wollen.

Das sind nur einige Beispiele für die vielen Möglichkeiten, mit denen wir uns von der Wahrnehmung dieses unangenehmen Zustandes, des Angstgefühls, wegzuschwindeln versuchen. Es ist wichtig, diese Tricks kennenzulernen. Wir glauben, sie nötig zu haben, wenn wir nicht mehr wissen, wer wir sind, wenn wir als Kinder für unser So-Sein bestraft wurden und uns damit schützten, dieses So-Sein vor anderen und uns selbst zu verstecken. Dann aber müssen uns die anderen sagen, wer wir sind – wir sind ihnen in unserem Selbstwertgefühl ausgeliefert, geben ihnen die Macht, uns zu »definieren«, haben Angst vor jeder abwertenden Bemerkung.

Diesen Kampf kennt Walter gut, dem dieses »Wegschwindeln« oft gar nicht oder nur sehr unvollständig gelingt. Die Flucht aus dem Baumarkt war da immerhin schon ein Akt, mit dem er, obwohl er unverrichteter Dinge wieder abziehen musste, unmittelbar für sich gesorgt hat.

Walter ist im wahrsten Sinne des Wortes dünn. Da ist zuerst einmal seine körperliche Erscheinung: Er ist groß und damit sehr sichtbar, gleichzeitig aber richtig mager, mit fast durchsichtiger Haut. Seine Gesichtszüge sind differenziert. Insgesamt wirkt er aber eher zerbrechlich. Dazu kommt ein scheuer, unsteter Blick, der mit den Augen des Gesprächspartners nur kurz Kontakt aufnimmt, um dann weiterzuwandern oder »nach innen« zu gehen.

Wenn er spricht, tut er das leise, in wohlgeformten Sätzen, in die eine Fülle von zwar durchaus logischen, aber höchst komplizierten Gedankengängen gepackt ist. Auffallend ist, dass er beim Sprechen manchmal, ohne dass es sich vom Inhalt her anbietet, lange Pausen macht. Dann beginnen verschiedene Muskeln seines Gesichts zu zucken, er setzt ein paar Mal zum Sprechen an, bringt aber kein Wort heraus. Dabei vermittelt er den Eindruck, als müsste er sich unglaublich anstrengen, um nicht zusammenzubrechen. In diesen Momenten scheint dann für logisches Denken und Ausformulieren von klaren Sätzen keine Kraft mehr zur Verfügung zu stehen.

Aber was führte ihn zu mir, was drängte ihn, eine Therapieeinrichtung aufzusuchen? Es ist die Angst, mit anderen Menschen sprechen zu müssen, von ihnen angesehen zu werden und dann zu versagen. Er hat in solchen Situationen das Gefühl, als würde sich in seinem Kopf alles drehen, er ist dabei sehr aufgeregt und spürt, wie ihm die Röte ins Gesicht steigt. Dieses äußere Zeichen ist es, was er dabei am allermeisten fürchtet. Er versucht, sich dagegen zu wehren, aber je mehr Anstrengungen er unternimmt, umso verlässlicher kommt »es«. Er kann selbst gar nicht angeben, was er eigentlich verstecken möchte, auf was der Gesprächspartner nicht kommen darf. Er spricht von einem diffusen Gefühl des Unbehagens, des Wertlos-Seins, des Nicht-in-Kontakt-, Nicht-in-Ordnung-Seins.

Peinlichkeit

Es gibt bestimmte Situationen, in denen Walters Angst stärker ist, in denen sie unausweichlich auftritt, von Erröten begleitet. Sehr schwer fällt es ihm z. B., in einen Bus einzusteigen oder ein Kino zu besuchen, besonders wenn sich dort viele Menschen befinden. Sie könnten ihn dann anschauen, sich über seine hagere Gestalt lustig machen oder sich einfach denken, dass mit ihm etwas nicht stimmt. Am allerärgsten sind für ihn Gruppen von halbwüchsigen jungen Mädchen, die mit Kichern und Tuscheln ihre Köpfe zusammenstecken und dabei – so seine Fantasie – mit der Idee spielen, ihn gehörig in Verlegenheit zu bringen. Er fürchtet dann, dass sie ihm ein Angebot machen könnten, mit ihm zu kokettieren beginnen, es eigentlich aber darauf abgesehen haben, ihn bloßzustellen. Es darf ihm in dieser Situation erst recht kein peinlicher Fehler oder ein Versagen passieren.

Sitzt er dann, fühlt er sich festgenagelt. Und wenn dann erst die Türen zu sind, wird die Situation für ihn unerträglich. Er ist extrem aufgeregt, wagt dabei kaum zu atmen und schon gar nicht, sich zu bewegen. Kein Wunder, dass er dabei Angst bekommt, in Ohnmacht zu fallen. Er denkt auch an einen plötzlichen Schreikrampf oder dass ihm irgendwelche Gesten oder Bemerkungen herausrutschen, ohne dass er es kontrollieren könnte.

Er versucht, solchen Überlegungen dadurch den Boden zu entziehen, dass er erst in letzter Sekunde ankommt, peinliches Warten in der Öffentlichkeit vermeidet. Meist aber bleibt er gleich ganz weg. Er vermeidet die Belastung, fühlt sich dadurch aber elend.

Auf die Frage, was er denn eigentlich in dieser Situation fürchtet, gibt er an, dass es die ungeheure Peinlichkeit ist, mitten im Kino oder Konzertsaal umzufallen und Aufsehen zu erregen. Er verbindet damit äußerste Demütigung, fürchtet den Zustand des in der Hilflosigkeit und Schwäche Ausgelachten.

Walter hat nur wenige Bekannte. Am Arbeitsplatz – er hat eine ruhige Bürotätigkeit, bei der er auf schriftliche Anfragen schriftlich reagiert und kaum mit jemandem sprechen muss – ist er imstande, zu den Kollegen eine »würdige Distanz« zu wahren.

Als er zur Therapie kam, hatte er praktisch keine Kontakte mit Frauen, weder freundschaftlicher noch erotisch-sexueller Art.

Abspaltung der Kindheit

Auffallend ist, dass Walter so gut wie keine Kindheitserinnerungen berichten kann. Das ist auf den ersten Blick insofern überraschend, als er aus einer traditionsbewussten Familie kommt, in der die Leistungen der einzelnen Familienmitglieder über viele Generationen schriftlich vorliegen, ja sogar an den Wänden gerahmt hängen. Es wird dann auch im Gespräch klar, dass der Anspruch der Eltern an die Leistungen und das Verhalten der Kinder extrem hoch war bzw. von ihm so erlebt wurde.

Er hat ein deutlich spürbares Unbehagen, das er auch zur Schau trägt, wenn diese Fragen angesprochen werden. Offensichtlich will er an diese Erlebnisse und an diese Zeit nicht erinnert werden. Er stellt dann auch Fragen, wie »Muss denn das sein, das ist doch längst vorbei?« oder »Meine Eltern sind doch tot, was hat es denn noch für einen Sinn, all diese Geschichten aufzuwärmen?«

Energielos?

Neben den Ängsten beklagt Walter, dass er praktisch keinen Antrieb, keine Energie hat. Das ist immer dann am stärksten spürbar, wenn er in Kontakt mit einem anderen Menschen einen »Misserfolg« erlebt hat. Danach ist er erschöpft, deprimiert. Er macht sich Vorwürfe, unfähig, schlapp, den geringsten Anforderungen an einen Normalbürger nicht gewachsen zu sein. Das Phänomen der subjektiv erlebten Antriebslosigkeit brachte ihn dazu, eine persönliche Theorie darüber zu entwickeln, dass all seine Probleme auf ein genetisch bedingtes Fehlen von Lebensenergie zurückzuführen sind. Diese These vertritt er mit großer Hartnäckigkeit und hält sie allen Argumenten entgegen, die sie widerlegen könnten.

Ein solches Argument gegen seine Theorie ist z. B., dass die subjektiv erlebte Aufregung und Angst ja eigentlich Anzeichen einer starken Kraft sind, die sich nur nicht in gezielte Handlungen kanalisieren lässt. Mit dem Fehlen von Lebensenergie rechtfertigt er vor sich selbst, dass er den Versuch einer Änderung seines Verhaltens erst gar nicht unternimmt. Diese Selbstrechtfertigung könnte als ein erster Schritt zur Lösung seines Problems verstanden werden: Die Schuld, aber auch die Verantwortung für seinen Zustand wird abgelehnt. Etwa nach dem Motto: Es ist besser, wenn die Gene an der Misere schuld sind als ich oder meine Eltern. Dieser Lösungsversuch stellte sich aber als eine Art Bumerang heraus. Er ging nämlich leider nicht so weit, dass er zu seinen »Mängeln und Schwächen« auch stehen, sich mit ihnen abfinden konnte. Im Gegenteil, er brach diese Überlegungen auf halbem Wege ab und sprach sich, gerade wegen des vermeintlichen konstitutionellen Defizits, die gesamte Existenzberechtigung ab: »So einer wie ich hat kein Recht zu leben«.

Es war bedrückend zu sehen, wie diese selbstzerstörerischen Gedanken für ihn immer noch attraktiver waren als die Idee, für den Zustand selbst Verantwortung zu übernehmen.

Bewertungen

Worin besteht nun die Angst, die er vor den Menschen hat? Da ist einmal der Umstand, dass die anderen ihm einfach durch ihre Existenz ständig einen Wertmaßstab vorzulegen scheinen, von dem er einerseits glaubt, dass er ihn erfüllen müsste, um sich wohlfühlen zu dürfen; andererseits ist er aber überzeugt, dass er diesem Maßstab auch bei größter Anstrengung niemals entsprechen kann.

Sein Denken ist vollkommen bestimmt durch die Prozesse des Bewertens. Jede Situation, jede seiner Handlungen, aber – und das gibt er vor sich selbst nicht gerne zu – auch die der anderen, wird von ihm in »gut« oder »schlecht« eingeteilt. Meistens ist das Ergebnis ohnehin »schlecht«. Den Wert eines Menschen, seine Lebensberechtigung, meint er ausschließlich über seine Leistung und seine Fähigkeiten bestimmen zu können. Der Maßstab wird durch die Mehrheit festgelegt. Die Idee, dass ein Mensch oder ein Lebewesen allein durch seine Existenz, wie auch immer diese konkret auf einer Wertskala betrachtet werden mag, seine Lebensberechtigung hat, ist ihm fremd, ja aus irgendeinem Grund bedrohlich.

Mit diesen alles dominierenden Bewertungen setzt er sich selbst ständig und massiv unter Druck, anders sein zu müssen, als er eben ist. Er projiziert diesen Druck auch in seine Mitmenschen. Er glaubt, dass sie ihn ständig bewerten. Er fühlt sich von ihnen verachtet, wenn er ihren Kriterien nicht entspricht, und er glaubt, dass sie dabei im Grunde recht haben.

Er unterwirft sich damit jedes Mal neu jener Sichtweise, von der er denkt, dass andere sie von ihm haben. Er unterwirft sich innerlich der Person, die er in sich, in seinem Denken entwirft. Und es ist nicht überraschend, dass diese (innerlich entworfene) Person abweisend, taxierend, abwertend ist. Der innere Prozess der Abwertung durch andere kann, muss aber nicht, in realer Abwertung eine Entsprechung finden. Häufig begegnen ihm Menschen, die an ihm interessiert wären und erst einmal keine Be- oder gar Abwertung im Sinn haben. Bei Walter ist seine Selbstabwertung gleichsam moderiert durch die fantasierte Abwertung durch die Person, mit der er in Kontakt tritt.

Diesen sehr unangenehmen Einsichten versucht er zu entgehen, indem er den Kontakt mit den Mitmenschen nach Möglichkeit vermeidet. Seine bewertende Art zu denken führt auch dazu, dass er jede intuitive, impulsive, gefühlsmäßige Reaktion sofort als nicht angemessen unterbindet. Dabei vermittelt er den Eindruck eines Menschen, der ständig damit beschäftigt ist, sich selbst zu stoppen. Dahinter steht die Annahme, dass es eine bestimmte Art gibt, wie man sich eben zu verhalten hat. Und nachdem er glaubt, von »Natur« aus nicht so zu sein, dass das von selbst geht, muss er seine Natur ständig »unterbrechen«. Gleichzeitig muss er sich ständig anstrengen, diese Verhaltensnorm zu erfüllen.

Walter hat Angst vor negativer Bewertung durch andere. Gleichzeitig verurteilt er sich selbst für das Vorhandensein dieser Angst, wertet sich also in diesem Moment selbst ab. Diese Bewertung führt zu einem sekundären Gefühl, einem Gefühl über ein Gefühl: Niedergeschlagenheit. Seine »Natur«, seine ureigenen Bedürfnisse, kommen in diesem Teufelskreis natürlich zu kurz. So ist es kein Wunder, dass sie sich in Form von »Störungen« zwischendurch immer wieder bemerkbar machen. Die aber sind ihm unangenehm, weil er meint, damit von einer vermeintlichen Norm abzuweichen.

So kommt es, dass er über weite Strecken seines bewussten Lebens mit diesem Unterbrechen von Impulsen beschäftigt ist. Jeder Wunsch, jede Abgrenzung, jede Kritik, die er äußern möchte, fällt schon der inneren Zensur zum Opfer, lange bevor irgendetwas davon geäußert würde. Im Gespräch zeigt sich das dann in Form von mehr oder weniger langen Pausen, begleitet von wegwerfenden

Handbewegungen. Eine Stimmung der bleiernen Schwere und des Unterdrückens von allem, was spontan und lebendig sein könnte, breitet sich aus. Das löst beim Gesprächspartner zuerst einmal Desinteresse, später dann Vermeidungs- und seinerseits Fluchttendenzen aus.

Was bleibt, ist das Bild eines Menschen, der bereits zu seinen Lebzeiten versucht, sich aus der Gemeinschaft zu entfernen, sich gleichsam im eigenen Grab einzuschaufeln, um sein Leben nicht leben zu müssen. Eine Lösung ist vielleicht dann möglich, wenn er bereit ist, für seine Misserfolge einzustehen, seine reale und fantasierte Minderwertigkeit zu überprüfen, sie gegebenenfalls anzunehmen und sich andernfalls zu verteidigen. Vor allem aber wäre es hilfreich, wenn er das So-Sein seiner Existenz erst einmal innerlich zuzulassen lernt – indem er sich annimmt, wie er ist. Damit könnte einhergehen, dass die sekundären Gefühle darüber, dass er Angst vor Mitmenschen hat, ihre Funktion verlieren und allmählich in den Hintergrund treten. Sobald er sich mit seiner Angst annimmt, steht er zu sich und ist in diesem Augenblick auch schon in einer anderen psychischen Verfassung. Er ist bei sich und nimmt sich an. Erst darauf können dann konkrete Änderungen des Handelns und Erlebens aufbauen, sofern ER sie will.

Angst und Liebe

»Liebeszwang«

Das Thema Liebe beeinflusst unser aller Leben so entscheidend, dass die Beziehung dieses Zustandes zu dem der Angst auf jeden Fall untersuchenswert ist. Liebe kann, wie ja das Leben selbst, Myriaden von Facetten haben. Es ist daher vielleicht besser, von Liebesgefühlen und Liebeshandlungen zu sprechen. Sie sind in der Regel ja nicht nur auf reale Personen und Objekte bezogen, sondern mit vielfältigsten Gedanken, Vorstellungen, Erwartungen oder Überzeugungen verbunden, meist sogar ohne dass man es weiß.

Schwierig können diese Verbindungen von Gefühlen und Vorstellungen besonders dann werden, wenn sie die Liebe zu einer Funktion machen, sie also für etwas anderes herhalten soll als für das Lieben. Die Liebe würde dann einen Zweck erfüllen für den, der sie erlebt, wie auch für den, der die aus ihr hervorgehenden Taten und Verhaltensweisen empfängt. So weit, so gut.

Kritisch kann es werden, wenn wir indirekte Maßnahmen ergreifen, um die Liebe des anderen für uns zu garantieren. Hier kristallisieren sich viele zwischenmenschliche Probleme heraus. Liebe, instrumentalisiert, wird dann zum Werkzeug sozialer Kontrolle. So erwarten wir z. B., dass der Partner uns das gibt, was wir von den Eltern nicht oder nicht ausreichend bekommen haben. Wenn Eltern z. B. zu wenig verfügbar waren, so zieht das Kind vielleicht den Schluss, dass es selbst nicht liebenswert ist. Es glaubt, dass es etwas Bestimmtes leisten muss, um die unterstützende Zuwendung zu erhalten, die bedeutet, dass es liebenswert und demnach auch lebenswert ist. Das Kind ist dann sehr erfinderisch in der Wahl der Manipulationen, mit denen es sich risikofrei ein gewisses Maß an Zuwendung erkämpft. So gelingt es ihm auch, in einem emotional dürftigen oder frostigen Klima zu überleben. Die übergreifende Botschaft, die es dabei aber lernt, besagt, dass es nur über diverse Tricks oder Anstrengungen die Zuneigung erhält: »An sich bin ich nicht liebenswert« – so lautet die negative Formulierung der Botschaft.

Probleme entstehen durch das zwanghafte Wiederholen dieser Methoden der »Liebesmanipulation«, die selbst bei völlig anderen äußeren Umständen das Zusammenleben auch im Erwachsenenalter bestimmen können. So laufen wir weiter durchs Leben, indem wir ständig unsere damals sinnvollen und bedingt erfolgreichen Methoden wiederholen, nicht sehend, dass das, was wir suchen, so nicht mehr erreichbar ist.

Es gibt viele Beispiele für solche indirekten Methoden, Liebe risikofrei erzwingen zu wollen. Eine ist z. B. die, vom Partner zu erwarten, dass er einen liebt, weil man ihn sonst nicht lieben kann. Das wäre nämlich zu riskant. Erst wenn sicher ist, dass er einen ständig liebt, kann man es riskieren, auch selbst zu lieben, sich auch zu öffnen und verletzbar zu machen. Dahinter steckt die Angst, in einem Zustand der Offenheit und Wehrlosigkeit abgelehnt, kritisiert oder lächerlich gemacht zu werden.

Die »Regel« dabei heißt, dass es besser ist, nichts zu riskieren und eher den anderen zur Liebe zu verlocken, als diesen Umstand selbst zuzulassen. Dieser Angst, seelisch verletzbar zu werden, liegen meist alte Erfahrungen der Demütigung und Abwertung durch so wichtige Personen wie die Eltern zugrunde. Sie können so traumatisch sein, dass noch der Erwachsene diese Erniedrigung nach Kräften meidet, auch wenn sie nur ansatzweise auftritt und seine Existenz nicht mehr real bedroht.

Die offenen und versteckten Ängste von Partnern ergänzen sich häufig in einer verblüffenden Weise, wie ineinanderpassende Bausteine. Und die gesamte Palette von Beziehungsproblemen ist dann Ausdruck dieser Angstverschränkung: finanzielle Abhängigkeit, Ausnutzen der Angst vor Liebesverlust und Einsamkeit, Vorwürfe wegen Lieblosigkeit, das Sichverweigern, die Demonstration scheinbarer Unabhängigkeit, sprich Isolation, Sexualität als Mittel zum Zweck, Gewalt, nicht zuletzt aber auch Krankheit, Leid und Unglücklichsein. All das sind auch Mittel, den anderen unter Druck zu setzen, seine Aufmerksamkeit zu binden. Sie alle scheinen letztlich die Funktion zu haben, »Liebesleid« zu vermeiden – »I'll never fall in love again ...«, wie es in einem alten Song heißt.

Und das sind nur einige Beispiele aus dem »Karate der Partnerbeziehungen«. Die Liste lässt sich, je nach Fantasie der Beteiligten, fast beliebig erweitern.

Es ist nur ein kurzer Sprung von der Liebe durch Manipulation zu einer bedingungsfreien Form von Liebe und dennoch scheint die Kluft unüberbrückbar zu sein: Die Kluft zu dem Zustand, in dem wir uns selbst die Lebensberechtigung zusprechen können und dies auch von anderen als selbstverständlich erlebt wissen, unabhängig davon, ob wir irgendwelche Bedingungen erfüllen. Auch wenn wir nichts leisten, nicht wichtig sind, nicht offensichtlich von allen geliebt werden, ist das diesem Zustand nicht abträglich. Diese Augenblicke der Harmonie mit sich selbst und der Welt bergen vermutlich auch das höchste Heilpotenzial.

Es hilft aber wenig, sich das in Gedanken vorzusagen, wenn man es nicht empfindet. Dieses Gefühl stellt sich so nicht ein, es kann nicht »gemacht« werden. Eher entsteht es wie von selbst, wenn die Niederlage unserer alten Methode, Liebe erzwingen zu wollen, unausweichlich feststeht. Wenn wir die Vergeblichkeit, Liebe durch Manipulation zu erzwingen, einsehen und diese »Methode« aufgeben. Das heißt dann aber auch, sich dem Risiko des hinter der Ablehnung gefürchteten Gefühls der Unwichtigkeit, des Überflüssigseins wirklich zu stellen. Eine andere Form von »Liebesleid« ...

Es wird von selbst in diesem Augenblick klar, dass es »an sich« keine Bewertung mehr gibt. Gut und schlecht, richtig oder falsch, wichtig oder unwichtig lösen sich auf in der Wahrnehmung des So-Seins und So-Gut-Seins. Bewertungen werden wieder im Hinblick auf eine Funktion, auf ein Ziel, sinnvoll. Sie sind keine Urteile über die Wertigkeit einer Existenz an sich. In diesem Zustand einer nicht mehr klammernden Liebe sind wir mit der Welt im Einklang.

Meist aber bleibt es nicht lange so. Es gibt viele Fallen, die wir uns selbst stellen. Eine davon ist der Versuch, den Zustand der bedingungsfreien Liebe festzuhalten, auf Methoden zu sinnen, wie wir den Zustand konservieren können. Das ist der Anfang von seinem Ende. Andere Beispiele für solche Fallen sind die gedanklichen Prozesse des Beurteilens, des Vergleichens, des Analysierens, wenn sie der persönlichen Distanzierung dienen. Meist geht dem ein Gefühl des »Nicht-in-Ordnung-Seins« voraus. Es kann durch alte, auf kindlichen Erfahrungen basierende Zurückweisungen von Liebesimpulsen hervorgerufen werden. Es kann natürlich auch anders entstehen, z. B. durch Erkrankung, körperliche Schwächung, organische Defizite, physische Belastungen, durch entwürdigende Arbeit etc. Immer aber ist das Grundgefühl charakterisiert durch den Umstand, mit etwas ganz Persönlichem, vielleicht sogar dem Persönlichsten, zu dem wir fähig sind, nicht angenommen, nicht gewollt zu werden. Kein Wunder, dass keiner so etwas öfter erleben will.

Die Aussichten, die Wiederholung so eines Gefühls ohne bleibenden Schaden zu überwinden, sind vermutlich dann am größten, wenn wir in der Lage sind, uns diesem Gefühl schlicht zu stellen. Man kann diesen Prozess vielleicht unterstützen, wenn man das Gefühl »versteht«, also seine Herkunft erkennt. Verstehen soll aber das Fühlen des Abgelehnt-Seins nicht unterbrechen, sonst würde es einfach wieder zur Gefühlsvermeidung durch Denken mutieren. Wer es schafft, sich dem »Liebesleid«, also jenem inneren Zustand nach einer Trennung durch Zurückweisung des/der Geliebten, zu stellen, ohne regressiv zu agieren, ist sich schon sehr nahe. Mit »regressiv« sind die alten, früher unter anderen Umständen gelernten und da vielleicht angemessenen Abwehr- und Bewältigungsmanöver gemeint, auf die wir im Falle des Sich-Annehmens bewusst verzichten.

Liebe – Sexualität ... und Platz für viele Komplikationen

So abgegriffen dieses Thema auch sein mag: Wissen wir wirklich schon alles über den Zusammenhang von Liebe und Sexualität? Ist es nicht eher so, dass die Schwierigkeiten in diesem Bereich des Lebens trotz aller anerkennenswerten Fortschritte durch Enttabuisierung sich eher verschoben als aufgelöst haben? Kommen nicht durch die Hektik, den Erfolgs- und Effektivitätszwang unserer Zeit gerade die subtileren Vorgänge der emotionalen Begegnung als Erste unter die Räder? Wie riskant ist die sich öffnende Zuwendung gegenüber einem Mitmenschen in Zeiten unkontrollierbarer Medienpräsenz auch intimster Vorgänge geworden?

Dabei scheint das Wechselspiel von psychischen, sozialen und physiologischen Vorgängen im Bereich der Sexualität noch vergleichsweise robust zu sein. Es »funktioniert« nicht nur in Begleitung zarter, fordernder Liebesgefühle, sondern kann ebenso von Komponenten des spielerischen Sich-Vorenthaltens, des Ärgers, ja Hasses, der Leistung oder auch der »reinen Sensorik« getragen werden. Dennoch, ist dies nicht ein Bereich des menschlichen Kontaktes, in dem sich eine Reihe von Ängsten, die das Zusammenleben überhaupt betreffen, in konzentrierter Form äußern können?

Die Angst davor, in seinem ganz persönlichen, intimen Erleben getäuscht oder abgelehnt zu werden, äußert sich häufig bereits bei der Kontaktaufnahme. Aus dieser Angst heraus sind wohl verschiedene indirekte Wege zu verstehen, die einen »gesicherten« Kontakt ermöglichen sollen. Das Risiko der Ablehnung soll so gar nicht erst entstehen, eine Vielzahl von Tricks der Verlockung und Verführung oder des Sich-unverletzlich-Machens sollen das gewährleisten. Dabei geht es dann häufig darum, wer mächtiger ist im Zurückhalten des eigenen Interesses. Gleichzeitig wird das Interesse des anvisierten Partners durch verschiedene Manöver »angeheizt«.

Es wäre eine lange Geschichte, auf die psychologische Genese der Verführungskunst ausführlich einzugehen. Wo die Kunst des Verführens zwanghafte Züge annimmt, spielt zweifellos die Angst, durch Ablehnung eines direkten Angebotes verletzt zu werden, eine wichtige Rolle. Macht und Kontrolle über den anderen wären dann verloren. Man braucht dieses Verhalten nicht unbedingt zu belächeln. Befriedigende Kontakte werden so eher behindert als ermöglicht, aber dieses Verhalten hat auch eine Schutzfunktion.

Man denke z. B. an die schier endlosen Spiele der gerade in die Geschlechtsreife hineinwachsenden Jugendlichen, die diesen neu zu entdeckenden Lebensraum erst ausloten: Sich attraktiv machen, ohne sich direkt anzubieten, dabei die Attraktivität des anderen möglichst zu ignorieren, erhöht die Sicherheit; ebenso die Ablehnung von etwas gar nicht direkt Angebotenem.

Um welche Ängste handelt es sich hier vorwiegend? Zu vertrauen, ohne eine entsprechende Erwiderung zu erfahren? In sehr intimen Kontakt zu treten und sich dadurch gleichsam in seinem Selbstwert, wie schon damals in der Kindheit, verletzbar zu machen, da man sich ungeschützt direkter und indirekter Abwertungen aussetzt? Es hat wohl auch etwas mit der Angst vor der Selbstaufgabe zu tun, die das Zulassen einer Abhängigkeit nach sich zieht, so sehr diese auch gewünscht werden mag. Selbst die Hingabe an den sensorisch-körperlichen Prozess scheint zumindest in der Fantasie mit der Aufgabe der eigenen Macht und Kontrolle über die Ereignisse, im weitesten Sinne also der Herrschaft über die Natur, verbunden zu sein. Liebe gegen Macht also? Ist das nicht eine unserer elementarsten Ängste?

Wie sieht es mit der Angst vor dem Versagen, dem Nichterfüllen einer Norm aus? Was gibt es nicht alles für Regeln, Meinungen und Erwartungen, gerade im Bereich der Sexualität. Wenn der Kontakt bestimmt ist durch die Angst, die Erwartungen des Partners nicht zu erfüllen, bleibt dann noch Energie für den eigentlichen psychischen Prozess zur Verfügung: die genussvoll erlebten, vom eigenen Selbst unterstützten erotisch sexuellen Empfindungen? Kommt es überhaupt noch zu diesen Regungen, die im Zuge der Annäherung der Partner auftreten und jeweils die nächstfolgenden Handlungen vorbereiten, tragen oder vollziehen können?

Angst vor dem Misserfolg und die damit verbundene, manchmal sogar realistische Befürchtung, verlacht, abgewertet, verlassen zu werden, kann Sexualangst zu einem zentralen Thema im Bewusstseinsablauf eines Menschen machen. Es überschattet dann alle anderen Lebensbereiche, wird zur fixen Idee mit den schon in anderem Zusammenhang beschriebenen Verschränkungen von Vermeidung und gerade dadurch Fixierung der Angst.

Am Beispiel der Geschichte des Industriekaufmannes Herbert möchte ich die vielfältigen Konflikte veranschaulichen, die sich um Liebe und Sexualität aufbauen. Im Laufe der Gespräche mit Herbert stellte sich heraus, dass für ihn die sexuellen Probleme gleichsam zum Kristallisationspunkt einer Vielzahl von Ängsten geworden sind. Wie er darüber redet, ist für den Gesprächspartner schwer auszuhalten, so distanziert, ohne Gefühlsbeteiligung. Es ist, als würde er sein Gegenüber weit weg schieben wollen, weg von seinem Schmerz und der Demütigung des abgelehnten Kindes. Ich berühre dich nicht, damit du mich um Himmels willen auch nicht berührst.

Er sieht eher aus wie ein Model aus einer Werbebroschüre für Herrenanzüge, recht stattlich, etwas überlegen in der Gestik, elegant gekleidet und gleichzeitig irgendwie gespreizt, einfach »haarscharf daneben« – neben sich stehend, wie eine Hülse seiner selbst. Er spricht sogar über seine Impotenz sehr gewandt. So, als handle es sich dabei um den Flugplan eines Reiseunternehmens – nüchtern, ohne erkennbare Gefühlsregung. Er erweckt den Eindruck, als spräche er nicht über sich, sondern über jemand anderen. Er kennt sich und ist dennoch nicht in Kontakt mit sich. Seine so gehaltene Schilderung der »Sachlage« bringt Folgendes zutage:

Herbert ist der Überzeugung, dass er sexuell nicht richtig »funktioniert«. Er ist jetzt 40 Jahre alt und hat seiner Aussage nach in seiner Ehe niemals einen wirklich befriedigenden Sexualkontakt gehabt. Er kommt sehr selten überhaupt zu einer Erektion, am ehesten noch im Halbschlaf. Seine Frau scheint darüber nicht sonderlich unglücklich zu sein und sie findet, seiner Aussage nach, es sei kein Problem, wenn es nicht »klappt«. Da er sich von seiner Frau sexuell auch nicht sonderlich angezogen fühlt, mit ihr eher kumpelhaft zusammenlebt, macht sich Herbert darüber auch weniger Gedanken. Schlimmer ist für ihn der Umstand, dass es ihm auch mit jüngeren Frauen, die er schon von Berufs wegen relativ leicht kennenlernt, ähnlich ergeht.

Einerseits hat er Gefallen daran, attraktiv zu sein und anziehend zu wirken, andererseits wacht er bereits in einem sehr frühen Stadium des Kontaktes sorgsam darauf, dass die Sache nicht zu verfänglich wird. Manchmal, z. B. nach kräftigem Alkoholgenuss, überwindet er diese Angst und kommt dann tatsächlich »zur Sache«, stets verkrampft und den zu erwartenden Misserfolg vor Augen. Und mit großer Regelmäßigkeit geht dann alles »schief«. Das daraufhin eintretende Gefühl der Demütigung, der Wertlosigkeit, einfach wieder versagt zu haben, ist für ihn so unangenehm, dass er die Situation sofort beendet. Den Kontakt zu dieser Frau bricht er danach ab und nimmt ihn später auch nicht mehr auf, um nicht wieder an dieses Unglück erinnert zu werden. Mittlerweile ist seine Umgebung voller »peinlicher Abbrüche«.

Das Ganze ist ihm unverständlich, zumal er in einem früheren Stadium der Annäherung, z. B. im Restaurant oder beim Tanzen, ein wirkliches Verlangen sexueller Art verspürt und die Erektion dabei »wie von selbst« kommt. Nur wenn es dann wirklich »ernst« wird, beginnt sich die Angst vor der »Blamage« förmlich in seinem Kopf einzunisten. Er hofft, dass die ganze Sache jetzt nicht wieder »daneben«-geht. Er beginnt, sich mehr und mehr auf seinen Körper, die Erhaltung der Erregung zu konzentrieren – bis sich die wohlbekannten Empfindungen der Lähmung und Lethargie unweigerlich einstellen.

Ab diesem Moment geht es dann – buchstäblich – »bergab«: Die drohende »Niederlage« vor Augen nimmt Herbert seine Partnerin gar nicht mehr richtig wahr. Stattdessen verwendet er alle Energie darauf, seine Ängste zu verdrängen, um mit Anstrengung und Konzentration doch noch »die Leistung« zu erbringen, eine Leistung, die in diesem Bereich vielleicht gar nicht gefragt ist: Sexualität folgt eben anderen Gesetzen. Herbert geht nicht mit dem, was ist, sondern will es verleugnen. Angstvoll registriert er das Schwinden der Erektion und der Rest verkommt zu einem für ihn unwürdigen, peinlichen Versteckspiel. Schließlich versucht er, die Schuld der Partnerin oder dem Alkohol zuzuschieben, ohne dass dadurch das mit dem Eindruck der Minderwertigkeit einhergehende Gefühl der Depression und Niedergeschlagenheit verscheucht wird.

Er kann, wie eingangs gesagt, das alles nicht recht verstehen. Er möchte, dass er auch auf diesem Gebiet so funktioniert wie in den meisten anderen Lebensbereichen. Er misst sich an manchen seiner Berufskollegen, die mit ihren Liebschaften protzen. Er spielt in diesem Spiel mit, gibt sich so souverän und locker wie möglich und stimmt in die Imponiergesänge mit ein. Er fühlt sich dabei jedoch sehr ungemütlich und hat Angst, sich irgendwie zu verraten. Eigenartige Körperempfindungen, etwa Spannungen im Beckenbereich oder Atemnot, beginnen ihm dann gerade in solchen Situationen des subtilen Stammtischterrors das Leben vollends zur Hölle zu machen.

Wenn es ihm gelingt, die anderen durch geschicktes Verstellen und Verstecken seiner vermeintlichen Mängel dazu zu bringen, dass sie ihn bewundern und schätzen, so kann er sich der Illusion, dass er tatsächlich bewunderns- und schätzenswert ist, zumindest eine Zeit lang hingeben. Dabei begreift er nicht, dass diese Bewertungen an dem So-Sein seiner Existenz nichts ändern, dass sie im Grunde, egal wie sie ausfallen, keinen wirklichen Einfluss auf ihn haben – außer auf seine Selbstbewertung. Für ein Weilchen ...

Erst indem er der Bewertung durch andere den Stellenwert von etwas Realem gibt, etwas, das ihm Aufschluss über die eigene Realität vermittelt, zu der er selbst keinen direkten Zugang zu haben glaubt, erst dadurch macht er sich von diesen Bewertungen abhängig. Und da er sich durch sie definieren lässt, machen sie ihm verständlicherweise auch Angst. Sein Selbstwert ist übermäßig davon abhängig, wie er von anderen gesehen wird. Denn so sieht er sich dann ja auch selbst.

Seine Angst vor Bewertung bezieht sich aber nicht nur auf den Bereich des Sexualverhaltens, sondern auch auf viele andere zwischenmenschliche Situationen. Dazu gehört die Beurteilung seiner Arbeitsleistung und seiner Persönlichkeit durch Vorgesetzte ebenso wie durch nachgeordnete Arbeitskollegen. Es geht um die Beliebtheit ganz allgemein. Sie zu erreichen, verwendet er viel Energie; und vieles, was zur Klärung von Situationen oft notwendig wäre, wird unterlassen. Das gilt besonders für sachlich gerechtfertigtes Kritisieren anderer, das Bestehen auf vereinbarten Leistungen, das Äußern von Forderungen. Dieses Netz von Sozialängsten bewirkt, dass sein Spielraum auch im beruflichen Leben nicht allzu groß ist, seine Durchsetzungsfähigkeit gegenüber Vorgesetzten, aber auch gegenüber sich sicher gebärdenden Arbeitskollegen und Weisungsgebundenen ist nachhaltig beeinträchtigt.

Im weiteren Gespräch kommt dann noch eine Form der Angst zur Sprache, die nicht so offensichtlich ist. Herbert fürchtet, im Falle eines »intakten« Verkehrs einfach als Objekt benutzt zu werden. Es könnte der Frau nicht wirklich etwas an ihm liegen, sondern sie könnte an ihm nur als Mittler für ihre eigene Bedürfnisbefriedigung interessiert sein. Die Vorstellung, ein Werkzeug zu sein, das nach Gebrauch beliebig beiseitegelegt werden kann, ist ihm äußerst unangenehm.

In keiner Phase kam ihm bisher in den Sinn, dass er das, was er von anderen fürchtet, mit den Frauen ja schon ständig macht. Er benutzt sie als eine Art Objekt, benutzt sie für den Versuch, sich zu bestätigen. Das Fehlen des so vermiedenen intimen Kontaktes fällt ihm in der Regel gar nicht auf.

Wenn er daran denkt, er könnte Werkzeug sein, spürt er die Tendenz, sich zu verweigern, bei diesem Hin und Her nicht mitzumachen, von sich gar nichts herzugeben.

Die Verweigerung erscheint ihm intuitiv als die einzig wirksame Methode, sich dagegen zu schützen, von der Frau ohne Rücksicht auf seine eigenen Bedürfnisse in ein Wechselbad von Angst und Ablehnung gestürzt zu werden. Auf der körperlichen Ebene ist diese Verweigerung durch den erschlafften Penis gewiss effektiv, selbst wenn seine alarmierten Gedanken dagegen Sturm laufen und den üblichen autoaggressiven Terror der Selbsterniedrigung wegen des Versagens inszenieren, das eigentlich ein »Sich-ihr-Versagen« ist.

Seine innere Spaltung ist massiv – er will Nähe, fürchtet sie aber, schreckt zurück und macht, gepanzert und waffenstarrend, scheinbar unverwundbar, den nächsten Versuch einer Begegnung.

Ein Jammer ist, dass seine Angst zu versagen, die vermutlich auf sehr frühen Erfahrungen von Zurückweisung basiert, jedes Mal wieder auftritt, ohne dass ihm der genaue Ablauf und sein daraus resultierendes Verhalten klar ersichtlich werden. Und vor allem läuft diese Kette von Angstgefühlen und Verweigerungsreaktionen unabhängig von den tatsächlichen Gegebenheiten ab: Die Ängste, absorbiert, missbraucht, als Spielzeug benutzt zu werden, sind unabhängig von den realen Gegebenheiten der physisch gegenwärtigen Partnerin wie automatisch vorhanden.

In all diesem Durcheinander von Ängsten, Bedrohung und Verleugnung der eigenen Erfahrung ist für eine Differenzierung des Gefühlslebens wenig Raum übrig. Die das Leben wesentlich bereichernden Gefühle der Öffnung, der Zuwendung, kurz der liebevollen Bejahung der eigenen Existenz und der Existenz anderer sind durch die defensiven Verkrampfungen nicht zur Entfaltung gekommen. Diesen Teil unseres Lebens wenigstens sporadisch wieder zugänglich zu machen, wäre, wie auch bei den anderen geschilderten Beispielen chronischer Angst, ein lohnendes Therapieziel.

Ob es erreicht wird, ist fraglich. Denn Herbert fürchtet seine Gefühle und will die Ängste besser unterdrücken lernen, nicht aber die unter ihnen gleichsam »zugedeckten« Gefühle erleben. Will er die Therapie überhaupt, wenn sie ihm lediglich die Korrektur seiner Ängste verspricht? Seine im Kontakt eher nervtötende, manipulative Form der Angstabwehr macht es schwer, für ihn Mitgefühl zu entwickeln, sich hinter seinem angespannten Agieren das verletzte, abgelehnte Kind vorzustellen, das er einmal gewesen sein mag. Wie wurde damals auf seine kindliche Liebe geantwortet, wurde seine emotionale Bedürftigkeit akzeptiert, seine vielleicht linkische Zärtlichkeit angenommen? Wer hat ihn tröstend in den Arm genommen, als seine Liebe übersehen, vielleicht zurückgewiesen wurde?

III. Kapitel:
Erklärungen – Das Phänomen Angst

Woher, warum, wozu?

In diesem Abschnitt geht es darum, Erklärungen für das Phänomen Angst vorzustellen. Zuvor gibt es aber noch einen kleinen Exkurs über Sinn und Unsinn des Erklärens und Verstehens, wozu Erklärungen überhaupt gut sind und was sie nicht leisten können. Bei dieser Gelegenheit möchte ich noch einmal auf die angststeigernde und möglicherweise auch angstreduzierende Wirkung des Denkens eingehen.

Das Auftreten intensiver anfallartiger Angstreaktionen ist für den Betroffenen weit über das akute Angsterleben hinaus beunruhigend. Die erlebte Hilflosigkeit, das unangenehme Angstgefühl und manchmal auch der Eindruck, die Kontrolle zu verlieren, verrückt zu werden oder zu sterben, all das macht den intensiven Wunsch verständlich, dieses belastende Phänomen »in den Griff zu bekommen«. So kommt es, dass wir uns nach einer Angsterfahrung noch ausführlich in Gedanken oder im Gespräch mit den verschiedenen Umständen beschäftigen, die dem ganzen Geschehen vorausgingen oder es begleiteten.

Die Kontrolle über das Angstphänomen scheint demnach über ein Verstehen seiner »Ursachen« und letztlich ein »Erklären« des Angsterlebnisses gesucht zu werden. Unser Denken steht vorwiegend im Dienst dieser Suche nach Ursachen bzw. nach rechtzeitigen

Anzeichen, die ein späteres Ereignis bewirken oder vorhersagen. Es soll uns die Hinweise auf Gefahr deuten helfen und uns die Möglichkeit verschaffen, etwas dagegen zu unternehmen. Kommt es zu keiner Klärung, so bleibt die Unruhe bestehen, das Denken arbeitet weiter und weiter und weiter ... Dabei kann es sein, dass die objektive Richtigkeit des Denkens keinen Einfluss auf unser Unsicherheitsgefühl hat – solange wir unserem Denken selbst nicht recht trauen.

Nach jeder Überraschung, ob angenehmer oder unangenehmer Art, beschäftigen wir uns in Gedanken sofort mit den Anzeichen dieses Geschehens, wie unter Zwang. Das Ziel ist dabei, aus einer »Überraschung« in Zukunft ein vorhersehbares Ereignis zu machen. Bei unangenehmen Erfahrungen ist dieser Wunsch verständlich.

Ein Kind, das über einen Stein stolpert und sich dabei sein Knie aufschlägt, wird, sofern es vom Schmerz nicht überwältigt ist, zuerst einmal zurückschauen und die »Ursache« seines Sturzes suchen. Das kann sogar dazu führen, dass sowohl die Wahrnehmung des Schmerzes als auch das entsprechende Ausdrucksverhalten, das Weinen und Schreien, so lange aufgehalten werden, bis das Kind »weiß«, was seinem Sturz vorausging. Erst dann kann es, gleichsam erleichtert, in Tränen ausbrechen. Wenn das Kind einen Zusammenhang zwischen einem markanten Ereignis, etwa einem Hindernis, und einer darauf folgenden schmerzhaften Erfahrung erkannt hat, kann es sein eigenes Handeln und Erleben auf diese Gefahrensignale einstellen. Es kann z. B. lernen, zukünftig in ähnlichen Situationen sein Verhalten zu ändern, indem es um den Stein herumläuft, den Fuß höher hebt, öfter beim Laufen auf den Boden schaut, das Laufen selbst einstellt, Knieschützer und Sturzhelm trägt, seine Eltern vorschickt, um das Terrain zu erkunden etc.

Unser Gehirn hat die Fähigkeit, zwischen den Gefahrensignalen einerseits und der tatsächlichen Bedrohung andererseits eine spezielle Form des Verstehens zu stiften, nämlich die »Einsicht« über einen ursächlichen Zusammenhang. Der Stein in Verbindung mit unachtsamem Laufen wird zur »Ursache« für das darauf folgende Stolpern. Ein Teil der Welt »außen« (Stein) und ein Teil der Welt »innen« (Unachtsamkeit) werden zur Erklärung des eigenen Verhaltens (Stolpern) und Erlebens (Schmerz) herangezogen und steuern zukünftiges Handeln.

Denken statt grübeln

Das Finden bzw. Stiften einer Ursache-Wirkung-Beziehung, also eines kausalen Zusammenhanges, beruhigt unsere Erregung, die mit dem unangenehmen, bis dahin vielleicht unerklärlichen Ereignis einhergeht. Wichtig ist dabei jedoch, dass wir nicht vergessen, dass dieser Kausalzusammenhang ein Werk unseres Denkens ist, also eigentlich ein »Hirngespinst«. Oft, vor allem in alltäglichen physischen Situationen, werden diese »Hirngespinste« uns hervorragende Dienste leisten. Oft genug aber irren wir uns, haben falsche Erwartungen entwickelt, müssen eine neue, unter Umständen schmerzhafte Erfahrung machen, auf die Suche nach neuen »Ursachen« gehen.

Ebenso wie für unsere physische Welt gilt das für unsere soziale Welt. Da dort die Zusammenhänge häufig viel schwerer zu »stiften« sind, sind wir auch dabei besonders der Gefahr ausgesetzt, »falsche« Ursachen zu erfinden. Je größer die allgemeine Angst, desto rascher greift man zu »Vor-Urteilen«. Im zwischenmenschlichen Bereich fehlen häufig die einfach durchschaubaren Zusammenhänge. Je simpler das Weltbild, desto einfacher werden die Vor-Urteile. Die Korrektur folgt hier selten so prompt, dass ein Umlernen, d. h. die Revision unserer Erwartungen, rasch und einfach möglich wäre. Nationalistische, rassistische, aber auch manchmal bizarr anmutende religiöse Formen der Ursachenzuschreibung können in diesem Licht gesehen werden.

Wer sich seiner Angst nicht stellen kann oder will, neigt dazu, die Verantwortung für die Angst abzugeben und jeden noch so abstrusen Ursachenzusammenhang zu glauben. In diesem Fall wirkt nur die für sich akzeptierte Überzeugung reduzierend auf die Angst. Auch in diesem Sinne ist Angst eine leider oft unheilvolle Kraft, die Götter und Feindbilder erschafft. Genauer gesagt, sie treibt und motiviert den Menschen, Feindbilder zu erschaffen, um die Verantwortung von sich wegzuschieben. Die Bildung von Gruppen Gleichgesinnter stärkt dann noch diese Entwicklung religiöser, medizinischer, ökonomischer und natürlich politischer Formen von Aberglauben.

Kein Wunder also, dass wir Menschen dazu tendieren, uns gerade in zwischenmenschlichen Angelegenheiten viel mehr mit unseren »Weltanschauungen« und den daraus hervorgehenden Erwartungen zu identifizieren. Wir können uns nur schwer von ihnen lösen, schreiben eine ihnen entgegenlaufende Erfahrung lieber dem Zufall oder den »bösen anderen« als unserem falschen Weltbild zu.

Dieses Festhalten an unrealistischen Denkgebäuden kann wiederum selbst zu einer letztlich noch gefährlicheren Falle werden. Die Idee, die hier zugrunde liegt, könnte etwa so formuliert werden: Je mehr ich die Welt vorhersagbar machen kann, umso größer sind meine Aussichten, bedrohlichen Entwicklungen zuvorzukommen, Gefahren abzuwenden. Die denkende Suche nach Ursachen und nach warnenden Hinweisen wird demnach besonders dann sehr intensiv erfolgen, wenn ich einen Angstzustand erlebe. Das ist der Fall, wenn ich eine gewisse Ahnung einer Gefahr zu haben glaube und noch nicht genau weiß, worin sie besteht, wann und woher sie kommt und was ich dagegen unternehmen kann.

Der Haken bei dieser Sache besteht nun darin, dass auch diese Ahnung, aus der das Angstgefühl hervorgeht, wiederum Ergebnis eines Denkvorganges ist. Es sind die Erwartungen über das, was kommen wird. Diese Erwartungen können sich auf konkrete Hinweise gründen. Sie können aber auch die Folge einer diffusen Überzeugung der eigenen Unfähigkeit sein, mit Gefahren effektiv umgehen zu können. Diese Überzeugungen können sehr versteckt, dem bewussten Denken vielleicht kaum zugänglich sein. Sie sind meist sehr früh in unserer individuellen Entwicklung entstanden und durch den Beweis des Gegenteils, wenn überhaupt, nur kurzfristig zu beruhigen. Die nagende Unsicherheit ist rasch wieder da.

Einer meiner Kollegen, sein berufliches Leben lang erfolgreicher Hochschullehrer und -manager, steht ratlos vor der Pensionierung. Er kann und will keine Randbeschäftigung im universitären Bereich annehmen, nur damit er sich wieder nützlich fühlen kann, wie es ihm manche Kollegen vormachten. Er weiß aber auch nicht, was er sonst, ohne den wissenschaftlichen »Apparat« einschließlich Assistenten, Sekretariat und Budget, tun kann und will. Da er gewohnt ist, genug Aufgaben vorzufinden, die er alle stets sorgfältig abgewickelt hat, weiß er nicht, wie er seine neuen, möglichst sinnstiftenden Aufgaben finden kann. Da er immer alles vorausgeplant hatte, steht er vor einem subjektiven Vakuum (»terror vacui« nennt er es selbst). Er vertraut nicht darauf, dann, wenn es so weit ist, ein Ziel und einen Weg dorthin zu finden, schlimmstenfalls einen mit Umwegen. Wie, so fragt man sich, wird er eines Tages dem Tod begegnen, wenn er ihn nicht durchplanen kann, sondern sich gleichsam wird mitnehmen lassen müssen, ohne Kontrolle über Zeit, Ablauf und Ziel?

Je größer das Vertrauen in die eigenen Fähigkeiten ist, einer Gefahr begegnen zu können, sie bewältigend oder an ihr scheiternd, desto eher wird man sich auf die Gegenwärtigkeit des Geschehens einlassen können. Angsterlebnisse, so sie dabei überhaupt auftreten, werden situationsgemäß auf konkrete Auslöser gerichtet sein. Ist mein Lebensgefühl jedoch bestimmt von der Idee, dass ich eigentlich mit der Bewältigung der Lebensaufgaben nicht zurechtkomme, ich »im Grunde« unfähig bin und die Umwelt mir feindlich gesonnen ist, wird das Angstgefühl häufig und auch durch nichtige Anlässe ausgelöst auftreten. Je besser das Denken geschult ist, die Gefahren aus dem Weg zu räumen, desto schlechter ist meist die Fähigkeit ausgebildet, der Angst standzuhalten. (Eine Seite der

Angstreduktion – die Bereitschaft, auch schmerzhafte Erfahrungen als »Bestimmung« hinzunehmen und die »Machbarkeit« des Lebens zu relativieren – soll hier vorerst nicht erörtert werden. Darauf wird aber etwas später noch zurückzukommen sein.)

Nun ist zu beachten, dass gerade Personen, die unter häufigen und intensiven Angstzuständen zu leiden haben, einen sehr großen Teil ihrer Zeit dazu verwenden, über die Ursachen ihres Problems nachzugrübeln. Sie hoffen, damit schon möglichst lange im Voraus warnende Anzeichen einer Gefahr bzw. einer Verstärkung des Angsterlebens zu identifizieren, um so genügend Zeit zur Vorbeugung oder Abwehr zu haben.

Der »Denkfehler« besteht hier unglückseligerweise darin, dass auch bei noch so perfekter Vorhersage der Ereignisse das allgemeine Gefühl der Inkompetenz, nicht zuletzt auch hinsichtlich der Verlässlichkeit des eigenen Denkens, nicht oder nur kurzfristig eliminiert wird. So laufen diese Menschen auch trotz größter faktischer Effizienz im Alltag dem Wunsch eines angstfreien Lebens nach, ohne je zu dem angestrebten Ergebnis zu kommen – der Weg ist der falsche.

Der zuvor beschriebene Kollege hat, bei all seiner enormen Kompetenz für die planbaren Lösungen verschiedenster Probleme, kein Vertrauen hinsichtlich seiner Fähigkeiten aufbauen können, seinem Leben je nach entstehender Situation einen Sinn zu geben. Er wird dann, wenn es so weit ist, höchstwahrscheinlich souverän die Situationen meistern, nur jetzt, ein halbes Jahr vor der Pensionierung, vertraut er seiner Fähigkeit nicht, etwas Sinnvolles zu entwickeln, ohne dass es als Problem an ihn, den Spezialisten für Planungen, quasi von außen herangetragen wird.

Stellen Sie sich im Vergleich dazu das Leben eines der unzähligen Flüchtlinge an Europas Grenzen vor. Wie planbar ist sein Leben, wie wachsam und flexibel muss der sich auf ständig wechselnde Bedingungen einstellen, vom Schacher mit den Schleppern, dem Ausharren in kriminell überfüllten Booten, dem mittellosen Erreichen des fremden Landes bis zum zähen Ringen um eine Duldung im Land seiner Träume. Im Zuge einer schier unendlichen Serie von real erlebten Demütigungen, Gefahren, Schmerzen, Abschieden, Anpassungsversuchen bleibt wenig Zeit, um sich mit Problemen zu beschäftigen, die vielleicht irgendwann einmal auftreten könnten. Das Leben als Flüchtling verlangt ständige Präsenz, so eigenverantwortlich, so entscheidungswillig, so zäh, so frustrationsresistent, dass für den »terror vacui« des saturierten Mitteleuropäers einfach kein Platz mehr bleibt – der tägliche »terror realitatis« füllt das Leben von Minute zu Minute.

Unter bestimmten Umständen können die gedanklichen Methoden der Angstabwehr auch aggressives Potenzial mobilisieren, was zwischen Individuen wie auch zwischen größeren Gemeinschaften zu einer Art vorauseilendem Wettrüsten führen kann. Wenn ich mich nur sicher fühlen kann durch die absolute Überlegenheit meiner Abwehrmittel, wenn ein vermutetes Gleichgewicht der Kräfte bereits angststeigernd wirkt, meine ich mich gezwungen, stets »vorauszurüsten«. Im Einzelnen in Form paranoider Abwehr, im Großen durch Präventivkriege.

Wenn man will, kann man unsere gesamte westliche Kultur vor dem Hintergrund dieser Überlegungen betrachten. Wir lassen uns von einer sehr allgemeinen Existenzangst antreiben, im Grunde von der Angst vor dem Tod unserer individuellen Form des Seins. Der Versuch, diese Angst aufzulösen, erfolgt jedoch mit denselben Mitteln, die diese Angst zuerst überhaupt möglich machen: durch die Perfektionierung des äußeren Lebens, die Schaffung von vielfachen Absicherungen vor individuellen Gefahren, im Physischen ebenso wie im Sozialen.

Wie »erfolgreich« uns dabei die Angstbewältigung gelingt, können wir täglich erfahren. So wie der Einzelne mit seinen Zwangsgedanken die Angst nur vor sich herschiebt, gelingt uns auf diesem Wege auch als Kultur nur die kurzfristige Abwehr der Bedrohung, die Lawine wird vielmehr gerade durch diese Form der Abwehr von

Mal zu Mal größer. Die Lösung kann, wenn überhaupt, nur grundsätzlich anders erfolgen.

Wohl ist es richtig, dass die Errungenschaften der Zivilisation zu einem großen Teil auf die besondere Entwicklung des Ursachendenkens aufgebaut sind. Wir verwenden eine unglaubliche Technologie in den verschiedensten Lebensbereichen, um uns vor unangenehmen Erfahrungen zu schützen. Tatsächlich erreichen wir auf diese Weise die äußeren Voraussetzungen, um, so müsste man meinen, eigentlich weitgehend ein Leben in angst- und schmerzfreier Bequemlichkeit führen zu können.

Es bedarf aber gar keiner allzu großen Spekulation, um festzustellen, dass dies nicht wirklich gelingt. Die Summe von Angst und Stress steigt eher mit dieser Form manipulativer Perfektion an. Das hinter diesem Perfektions- und Erfolgszwang liegende Ziel, nämlich die Lösung diffuser existenzieller Ängste, wird auf diesem Wege eher behindert. Das Erleben von Niederlagen, von Schmerzen, von Versagen, das Aufgeben von irrealen Hoffnungen und Selbstidealen, das sind die harten Auseinandersetzungen im Alltag, vor denen wir Angst haben. Gerade diese Auseinandersetzungen bergen die Erfahrungen, aus denen heraus wir existenzielle Ängste auflösen können.

Die Angst vor diesen existenziellen Erfahrungen ist verständlich, denn sie sind im übertragenen Sinn eine Form des Sterbens und wir wehren uns eben dagegen. Wenn die Angst siegt, indem wir sie erfolgreich vermeiden, bleiben unsere irrationalen Weltbilder am Leben. Langfristig bedeutet das eine Fixierung der Angst, womit die zunehmende Unfähigkeit einhergeht, sozusagen vorab im Detail zu sterben. Wenn wir die Idee der absoluten Kontrollierbarkeit des Lebens sterben lassen, erobern wir das Leben im Gegenwärtigen zurück.

Mit der Entwicklung neuer technischer Möglichkeiten zur Förderung unserer Bequemlichkeit und zur Abschirmung von Gefahren liefern wir uns der durch Angstvermeidung selbst provozierten

Dauerängstlichkeit aus. Zudem treten neue, bisher nicht bekannte Bedrohungen zu den alten Gefahren hinzu. Sie können wieder neue »Ursache«, eigentlich aber nur Auslöser für neue Ängste sein, die zugleich die alten sind. Sie scheinen für den einzelnen Betroffenen hinsichtlich des Ausmaßes der Bedrohlichkeit immer weniger einschätzbar und kontrollierbar zu sein.

Die enorme Unruhe, die der forcierte Ausbau der Energieversorgung z. B. durch Kernkraftwerke auslöste und immer noch auslöst, ist ein gutes Beispiel in diesem Kreislauf, der von vielen als unheilvoll und katastrophenträchtig erlebt wird. Wenn man dann bedenkt, dass zumindest ein Teil dieser so gewonnenen Energie dazu benutzt wird, unsere Städte und sogar die Dörfer nachts zu erhellen, damit wir uns in der Finsternis nicht zu sehr fürchten – und zudem den Sternenhimmel, jenen gigantischen und zugleich ruhigen Hinweis auf unsere existenzielle Begrenztheit, nicht mehr sehen müssen –, wird die Absurdität dieses Kreislaufes deutlich. Die Angst vor der Finsternis ist unmittelbar und, wenn man will, täglich spürbar. Etwas verkürzt könnte man sagen, dass eine Riesentechnologie bis zum Kernkraftwerk hin in Gang gesetzt wird, um die Finsternis und die damit einhergehenden Nachteile zu beheben. Dass durch die Technologie eine möglicherweise viel stärkere Bedrohung quasi durch die Hintertür wieder Einzug hält, wird erst durch Nachdenken, Information oder an den Spätfolgen erkennbar. Übrigens, vielleicht lässt sich die Finsternis besser kennenlernen, kann man mit ihr vertrauter werden, wenn sie nicht aus jedem Winkel weggeleuchtet wird.

Aber kommen wir auf das Ausgangsthema zurück: Angst ist zumindest zum Teil die Folge unserer Fähigkeit zu denken, nämlich Erwartungen über die Zukunft auszubilden und damit in einer besonderen Weise umzugehen. Durch Denken versuchen wir, die erwartete Bedrohung zu bannen. Im Extrem kann das zu zwanghaftem Grübeln führen: Wenn wir z. B. unserem Denken im Grunde misstrauen, seine Lösungen nicht akzeptieren und es dennoch als einziges Instrument der Angstreduktion ansehen. Es gibt aber noch eine andere Möglichkeit, das Denken für uneffektive Angstbewältigung zu missbrauchen – die Pseudoerklärung.

Angstbewältigung durch (Pseudo-)Erklärungen

Das »Erklären« von überraschenden Geschehnissen im Nachhinein hat einen willkommenen Beruhigungseffekt. So kann es passieren, dass irgendeine »Erklärung« verwendet wird, die mit der tatsächlichen Entwicklung der Geschehnisse vielleicht gar nichts zu tun hat. Das ist umso leichter möglich, wenn wir diesen »Erklärungen« nicht wirklich beobachtbare »Ereignisse« zugrunde legen. Beobachten Sie einmal die Gespräche beim Stammtisch, im Fußballklub, im Elternbeirat oder von mir aus in den Fakultäten der Universitäten. Es wimmelt nur so von ad hoc herangezogenen Scheinerklärungen, die meist dieselbe psychologische Funktion zu haben scheinen, die der Angstreduktion nämlich.

Im Alltag spielt uns diese Form des »Erklärens« viel subtilere Streiche als etwa im Falle des relativ einfach durchschau- und belächelbaren Beispiels mit der schwarzen Katze, die Unglück bringt, wenn sie von links den Weg kreuzt. Wenn überhaupt, machen wir erst später die Erfahrung, dass diese »Erklärungen« uns beim nächsten kritischen Ereignis keine Hilfe waren. Etwa weil wir durch Abschaffen oder Beeinflussen der vermeintlichen Ursache – es muss ja nicht gleich das Umbringen aller schwarzen Katzen sein – nichts erreichen konnten. So kann es also auch auf diesem Wege, gerade wegen des besonders beruhigenden Effektes des Erklärens, passieren, dass wir im Falle des Misserfolgs beginnen, an unserem Denken als der idealen Methode der »Ursachenfindung« und damit der Angstreduktion zu zweifeln.

In der Tat ist es so, dass dieses Denken viele Fehlerquellen hat. Wir können die Richtigkeit unserer Überlegungen jedoch überprüfen, wenn die »Erklärungen« Ursachenfaktoren enthalten, die unserem Handeln zugänglich sind. Anders formuliert: Eine Erklärung, die keine Handlungen anleitet, hilft herzlich wenig. Die beste Methode, den »Erklärungswert« einer Überlegung (einer Theorie) zu prüfen, besteht darin, die Güte der durch sie ermöglichten Vorhersage zu testen. Und zwar ist sie in dem Ausschnitt der Realität zu überprüfen, für den sie Gültigkeit haben soll.

Der häufig etwas salopp verwendete Satz, wonach man hinterher immer alles besser weiß, hat hier seine besondere Bedeutung. Was man nicht vorher weiß, ist Scheinwissen. Ob es das ist, kann man aber leider meist erst nachher sagen.

Der verlässlichste Anhaltspunkt für die Brauchbarkeit einer »Ursache« ist die Bewährung der daraus abgeleiteten Prognose. Das ist im Bereich der Technik eine Selbstverständlichkeit. Andernfalls würden wir uns kaum einem Auto oder gar einem Flugzeug anvertrauen. Im psychologischen Bereich aber, wo es um die Vorhersage von Verhalten und Erleben der Menschen geht, wird die Überprüfung von Erklärungshypothesen meist recht kompliziert. Sie gelingt auch selten genug, wenn überhaupt. Dass 100-prozentige Sicherheit aber auch in der technischen Manipulation unserer physischen Welt nicht möglich ist, mag dem frustrierten Sozialwissenschaftler ein schwacher Trost sein.

Was brauchen wir denn überhaupt zur Vorhersage? Grundsätzlich brauchen wir Informationen über drei verschiedene Aspekte:

1. Was ist es denn überhaupt, das erklärt werden soll? Z. B. die Angst mancher Menschen vor Prüfungen.
2. Unter welchen Bedingungen, in welcher Situation tritt das, was erklärt werden soll, überhaupt auf? Z. B. vor und während einer Prüfung, beim Gedanken daran, im Gespräch mit anderen Kandidaten oder auch während der Prüfungsvorbereitung.
3. Besteht eine gesetzmäßige Verbindung, eine »Regel«, zwischen den Umständen des Verhaltens (seinen »Ursachen« oder Rah-

menbedingungen) und dem zu erklärenden Verhalten selbst? Nehmen wir ein anderes Beispiel: Jemand geht zu seiner Wohnungstür und öffnet sie. Wenn wir das Verhalten erklären möchten, versuchen wir, seine »Ursache« herauszufinden bzw. in unserem Denken zu »stiften«. Dazu brauchen wir weitere Informationen darüber, was dem Verhalten »zur Tür gehen und rausschauen« vorausgegangen ist. Nehmen wir an, es war Musik im Radio, die Sonne schien zum Fenster herein und es hat außerdem an der Tür geklingelt. Wir »wissen« natürlich sofort, dass der Mann nicht zur Tür ging, weil die Sonne schien, sondern weil »es geklingelt hat«. Wir wissen auch, dass meistens, wenn es klingelt, jemand draußen steht, der hereinmöchte oder eine Nachricht überbringt.

Um all das zu »wissen«, haben wir aus unserer Erfahrung Annahmen darüber, wie das Verhalten des Öffnens der Tür von innen und das Klingelzeichen »gesetzmäßig« zusammenhängen. Gleichzeitig kann etwas Ähnliches über die Musik im Radio oder die Sonnenstrahlen, die zum Fenster hereinkommen, nicht gesagt werden. Sie hängen in unserer Erfahrung mit dem Öffnen der Tür nicht zusammen.

Hieraus wird deutlich, dass die Ursache, die wir zwischen zwei Ereignissen stiften, etwas ist, das von unserem Gehirn erst durch die Denkoperation hergestellt wird. Häufig sind diese Ursachenhypothesen im Alltag für bestimmte Ziele wirklich hilfreich. Leider sind sie aber manchmal, vor allem im Bereich des Zusammenlebens, also im Sozialverhalten, oft das Ergebnis von Ängsten und Fixierungen, die mehr schaden als nützen. Und das Schlimmste ist, dass die »richtigen« von den »falschen« Annahmen und Ursachen nur sehr schwer zu trennen sind – zumal sie mit der »Angstberuhigung« durch Ursachenfindung oft sehr trickreich verbunden sind.

Aus all dem wird verständlich, dass zu ein und demselben Problem sehr viele vermeintliche Ursachen gefunden bzw. gestiftet werden können. Auch den verschiedenen psychologischen Schulen geht es da nicht viel besser. (Andererseits leben sie aber auch von dieser fast grenzenlosen Freiheit im Spekulieren um die Ursachen dafür, warum wir so sind, wie wir sind.)

Beim menschlichen Verhalten ist es, wie gesagt, sehr schwierig bis unmöglich, all die »echten« Ursachen, also die Hinweise, die mit großer Wahrscheinlichkeit mit der Angst zusammenhängen, ja sie »bewirken«, von den vermeintlichen »Ursachen« zu trennen, die mit dem zu erklärenden Verhalten oder Erleben nichts zu tun haben. Am ehesten ist das noch bei der Erforschung einfacher Lernvorgänge und physiologischer Reaktionen gelungen, jedoch stets unter drastischer Reduktion der Komplexität, die es zu erklären galt.

Die verschiedenen Methoden, Angst zu erklären, unterscheiden sich demnach auch nicht zuletzt darin, wie weit man sich in der Erklärungstheorie von dem zu erklärenden Problemverhalten zeitlich und inhaltlich entfernt. Man denke hier an so divergente Modelle wie die der Psychoanalyse oder der Lernpsychologie. Der Beweis für die »Richtigkeit« der Theorie – damit versteht man praktisch die Kette von Vorhersage und Güte der Übereinstimmung mit der zu erklärenden Realität – ist wirklich zwingend kaum zu führen. So existieren diese theoretischen Ansätze mehr oder weniger fröhlich nebeneinander her. Deshalb sollen die verschiedenen Erklärungsversuche mit ihren Vor- und Nachteilen auf den nächsten Seiten auch nur gestreift werden. Die praktische Bedeutung für die Klärung und Lösung individueller Ängste ist ohnehin viel geringer, als gemeinhin vielleicht gedacht wird.

Medizinische, psychophysiologische, genetische Gesichtspunkte

Medizinische Erklärungsversuche

Der allererste Versuch, eine extreme und der Situation nicht angemessene Angstreaktion aufzuklären, ist wohl die Suche nach einer körperlichen Erkrankung, die den Angstzustand unmittelbar zur Folge hat. Wie bereits erwähnt, ist diese Erklärungsmöglichkeit aus verschiedenen Gründen sehr verlockend. So ist es z. B. sozial durchaus akzeptabel, im Zusammenhang mit bestimmten körperlichen Erkrankungen auch hin und wieder absonderliche Verhaltensweisen zu zeigen oder skurrile Erlebnisse zu haben. Wenn man dafür hingegen keine Krankheit vorschieben kann, so wird man von der Umwelt unter Umständen schief angesehen. Es könnte ja etwas »im Kopf« nicht ganz stimmen. Auch könnte es sein, dass die Mitmenschen die erlebten Schwierigkeiten einfach nicht glauben, sie zu bagatellisieren versuchen.

Für den Betroffenen selbst wäre es nicht selten eine große Erleichterung, wenn eine organische Erkrankung gefunden würde. Seine Zweifel und Unsicherheiten, die ihm durch die eigenartigen und bedrohlichen Erlebnisse entstanden sind, wären ihm genommen. Wenn es etwas Medizinisches wäre, wird es irgendwo schon einen Experten geben, der die richtigen Medikamente verschreiben kann. Man bräuchte lediglich zu warten, bis die Medikamente wirken, und könnte dann wie bisher mit dem Leben fortfahren.

Die Idee, für das Entstehen bzw. auch für die Veränderung des Angstproblems selbst zuständig zu sein, ist eher unangenehm. Das Delegieren des Genesungsprozesses an eine vom Experten ausgetüftelte medizinische Maschinerie ist demgegenüber viel bequemer. Wir werden zu Opfern der Umstände und begeben uns gerne in die Rolle des passiven Patienten.

So verlockend diese Vorstellung auch ist, leider ist es so, dass gerade bei Schwierigkeiten mit Ängsten diese Einstellung des Klienten den Prozess der Angstbewältigung eher behindert. Diese passive Einstellung ist vermutlich auch Ursache für das Ergebnis einer Untersuchung, die wir an unserem Institut durchgeführt haben. Unter anderem ging es dabei um die medizinischen Behandlungsversuche bei Angstpatienten:

Bei einer Stichprobe von über 200 Personen mit starken chronischen Ängsten verschiedener Inhalte, die im Durchschnitt seit zwölf Jahren bestanden, konnten wir zwei Teilgruppen unterscheiden. Die Personen der einen Gruppe hatten eine sehr lange Geschichte von verschiedenen medizinischen Therapieversuchen hinter sich. Die Personen der anderen wiederum hatten sich geweigert, wegen ihres Angstproblems überhaupt zum Arzt zu gehen.

Die erste Gruppe war im Durchschnitt seit fünf Jahren in medizinischer Behandlung, wobei diese Behandlung vorwiegend medikamentös erfolgte. In dieser Zeit gab es im Allgemeinen eine große Anzahl aufwendiger medizinischer Durchuntersuchungen mit sehr verschiedenen, sich zum Teil widersprechenden Diagnosen. Die beliebteste Diagnose war »vegetative Dystonie«, eine Bezeichnung, aus der lediglich hervorgeht, dass es sich bei dem Problem u. a. um eigenartige Erscheinungen im Bereich der vom vegetativen Nervensystem versorgten Organe handelt. Diese »Diagnose« besagt auch, dass die eigentliche Ursache dieser Erscheinung nicht bekannt ist. Die medikamentöse Behandlung erfolgt meist durch Verschreibung beruhigender Psychopharmaka bzw. kreislaufstabilisierender Präparate.

Die Personen der zweiten Gruppe der Stichprobe hatten sich geweigert, zum Arzt zu gehen. Sie befürchteten, dass ihr Leiden nicht ernst genommen würde und dass sie mit guten Ratschlägen oder Beruhigungstabletten nach Hause geschickt würden. Vor allem den indirekten Vorwurf, sie seien zu zimperlich und hätten keine wirkliche Krankheit, wollten sie sich ersparen.

Eine englische Forschergruppe hat die Mitglieder eines Klubs für Personen mit Agoraphobie befragt, warum sie keine ärztliche oder psychologische Hilfe aufgesucht hätten. In vielen Fällen war die Antwort, dass der Weg zu einem Arzt oder Psychotherapeuten bereits so beschwerlich sei, dass sie darauf verzichtet hätten. Andere gaben an, dass sie zu diesen Formen der Betreuung kein Vertrauen hätten und sich nicht vorstellen könnten, dass ihnen da wirklich geholfen werden könnte.

Ich bringe diese Hinweise nicht, um von einer gründlichen medizinischen Untersuchung abzuraten. Im Gegenteil, chronische Ängste sind ja auch ein körperliches Phänomen und es ist wichtig, die dabei beteiligten Organe auf ihre Funktionstüchtigkeit hin zu untersuchen. Worauf ich jedoch hinweisen möchte, ist, dass bis heute kein wirklich brauchbares medizinisches Erklärungsmodell vorliegt, demzufolge exzessive Ängste primär die Folge organischer Veränderungen im Sinne einer Erkrankung sind.

Zwar werden manchmal leichte Überfunktionen der Schilddrüse, manchmal auch leichte Unterfunktionen, leichte Auffälligkeiten im Bereich der Hormon- und Drüsentätigkeit, des Kalziumhaushalts usw. registriert. Abgesehen davon aber, dass diese Diagnosen nur bei einem Teil der Patienten möglich waren, gibt es auch unter denen mit klarer organischer Diagnose nur selten eine einfache Erklärung für den Zusammenhang der diagnostizierten organischen Abweichung mit dem Angstphänomen. Auch ist nicht klar, ob die beobachteten körperlichen Veränderungen bereits die Folge der chronischen Angsterlebnisse sind oder ob sie diese verursachen.

Tatsache ist, dass den organischen Prozessen eine gewichtige Rolle in der Entstehung und Aufrechterhaltung des Angsterlebens zukommt, dass jedoch eine Reihe anderer Faktoren im Bereich des subjektiven Erlebens bedeutsam ist: u. a. gedankliche Tätigkeiten wie z. B. das Ausbilden von Erwartungen, die Bewertung der eigenen Fähigkeiten der Angstbewältigung, die erlebte Kontrolle über sich und andere, um nur einige zu nennen. Dass diese Aspekte wichtig sind, beweist die Situations- und Verhaltensabhängigkeit der Ängste. Wenn die Angstreaktionen nämlich rein organisch wären, müssten sie ja praktisch bei jeder Gelegenheit auftreten. Genau das Gegenteil ist der Fall. Sie können im Allgemeinen durch bestimmte Situationen, manchmal auch schon durch die Vorstellung solcher Situationen ausgelöst werden. Das Ändern dieser Situationen oder der entsprechenden Vorstellungen hingegen kann sie auch wieder reduzieren. Damit ist der Wahrnehmungs- und Denktätigkeit ein entscheidender Platz in der Auflösung und Aufrechterhaltung der Angstphänomene zugeteilt.

Psychophysiologische Zusammenhänge

Die Psychophysiologie versucht, den Zusammenhang zwischen subjektivem Erleben und den damit einhergehenden bzw. dadurch ausgelösten körperlichen Vorgängen zu untersuchen. Ein bekannter psychophysiologischer Erklärungsansatz ist das Stressmodell. Die Wahrnehmung einer Gefahr, im einfachsten Fall ein schmerzhafter Reiz, im komplizierten Fall die symbolische Reaktivierung eines unbewussten Traumas aus der Kindheit, führt zur Bereitschaft des Körpers für Kampf oder Flucht. Diese Bereitschaft wird durch die Aktivierung desjenigen Anteils am vegetativen Nervensystem, der u. a. die erhöhte Wachsamkeit der Sinne und die bessere Durchblutung der Willkürmuskulatur steuert (Sympathikus), hergestellt. Über die Ausschüttung eines Hormons der Hypophyse (adrenocorticotropes Hormon) wird die Nebenniere zur Aktivierung und Absonderung von Adrenalin stimuliert, das wiederum über verschiedene Sensoren eine Beschleunigung der Herz-Kreislauf-Tätigkeit bewirkt.

Kommt es zu keiner Umsetzung dieser Aktivierung in einen die Erregung gleichsam »aufbrauchenden« Bewegungsablauf (z. B. Kampf oder Flucht), so tritt eine verlangsamte Beruhigung ein. In dieser Phase bleibt der Körper erhöht reaktionsbereit. Das bedeutet, dass er auch auf irrelevante Auslöser rascher reagiert. Dabei wird zusätzliche Energie benötigt, um die übersprungsartige Abreaktion zu verhindern. Der Mensch braucht Kraft, um sich zu hemmen!

Kommt es wiederholt zu diesen psychophysiologischen Alarmreaktionen, ohne dass eine angemessene Abfuhr erfolgt, so ist mit chronischer Angsterwartung und körperlichem Dauerstress zu rechnen. Genau das geschieht auch bei ständiger – eben gedanklicher – Erwartung einer imaginierten Gefahr. Langfristig sind dann auch schädigende Veränderungen der entsprechenden Organe nicht auszuschließen.

Das Modell lässt sich aber auch umdrehen. Es kann sein, dass durch verschiedene nicht-psychologische Umstände wie etwa Krankheit, spezifische Ernährung, Konstitution oder das Wetter eine generell erhöhte Erregbarkeit des vegetativen Nervensystems entsteht. In diesem Zustand können dann auch gedankliche und emotionale Prozesse ausgelöst werden, die ihrerseits normalerweise Stressreaktionen auslösen oder zumindest mit ihnen einhergehen: Erwartung einer Gefahr, Zweifel an der Bewältigungskompetenz, zwanghaftes Grübeln etc. Diese stresssteigernden psychischen Prozesse verstärken wiederum die organische Stressreaktion und können einen unseligen Kreisprozess in Gang halten. Beispiele dafür sind Krankheitsverläufe, die je nach Art der psychischen Bewältigung zu einer Beschleunigung oder Verlangsamung des Heilprozesses führen.

Wichtig scheint zu sein, dass wir auch im Falle der Angst mit noch näher zu untersuchenden psychophysiologischen Wechselprozessen zu rechnen haben, die von beiden Seiten her ausgelöst, aber auch reduziert werden können.

Ist Angst vererbbar?

Es steht ohne Zweifel fest, dass die Fähigkeit, Angst zu haben, insofern vererbt ist, als ja die physischen Aspekte des vegetativen und des zentralen Nervensystems als die Träger von Gefühlen weitgehend genetisch bedingt sind. Unser Gefühlsleben – dazu gehört ja auch die Angst – hat eine enorme lebenserhaltende Bedeutung. Es steuert nicht zuletzt unsere elementaren Verhaltensweisen und ist durch Lernprozesse nur innerhalb gewisser Grenzen beeinflussbar. Das gilt vor allem für Lernprozesse, die primär vom Verstand her vermittelt werden, z. B. Bewertungen von Situationen anhand bestimmter Regeln und Normen. Oder sagt Ihnen vielleicht die Vorstellung zu, dass ein Heer von Pädagogen und Erziehungswissenschaftlern für jede Generation immer neu auch diese Aspekte unseres Lebens »entwirft«? (Sie tun es zwar, aber der Mensch ist zum Glück robuster, als es mancher Erziehungsreformer wahrhaben will.)

In der Vergangenheit wurde die Frage der Vererbung psychischer Merkmale, wohl auch aus historischen Gründen, recht kontrovers geführt. Es ist jedoch falsch, diese Frage im Stil von »Entweder-Oder« zu formulieren. Jedes Erleben und Verhalten ist nämlich als Ergebnis einer langen Kette von Interaktionen zwischen Anlage und Umwelt zu sehen. So wie wir uns zu einem bestimmten Zeitpunkt vorfinden, sind wir durch die Auseinandersetzung mit der jeweiligen Umwelt in den physischen und psychischen Entwicklungsstufen geworden. Und die Umwelt konnte maximal so viel beeinflussen, wie grundsätzlich an Lernmöglichkeit aufgrund unseres genetischen Programmes vorgesehen war.

Vermutlich ist es jedoch ein Irrtum, wenn für das Dominieren bestimmter Gefühle bei verschiedenen Menschen Vererbung als Erklärung herangezogen wird. Vererbt wird zwar die grundsätzliche Fähigkeit für verschiedene Gefühle, und zwar für alle Gefühle, die es gibt. Ob es bei diesem oder jenem Menschen dann besonders viele von den eher angenehmen oder besonders viele von den eher unangenehmen gibt, das ist vermutlich das Ergebnis seiner Gefühlsentwicklung. Sie beginnt bereits in allerfrühester Kindheit, wobei u. a. Methoden gelernt werden, mit denen bestimmte Gefühle gefördert, andere behindert werden. Bei den eher neurotischen, das Leben einengenden Gefühlen, bei Ängsten oder Depressionen irrationaler Art, wurde häufig die These vertreten, dass hier eine physiologische Disposition vorliege. Das wäre eine erhöhte Bereitschaft zur Entwicklung dieser eher unangenehmen und unerfreulichen Formen des Erlebens.

Bei Menschen lassen sich solche Fragen aber nicht untersuchen, weil solche Kausalzusammenhänge nur im kontrollierten Experiment hinreichend befriedigend bearbeitet werden können. Es gibt aber im Tierversuch die Möglichkeit zur experimentellen, selektiven Aufzucht. Dabei können nicht nur körperliche Merkmale wie Farbe, Größe, Dichte des Fells etc., sondern auch Merkmale des Verhaltens als Zuchtkriterium verwendet werden. Über den Bereich der Vererbung von elementaren lebenserhaltenden Funktionen wie z. B. Angst- und Ärgerverhalten kann man so mehr erfahren. So konnten durch selektive Züchtungen besonders ängstliche Tiere (Mäuse, Ratten, Hunde oder Meerschweinchen) »erzeugt« werden. Und selbst dann, wenn diese Tiere von einer nicht ängstlichen »post-natalen Mutter« aufgezogen wurden, änderte sich an ihrer allgemeinen Ängstlichkeit wenig.

Dauerhafte Unterschiede zwischen ängstlichen und relativ angstfreien Tieren derselben Spezies gibt es auch im Hinblick auf das Lernen. Für unsere Fragen sind besonders die Untersuchungen über das Lernen von Flucht- und Vermeidungsverhalten von Interesse. Erstaunlicherweise lernen die eher ängstlichen Tiere langsamer, einer unangenehmen Situation durch ein vorbeugendes Verhalten, also durch eine Vermeidung, zu entkommen. Angstfreie Tiere hingegen scheinen trotz der im Versuch ausgelösten Angst genügend »Freiraum« zu haben, um mit rechtzeitigen Gegenmaßnahmen zu kontern – sie bleiben gezielt aktiv, obwohl sie Angst haben. Ängstliche Tiere dürften durch die Angst eher paralysiert und daher beim Lernen einer angemessenen Gegenmaßnahme behindert sein. Manche kauern sogar regungslos auf dem Boden und warten, bis die Gefahr vorbei ist. Sie vermeiden passiv, was in der freien Wildbahn u. U. sinnvoller sein kann als wilde Flucht – im Versuchslabor aber bringt das wenig. Angstfreie Tiere lernen auch bei schwierigen Aufgaben relativ rasch, den günstigsten Augenblick für Flucht abzuwarten.

Auch Menschen reagieren, wenn sie ängstlicher sind, weniger flexibel in gefährlichen Situationen. Das kann dazu führen, dass sie aus Angst vor einer unangenehmen Erfahrung die gesamte Situation vermeiden und dadurch von der Möglichkeit einer differenzierteren Bewältigung der Aufgabe keinen Gebrauch machen: angstvermittelte Passivität. In einem anderen Beispiel kann es dazu kommen, dass ängstlichere Personen die einmal gelernte, damals erfolgreiche Form der Angstreduktion aus Rigidität immer wieder anwenden und dadurch eventuelle neue, bessere Gelegenheiten gar nicht berücksichtigen. Die meisten angstvermittelten Rituale, etwa bei Zwangsstörungen, passen vielleicht in dieses Modell.

Zu wenig Angst zu haben scheint eine dritte Variante suboptimaler Lösungen zu sein: sofortige Befriedigung unmittelbarer Bedürfnisse ohne Rücksicht auf die negativen Konsequenzen. Das erinnert an jenen Mann, der auf eine lange Liste kleiner Delikte etwa folgender Art verweisen konnte: Wenn er durstig war, schlug er in einem Schaufenster das Glas ein, hinter dem er eine Bierflasche sah. Er holte sie sich, setzte sich trotz der durch seinen Einbruch ausgelösten Alarmanlage vor dem Schaufenster auf den Boden, öffnete die Flasche und begann, den Inhalt zu trinken. Er war damit noch nicht fertig, als die Polizei ihn auch schon »in Gewahrsam« nahm. Behagt hatte ihm das dann gar nicht, Angst jedoch hatte er in keiner Phase der Episode verspürt.

Tiefenpsychologische Erklärungen

Den tiefenpsychologischen und psychoanalytischen Vorstellungen über die Angst – und es gibt derer etliche – ist stets gemeinsam, dass die beim Erwachsenen auftretenden Angstgefühle die Wiederholung frühkindlicher Formen von Ängsten sind. Sie entstanden im Zuge schmerzlicher Erlebnisse in entscheidenden Stadien der kindlichen Entwicklung. Die Angst sollte dabei diejenigen Prozesse stoppen, die zum Wiederauftreten der schmerzlichen Erlebnisse führen könnten.

Ein solches Erlebnis kann z. B. die Frustration nach der Bestrafung für das Äußern der ersten frühkindlichen Sexualimpulse sein – Angst stoppt dann den Sexualimpuls. Es können aber auch Erlebnisse von Trennung oder Ablehnung, von Schmerzen während der Geburt selbst sein bzw. die unmittelbar nach der Geburt auf das Neugeborene zukommenden Erfahrungen.

Die später aktualisierten Ängste haben sich meist von dem ursprünglichen Angstinhalt entfernt. Das Individuum hat als eine Form der Angstbewältigung den ursprünglichen Angstauslöser verdrängt; er ist in den heutigen Angstauslösern nur noch symbolisch gegenwärtig.

Sigmund Freud

Als typisch für diese Betrachtungsweise gelten Sigmund Freuds frühe Angsttheorien, die manchmal etwas despektierlich auch als »Dampfkesseltheorie« bezeichnet werden. Bereits in den ersten Lebensjahren hat das Kind sexuelle Impulse, die auf eine direkte Weise zur Befriedigung drängen. Dabei wendet sich das Kind in erster Linie an seine Mutter. Sie wird der geltenden Sozialnorm und ihrem eigenen psychosexuellen Entwicklungsstand entsprechend auf diese Regungen mit Unsicherheit, Ablehnung, vielleicht auch Bestrafung oder Lächerlichmachen reagieren. Erfahrungen dieser Art können nach Freud zu einer Blockierung der sexuellen Impulse führen, was wiederum eine Art Erregungsstau bewirkt. Diese Blockierung einer aufsteigenden Erregung wird als Angst erlebt. Das Angsterlebnis selbst bewirkt, dass die sexuellen Impulse gleichsam umgewandelt werden und ihre unmittelbare Bedrohung verlieren. Angsthaben ist sozusagen weniger bedrohlich im Hinblick auf eine mögliche Bestrafung als ein sexueller Impuls.

Das Individuum entwickelt dann eine Fülle von weiteren Strategien, um diese Angst selbst auch wieder zu reduzieren. Je nachdem, wie erfolgreich diese Strategien sind, wird im späteren Leben das Angsterleben manifest auftreten oder nicht. Bekannte Beispiele für diese Formen der Angstabwehr sind Projektion, Sublimierung etc. Zwangsrituale oder die Entwicklung zwanghafter Verhaltens- und Denkweisen sind hier ebenso zu nennen wie die totale Verdrängung der Angst, die mit der Gefahr der Entwicklung psychogener körperlicher Erkrankungen verbunden ist.

In einer späteren Version seiner Theorie hat Freud den Signalcharakter der Angst betont. Angst hat danach grundsätzlich die Funktion, uns auf bedrohliche Ereignisse in der Außenwelt, aber auch in unserer Innenwelt hinzuweisen. Angst vor Außenweltvorgängen wäre die Realangst, während die Angst vor als gefährlich erlebten Impulsen, die in uns selbst auftreten, die neurotische Angst wäre.

Eine spezielle Form der Angst aus tiefenpsychologischer Sicht ist auch die »Über-Ich-Angst«. Sie entsteht bei einer Diskrepanz zwischen bewusster Handlung einerseits und Normen, die wir aufgrund unserer Erziehung übernommen haben, nach denen wir unsere Handlungen in »gut« und »schlecht« einteilen. Wenn wir diese Normen durch unsere Handlungen nicht erfüllen, befürchten wir irgendwo in unserem Bewusstsein eine Bestrafung, die dem früheren Liebesentzug durch die Eltern entspricht.

Wilhelm Reich

Reich, ein ehemaliges Mitglied der Wiener Psychoanalytischen Vereinigung, der jedoch bald gegen die Freud'schen Ansichten rebellierte, hat in seiner »Charakterlehre« neue Gesichtspunkte zum Verständnis der Angst formuliert. »Charakter« ist ihm zufolge eine Art Kanalisierung von Lebensprozessen; er moduliert quasi den Energiefluss des Individuums. »Charakter« ist ein körperlicher Vorgang, eine Art Programm, das unter anderem in dauerhafter Anspannung bestimmter Muskelbereiche besteht. Dadurch wird eine chronische Unterbrechung solcher Lebensprozesse vorgenommen, die aufgrund bisheriger Erfahrungen des Individuums einen bedrohlichen Konflikt mit der Umwelt nach sich ziehen könnten.

»Charakter« ist somit buchstäblich die körperlich gewordene Forderung der Gesellschaft, aber auch der physischen Umwelt, an das Individuum. Er bewirkt, dass wir nicht in jedem Augenblick neu und frei auf unsere inneren und äußeren Reize reagieren, sondern sie auf verschiedenste Weise verändern oder unterbinden. Die Weichen, speziell des Gefühlslebens, werden in der frühen Kindheit gestellt.

An sich wäre das eine sehr hilfreiche Form des Lernens aus Erfahrung. Nicht selten jedoch sind die frühkindlichen Erfahrungen so traumatisch, dass sich das Individuum nur durch die Entwicklung eines starren, nur wenig Flexibilität und Ausdruck ermöglichenden Charakterpanzers retten konnte. Diese Form der Programmierung ist für eine Zukunft mit emotional und sozial neuen Situationen, wie sie ja beim Erwachsenen meist gegeben sind, hinderlich und führt zur Entwicklung von Verhaltens- und Erlebensstörungen. Zumindest aber lebt der Mensch dann mit reduziertem Radius, nutzt seine Potenziale nicht, da er gleichsam mit angezogener Handbremse durch seinen Alltag steuert.

»Charakter« ist somit die Nahtstelle zwischen dem »ursprünglichen« Individuum und den Anforderungen der Gesellschaft. Er ist an sich nichts Gutes oder Schlechtes. Er ist vielmehr ein wichtiges Hilfsmittel, Vorerfahrungen im Umgang mit unserem Triebleben zu machen und diese in zukünftigen Situationen nutzbar einzusetzen. In manchen Fällen ist jedoch die traumatische Erfahrung so nachhaltig, dass sie ein flexibles Eingehen auf neue Situationen und neue Gegebenheiten unmöglich macht. In diesem Falle wird der »Charakter« ein Vehikel zur chronischen Entstellung unseres Erlebens ebenso wie unseres Stils, die Umwelt wahrzunehmen.

Aus dem Gesagten wird klar, dass die Reich'sche Verwendung des Begriffes »Charakter« eine andere Bedeutung hat als die alltagssprachliche. Offen ist sowohl bei Freud als auch bei Reich die Frage, wie nun konkret sexuelle Impulse in Angsterlebnisse umgewandelt werden.

Alexander Lowen

Ein Nachfolger Wilhelm Reichs, Alexander Lowen, nahm in Anlehnung an seinen Lehrer ebenfalls an, dass die Mechanismen der Angstabwehr körperlicher Art sind. In unserer Muskulatur kommt es dort zu chronischen Verspannungen, wo im Falle der Entspannung Körperempfindungen auftreten, die aufgrund früherer Erfahrungen als bedrohlich gelten und die daher Angst machen. Das soll vorwiegend im Bereich der Sexualfunktion, aber auch im Bereich der Atmung geschehen. Lowen weist jedoch darauf hin, dass gerade beim Aufgeben dieser Abwehrprozesse, beim seelisch-körperlichen »Öffnen« gegenüber der unterdrückten Erregung, erstaunlicherweise auch das Gegenteil von Angst eintreten kann, nämlich Lust und Entspannung. Er fragt daher mit Recht, wie es sein kann, dass ein Prozess, der ja eigentlich der Angstabwehr dient, bei seiner Aufhebung das Gegenteil von Angst möglich macht.

Die Antwort auf diese Frage scheint in der Entwicklung dieser Formen von Abwehr zu liegen. Ursprünglich dienten sie nicht dem Schutz vor Angst, das ist erst ihre heutige Funktion, sondern sie hatten vorher die Aufgabe, uns vor noch schmerzhafteren Gefühlen oder Empfindungen zu schützen. Im Zustand seelisch-körperlicher Offenheit sind wir eher fähig, Gefühle der Lust zu erfahren, wir sind aber auch äußerst ungeschützt vor Verletzungen. Im Gefolge schmerzhafter Erfahrungen wird durch chronische Anspannung bestimmter Körperregionen die Lustfähigkeit, aber auch die Verletzlichkeit reduziert. Wiederöffnung im Zuge einer Therapie macht das Erlernen neuer Schmerz-Angst-Abwehrsysteme erforderlich. Andernfalls wiederholt sich das alte Trauma. Jene »Therapien«, die nur auf das Sich-Öffnen aus sind, vernachlässigen unter Umständen die Bereitstellung neuer, flexibler Prozesse der Angstabwehr sträflich.

Das spricht jedoch nicht gegen Therapie an sich. Die Existenz der alten Verteidigungsmechanismen hat ja zur Folge, dass chronische Angst erst recht erhalten bleibt. Das wiederum führt zu einer weiteren »Rechtfertigung«, die Abwehr aufrechtzuerhalten. Das kann so weit führen, dass die Person ausschließlich in ihren eigenen Abwehrmechanismen gefangen ist, zwar keine Angst verspürt, aus dieser Abschirmung aber nicht herauskommt und ein extrem reduziertes Leben mit dem Risiko psychosomatischer Erkrankung führt.

Erst wenn sie an ihrem eigenen Verteidigungssystem »rüttelt«, z. B. in einer Therapie oder durch entscheidende Lebensereignisse, entsteht spürbare Angst – und das, obwohl man die Therapie ja eigentlich aufsucht, um von Problemen, also auch von Angst frei zu werden! Durch diese Angst muss man aber gleichsam »durch«. Die mit dem Sich-Öffnen einhergehenden Gefühle, die solche des Wohlbefindens sein können, aber nicht müssen, können erst dann wieder erlebt werden. Die Anfangsphase dieses Prozesses ist jedoch sehr schwierig: Eine Person, die aus vermeintlich gutem Grunde, nämlich wegen traumatischer Erfahrungen in ihrer Kindheit, wirksame Abwehrmechanismen aufgebaut hat, wird sich ohne den bewährten »Panzer« zuerst einmal sehr verletzlich fühlen.

Erst die Erfahrung, dass, zumindest in bestimmten Situationen, die Verletzlichkeit nicht ausgenutzt wird, bzw. dass es andere Methoden des Schützens gibt als die der muskulären Abschirmung, kann zu einer Stabilisierung des neuen emotionalen Geschehens führen. Das Sich-Öffnen ist ein wichtiger Schritt in der Therapie, er reicht jedoch keineswegs aus. Zu oft geschieht es, dass Personen nach intensiver Arbeit in Richtung eines Abbaus ihrer Abwehr- und Verteidigungsmechanismen in einer darauf unvorbereiteten sozialen Umwelt reihenweise in die offenen »psychischen Messer« laufen. Ziel der Therapie sollte deshalb eine bessere und realistischere Kontrolle über den Prozess des Sich-Öffnens sein. Die Abwehrmechanismen sollen nicht unspezifisch und rigide ablaufen, sondern den Bedingungen der jeweiligen Situation entsprechend differenziert einsetzbar werden.

Fritz Perls

Fritz Perls hat mit der »Gestalttherapie« eine vor allem gegenwartsbezogenere Form der Psychotherapie entwickelt. Sein Erfahrungshintergrund war ebenfalls die klassische Psychoanalyse. Er ging jedoch vor allem in der Arbeitsweise weit über diese hinaus. In seinen Schriften widmete er sich auch ausführlicher den Problemen chronischer Ängste. Dabei kritisierte er an den klassischen psychoanalytischen Vorstellungen, dass sie nicht für Angstgefühle und Angstprobleme spezifisch sind. Bei vielen anderen Problemen werden genau die gleichen Erklärungen angeboten. Außerdem stellt er die Frage, wie denn eigentlich ein Angstgefühl entsteht. Die Theorien zur Entstehung von Angstgefühlen teilte er in drei große Gruppen ein:

1. Geburtstrauma bzw. traumatische Erfahrungen bei der Nahrungszufuhr und vor allem bei der Atmung.
2. Angst als Folge verdrängter bzw. unterdrückter Triebe und Instinkte.
3. Angst als Signal für eine auftretende Bedrohung.

Für die erste Gruppe ist typisch, dass das Angstgefühl durch ein Sauerstoffdefizit ausgelöst wird. In der zweiten Gruppe steht ganz allgemein eine Angst vor Aufregung im Vordergrund. Diese Aufregung kann beim sexuellen Orgasmus, bei Temperaments- und Wutausbrüchen, aber auch bei starken körperlichen Anstrengungen auftreten.

Jeder Angstanfall ist zuerst einmal durch diese beiden Aspekte charakterisiert, nämlich die große Erregung und das Atemproblem. Die erhöhte Erregung führt auch zu einem beschleunigten Stoffwechsel, zu erhöhter Aktivierung des sympathischen Nervensystems, was u. a. mit beschleunigter Herztätigkeit einhergeht. Normalerweise wird sich dabei auch die Atmung beschleunigen.

Bei einem Angstanfall kommt es jedoch unter Umständen zu einer dramatischen Veränderung der Atmung: Der Brustkorb verengt sich, das Zwerchfell wird nach oben gepresst und die gesamte Atemmuskulatur verkrampft sich, sodass die Atmung verflacht und der nichtbelüftete Anteil des Lungenvolumens zunimmt. Die akute Konfliktsituation spielt sich somit auf körperlicher Ebene zwischen Atmung und Erregungskontrolle ab. Dabei führt die reduzierte Sauerstoffzufuhr – eine Folge reduzierter Atmung – erst recht zu einer Erhöhung der Pulsfrequenz. Da die Muskeln zur Aktion bereitgestellt werden – das ist die Funktion der sympathischen Aktivierung –, müssen sie auch mit ausreichend Sauerstoff versorgt werden. Wenn diese Versorgung aufgrund reduzierter Atmung ausfällt, muss sie durch verstärkte Kreislauftätigkeit kompensiert werden. Dies geht zudem mit einer Verengung der Blutgefäße einher. So betrachtet ist das Angsterleben das Ergebnis von autonom-nervöser Erregung und gleichzeitigem Sauerstoffdefizit.

Auch durch eine Art forcierter Hyperventilation mit stoßartigem Einatmen ist keine Lösung möglich. Da bei dieser Art der Hyperventilation das Ausatmen vernachlässigt wird, bleibt mehr Residualluft und damit mehr Kohlendioxid in den Lungen. Aufgrund dessen und wegen der Erregung des sympathischen Nervensystems entsteht ein Sauerstoffdefizit. Angespannte Ruhelosigkeit charakterisiert den Angstkonflikt: Bereitschaft zur Aktion mit gleichzeitigem Sauerstoffdefizit und der entsprechenden Anspannung.

Im Normalfall würde die Bereitstellung der Angriffs- oder Fluchtmotorik rasch zu einer entsprechenden, die Spannung lösenden Aktion führen. Die soziale oder physische, vielleicht aber auch die intrapsychische Realität verhindert dies häufig. Dann sind die einfachen Reaktionen nicht verfügbar, weil z. B. der Fluchtweg verbaut oder der Gegner zu stark ist. Als Folge davon kommt es zu einer Desintegration der motorischen Aktivität. Die Muskeln sind zu sehr mit der Erregungskontrolle beschäftigt, als dass eine zielgerechte, präzise, glatte Bewegungsabfolge möglich wäre.

Lösungsmöglichkeiten sieht Perls in der Bewusstmachung des Atmungsprozesses und der Forcierung des Ausatmens auch in den kritischen Phasen. Außerdem ist es nötig herauszuarbeiten, was der Betroffene in seiner Fantasie als Konsequenzen seiner Erregung fürchtet. Er vertritt die Ansicht, dass die festgefahrenen Abläufe bei chronischen Angstprozessen auch lösbar werden, indem die Blockierung der Erregung aufgehoben wird und die Erregung zu einem organischen Abklingen kommt. Er behauptet, dass dieser Prozess auch ohne langjähriges Aufarbeiten frühkindlicher Traumata durch die klassischen Prozesse des psychoanalytischen Vorgehens geleistet werden kann.

Die Arbeit, die er als Alternative vorschlägt, ist stärker gegenwartsbezogen. Wenn die Blockierung der Erregung aufgehoben wird, können starke emotionale Reaktionen auftreten, die lange Zeit unterdrückt waren, solange die Atemblockierung und die Angst stark genug waren. Die Einsicht in die frühkindlichen Entstehungsbedingungen dieser Emotionen und der dabei erworbenen Methoden, sie zu blockieren, ist bei der neuerlichen Bearbeitung dieser Prozesse zweifellos hilfreich. Sie ist jedoch Perls zufolge für die Lösung des Angstkonfliktes keine unabdingbare Voraussetzung.

Die dritte Gruppe von analytischen Betrachtungsweisen des Phänomens der Angst wurde von Perls als die Gruppe der »Signaltheorien« bezeichnet. Die Signaltheorien betonen die Bedeutung der Angst als Warnfunktion. Anzeichen für gefährliche oder schmerzhafte Ereignisse werden wahrgenommen, wobei diese wahrgenommenen Anzeichen bereits das Angstgefühl auslösen. Dieses hat die Aufgabe, angemessene Gegenmaßnahmen zur Bewältigung der Bedrohung zu entwickeln. Mit diesem Teil des Angstproblems, dem Signalaspekt, befassen sich die lernpsychologischen Erklärungen. Sie werden im Folgenden deshalb etwas ausführlicher dargestellt, weil sie die Grundlage für zahlreiche neuartige Lösungsansätze darstellen.

Angst als gelernte Reaktion

Zu den allereinfachsten Lernvorgängen, über die wir verfügen, gehört die Konditionierung. Tritt z. B. Angsterregung in einer Situation auf, in der zufällig auch ein bestimmtes Licht, eine spezielle Musik etc. vorhanden ist, so kann bald allein dieses Licht oder die Musik die Angst reaktivieren, obwohl die ursprünglichen Auslöser der Angst fehlen.

Konditionierung von Angsterregung lässt sich leicht beobachten. Das Kind, das sich an einem Ofen verbrannt hat, wird das nächste Mal, wenn es nur in dessen Nähe kommt, eine unangenehme Erregung verspüren, unruhig werden und weglaufen. Der Anblick des Ofens ist zum konditionierten Auslöser für die Angsterregung geworden. Ähnliches kann auch mit Erlebnissen geschehen, die nicht unmittelbar schmerzhaft sind. Ein Kind, das das erste Mal in einen Kindergarten gebracht wird und dort von seiner Mutter allein gelassen wird, dürfte mit einiger Wahrscheinlichkeit am nächsten Tag schon allein bei der Ankündigung, in den Kindergarten gehen zu müssen, Angst bekommen.

Konditionierung ist ein elementarer, lebenswichtiger Prozess, der sich bei Lebewesen verschiedener Entwicklungsstufen im Allgemeinen als sehr hilfreich erweist. Er fördert unsere Aufmerksamkeit für nützliche Umweltvorgänge, macht es aber auch möglich, dass wir vor schädlichen Ereignissen gewarnt werden.

Wir müssen allerdings beachten, dass wir diesem Prozess irgendwie ausgeliefert zu sein scheinen. Es ist zwar so, dass das bewusste Denken, vor allem das Erkennen von Zusammenhängen zwischen Signal und gefährlichem Ereignis, diesen Konditionierungsprozess noch weiter verstärken kann; wir sind jedoch nur in Grenzen in der Lage, uns mit unserem Verstand gegen diese konditionierten Reaktionen zu wehren. Von der Waschmittelwerbung bis zur »Gehirnwäsche« durch angstvermittelte Konditionierung wird unsere Abhängigkeit von diesem elementaren Lernvorgang wirtschaftlich ebenso wie in politischer Propaganda ausgenutzt. Konditionierte Erwartungsangst bleibt auch bestehen, wenn man vom Verstand her weiß, dass keine Gefahr droht. Sie tritt wie automatisch auf.

Es macht keinen großen Unterschied, ob die konditionierte Angstreaktion durch tatsächliche Erfahrung eines unangenehmen Schmerzreizes oder nur durch die Androhung eines solchen ausgelöst wurde. Allein die Androhung eines elektrischen Schlages führte in einem Experiment dazu, dass bei Darbietung des angekündigten Schmerzsignals die körperlichen Anzeichen der Angst auftraten. Wurde diesen Personen jedoch gesagt, dass sie jetzt keinen elektrischen Schlag mehr befürchten müssten, so verschwand diese allein durch Androhung hergestellte »Konditionierung« auch gleich wieder. Das war jedoch nicht der Fall, wenn die Erwartungsangst aufgrund einer tatsächlichen Schmerzerfahrung konditioniert worden war. Es scheint somit eine Art stellvertretende Konditionierung über die Sprache, unser Denken und unsere Vorstellungen zu geben. Diese ist jedoch leichter wieder aufzuheben als eine Konditionierung, die das Ergebnis tatsächlicher realer Erfahrungen ist. Nimmt man dieses Ergebnis ernst, so hat es Konsequenzen für das

Vorgehen in der Therapie mit Angstpatienten. Man wird versuchen, die Unbegründetheit von chronischer Angst erfahrbar zu machen, statt darüber zu reden.

Im Falle von chronischen Ängsten kommt die Rolle, die im klassischen Experiment die Erfahrung des Schmerzes spielt, der Angst selbst zu. Extreme Angst, gefolgt von Panik, ist an sich so aversiv, dass sie sich gleichsam selbst konditioniert und dadurch äußerst resistent gegen »Löschung« wird. Angst vor der Angst wird somit immer weiter verstärkt, wenn die befürchtete Angst eben immer wieder tatsächlich auftritt.

Das Konditionierungsmodell ist für die Erklärung auch extremer Ängste deshalb so attraktiv, weil es deutlich macht, warum eine Beruhigung vom Verstand her, also durch unser Denken, durch Beratung, durch gute Vorsätze, nur selten möglich scheint. Gute Erklärungen und die Versicherung, dass die Angst unbegründet ist, können diese nicht eliminieren. Das Angstgefühl mit all seinen körperlichen Anzeichen tritt automatisch auf und scheint der bewussten Steuerung nicht zugänglich zu sein. Man kann als sicher annehmen, dass in jedem Angstprozess ein wesentlicher Anteil durch klassische Konditionierung vermittelt wird: Der Hinweis auf die Gefahr von Angst löst die Angst dann auch tatsächlich aus. Wahrscheinlich reicht jedoch das Modell der klassischen Konditionierung allein nicht aus, um ein so komplexes Geschehen wie die Entstehung von Phobien vollständig zu erklären. Ein zusätzlicher Aspekt wird durch die Lernpsychologie selbst angeboten: das Lernen am Erfolg.

Angst treibt uns an, gegen die Bedrohung etwas zu tun. Sie motiviert Maßnahmen, die im einfachsten Fall in Angriff, Vermeidung oder Flucht bestehen. Das erfolgreiche Verhalten, das die Angst wieder zum Verschwinden bringt, wird beibehalten. Das heißt, dass es in einer ähnlichen Situation mit größerer Wahrscheinlichkeit wieder angewendet wird. Es handelt sich dabei, wie gesagt, um eine Art des Lernens am Erfolg. Der »Erfolg« besteht darin, dass der sehr unangenehme Angstzustand aufhört. Angstreduktion ist dabei das verstärkende Erfolgserlebnis, es fixiert das entsprechende Verhalten – Angriff, Vermeidung oder Flucht.

Personen mit starken Ängsten tendieren dazu, die Angstreduktion eher passiv zu versuchen, durch Stillhalten. Seltener wird die Lösung mittels aktiver Flucht oder Vermeidung, ganz selten durch Angriff versucht. Dagegen wäre an sich nichts einzuwenden. Aktive und passive Vermeidung sind wichtige Schutzmaßnahmen, ohne die wir vermutlich von einer Kalamität in die andere stolpern würden. Aber es ist nun gerade eine Eigenart der Vermeidung, dass sie dem Betroffenen die Gelegenheit nimmt zu testen, ob die Angst noch begründet ist. Bei irrationalen Ängsten wird gerade durch die erfolgreiche Vermeidung der Angst die zugrunde liegende Fehlkonditionierung aufrechterhalten, ja, sie fixiert sich sogar noch weiter. Dieser Mechanismus bringt zwar eine momentane Angstreduktion, zementiert aber langfristig das Angstproblem.

Ein Vermeidungsexperiment, allerdings an Ratten durchgeführt, kann dieses Denkmodell veranschaulichen. Der Käfig besteht aus zwei Abteilen. Eines davon ist am Boden mit einer Metallplatte versehen, durch die das Versuchstier einen elektrischen Schlag bekommt. Kurz vor Auftreten des elektrischen Schlages leuchtet ein Licht auf, das sehr bald zum (klassisch) konditionierten Reiz wird.

Während der ersten Darbietungen wird das Tier in große Erregung geraten und in dem Abteil wild umherlaufen, um schließlich mehr zufällig in das andere Abteil zu springen. Dieser Sprung führt zur Beendigung des elektrischen Schlages, denn im anderen Abteil gibt es diese Metallplatte nicht.

Sehr bald lernt das Tier, dass es immer dann, wenn das Licht aufleuchtet, besser gleich in das andere Abteil springt und auf diese Weise die unangenehme Erfahrung vermeidet. Auch die mittlerweile bereits durch das Lichtsignal ausgelöste Angsterregung wird dadurch beendet. Das immer routinierter werdende Verhalten, nämlich bei Auftreten des warnenden Lichtes in das andere Abteil zu springen, wird somit durch Angstreduktion verstärkt und kommt in ähnlichen Situationen wieder und wieder zur Anwendung. Als »Gegenleistung« für die neu erworbene Routine wird das Tier entsprechend ruhiger.

Selbst wenn der Versuchsleiter jetzt den elektrischen Schlag abstellt, der aversive Reiz also auf keinen Fall mehr dargeboten werden kann, wird das Tier sein Vermeidungsverhalten dennoch weiter fortführen. Immer dann, wenn das Licht auftritt, wird es in die benachbarte Box springen. Zwar wird die allgemeine Unruhe, die noch zu Beginn des Lernprozesses da war, langsam zurückgehen; das Tier wird gleichsam Experte im Vermeiden des vermeintlichen Schlages und damit wohl auch sicherer. Bei Auftreten des Lichtsignals wird aber dennoch gerade so viel an unspezifischer Angstaktivierung stattfinden, dass das vermeintlich rettende Vermeidungsverhalten ausgelöst wird. Zuletzt wird erreicht, dass das Tier ohne äußere Anzeichen von Angst seine Vermeidung mit Routine abwickelt.

Es kann jedoch sein, dass mit Fortdauer des Experiments diese Sicherheit so groß wird, dass es beginnt, sich manchmal etwas länger Zeit zu lassen, bevor es springt, und irgendwann vergisst es völlig zu springen. Wenn dann tatsächlich kein elektrischer Schlag mehr folgt, wird die »Löschung« des konditionierten Vermeidungsverhaltens möglich.

Dieser Vorgang dauert im Allgemeinen recht lange. Er kann aber beschleunigt werden, z. B. indem gleich nach dem Abstellen des elektrischen Schlages dem Tier die Möglichkeit genommen wird weiterzuspringen. Diese Vermeidungsblockierung führt zuerst zu einer großen Steigerung von Erregung und Angst. Wenn dann jedoch der befürchtete Schmerzreiz, gleichsam der Inhalt der Angst, nicht eintritt, kommt es nach einigen wenigen Wiederholungen zu einer völligen Löschung der konditionierten Angst und damit auch der Vermeidungsreaktion.

Es ist auch aus mehreren Untersuchungen bekannt, dass es innerhalb der gleichen Art Tiere gibt, die sorgfältiger und ausdauernder vermeiden, andere wiederum, die hier schlampiger sind. Die mit der größten Ausdauer werden spontan auch viel länger brauchen, bis sich ihre konditionierte Vermeidungsreaktion legt.

Überträgt man dieses Modell auf die Situation eines Menschen, der vor bestimmten Situationen Angst hat, so ergibt sich dabei folgendes Bild: Eine Person erlebt vielleicht im Anschluss an eine körperliche Erkrankung oder in der Phase erhöhter emotionaler oder beruflicher Belastung einen Schwindel oder Kreislaufanfall, der mit Beklemmungszuständen und Todesangst einhergeht. Dieser Anfall wird z. B. ausgelöst in einer voll besetzten Straßenbahn, aus der es im Augenblick des Anfalles kein Entfliehen gibt.

Der ganze Vorgang ist der betroffenen Person sehr unangenehm, auch weil er viel Aufmerksamkeit seitens der Fahrgäste verursacht und ihr das im Zustand erhöhter Hilflosigkeit eher peinlich ist. Sie kann sich mit Mühe bei der nächsten Station hinausschleppen, fühlt sich dann zwar etwas besser, aber noch wackelig, muss also mit dem Taxi nach Hause fahren, wo sie sich erleichtert ausruht. Gleichzeitig ist sie aber insgesamt sehr beunruhigt über das Erlebnis.

Wenn sie das nächste Mal in die Straßenbahn einsteigt, wird die Wahrnehmung derselben Situation, sozusagen auf dem Wege der klassischen Konditionierung, die gleichen Angstreaktionen wieder auftreten lassen. Vielleicht kommt es nicht zu einem ähnlich starken Anfall, aber das Gefühl der Erregung, der Erwartungsangst, ist da. Es löst auch sofort die damit einhergehenden Versuche aus, die Angst unter Kontrolle zu halten. Der Betroffene hat in diesem Augenblick nur einen einzigen Wunsch, nämlich aus der Straßenbahn herauszukommen. Er wird bei der nächsten Gelegenheit tatsächlich aussteigen und vermutlich merken, dass damit die Beklemmung schwindet und ein Gefühl der Erleichterung eintritt.

Die Angstflucht war in diesem Augenblick erfolgreich, die Vermeidung wird als die Methode der Angstreduktion gelernt. Die Wiederholung dieses Erlebnisses wird jedoch bewirken, dass beim nächsten Mal vielleicht schon allein der Anblick einer Straßenbahn ausreicht, um diese Erwartungsangst auszulösen. Der Betroffene wird unter Umständen bereits umdrehen, noch bevor er in die Straßenbahn eingestiegen ist.

Wann immer er nun den Versuch macht, doch wieder mit der Straßenbahn zu fahren, wird er stets dieselbe Erfahrung machen. Er glaubt bald, seine Angst allein durch Vermeidung bewältigen zu können, die die momentane Angstsituation löst. Langfristig wird aber seine Angst vor dem Straßenbahnfahren erst recht fixiert, denn er nimmt sich durch dieses Verhalten die Gelegenheit, die gegenteilige Erfahrung zu machen. Etwa die, dass er in der Straßenbahn fahren kann, zwar mit Angst, aber ohne die dramatischen Erfahrungen des damaligen Kreislaufanfalles.

Allein die Angst ist jedoch mittlerweile bereits so unangenehm, dass ihretwillen eine derartige Situation vermieden wird. Dies kann sich nun nach dem Prinzip der Ähnlichkeit der Angstauslöser ausweiten: Auch bei anderen öffentlichen Verkehrsmitteln werden ähnliche Angsterlebnisse auftreten. Auch sie werden wieder auf die gleiche einseitige Weise gelöst werden. Das kann so weit gehen, bis schließlich auch das Weggehen ohne Begleitung, der Aufenthalt in fremden Räumen, kurz alles, was außerhalb der eigenen vier Wände geschieht, Angst macht und deshalb vermieden wird. Selbst der Gedanke an die Straßenbahn wird nun Angst erzeugen.

Der Vorteil einer kurzfristigen Reduktion der Angst durch Vermeidung und Fluchtverhalten zieht den langfristigen Nachteil einer zunehmenden Lebenseinengung nach sich. Wo ist die Lösung? So wie im Experiment durch die vorwitzige Ratte, die manchmal einfach etwas länger wartet, bis sie aus der Situation flieht, könnte auch hier der Teufelskreis unterbrochen werden. Das allmähliche Verlängern der Zeitspanne, wie lange die Angst ausgehalten wird, kann zu der Erfahrung führen, dass diese Phasen zwar nicht angenehm, aber auch nicht wirklich existenziell bedrohlich sind. Eine Art Vermeidungsblockierung, wie sie anhand des Tierversuches geschildert wurde, könnte diese »Angstspirale« durchbrechen. Allerdings mit einer Umkehr aus Angsterleichterung: Blockiert man die üblichen Vermeidungsrituale, so tritt zunächst vermutlich sehr viel Angst auf, die es dann zu ertragen gilt; langfristig wird sie sich jedoch eher lösen.

An ihre Grenzen stößt diese Logik, wenn die Angst selbst, wie vorhin angedeutet, zum eigentlich aversiven Ereignis wird, das aus der Sicht des Betroffenen keinesfalls auftreten darf. Denn die Erfahrung, dass ohne Vermeidung das gefürchtete Ereignis nicht eintritt, kann dann nicht gemacht werden. Die Ähnlichkeit von Erwartungsangst und gefürchteter Angstattacke bewirkt jene fatale Zirkularität des Angstgeschehens, das wir als den Teufelskreis der Angstfixierung bezeichnen.

Vermeidung schafft Angst vor der Angst

Die Vermeidung innerer und äußerer Angstauslöser ist also des Pudels Kern bei der Chronifizierung eines Angstproblems. Die Vermeidung schädlicher Einflüsse ist für alle Lebewesen absolut essenziell und sozusagen das Natürlichste der Welt. Lebewesen unterschiedlicher Entwicklungsstufen haben Fähigkeiten entwickelt, Gefahren nicht nur durch Flucht zu entkommen, sondern ihnen auch vorweg auszuweichen, sie zu vermeiden.

Bei Menschen gilt dies für physischen ebenso wie für psychischen Schmerz. Und die Angst spielt dabei eine sehr wichtige Rolle. Sie signalisiert uns zumindest die Möglichkeit einer Bedrohung, schärft unsere Aufmerksamkeit und setzt unseren Organismus in erhöhte Bereitschaft zur Aktion.

Die Vermeidung von Angstauslösern ist ein zweischneidiges Schwert mit durchaus guten Teilaspekten. Der Vorteil des realen Schutzes durch Angstvermeidung wird aber zur Falle, wenn seine weiteren Folgen nicht differenziert geprüft werden: Wie real ist die Bedrohung, wie irrational die Angst, die vermieden wird?

Wenn nämlich, wie vorhin skizziert, Angst nicht nur zu Flucht oder Vermeidung einer realen Gefahr motiviert, sondern der Umstand des Angsthabens selbst vermieden werden muss, schnappt die Falle zu.

Das heißt also, dass wir nicht nur in bedrohlichen Situationen durch Angst wachgerüttelt und zum Handeln angetrieben werden, damit wir der Gefahr entgehen, sondern dass das Auftreten der Angst selbst schon die Bedrohung ist. Dabei spielt es keine Rolle, wie berechtigt oder unberechtigt diese Angst ist. Das Angsterleben selbst ist schon die Katastrophe.

In diesem Fall wird unser Vermeidungsverhalten zum Bumerang, denn die Angst vor der Angst wird durch Vermeidung der Angst fixiert statt gelöst. Die Vermeidung der Angst selbst löst jenen Teufelskreis aus, der sich durch kurzfristige Erleichterung ständig selbst unterstützt, langfristig aber die generelle Angst festigt und so den Lebensraum mehr und mehr einengt. Davonlaufen hat keinen Sinn mehr, da der »Angstgenerator« ständig dabei ist. Er ist in uns und kein Vermeidungssystem hilft uns, ihm auf Dauer zu entkommen.

Sehen wir uns in diesem Zusammenhang noch einmal den Unterschied zwischen aktiver und passiver Vermeidung an. Unter aktiver Vermeidung ist zu verstehen, dass das Lebewesen beim Auftreten eines Hinweises auf eine mögliche schmerzhafte Erfahrung oder Gefahr nicht erst abwartet, bis dieses schmerzhafte Ereignis wirklich eintritt, sondern schon vorher geeignete Maßnahmen ergreift, um ihm zu entkommen. Das kann das Davonlaufen sein, also die Flucht, es kann aber auch die Manipulation zum Abstellen der Schmerzreizquelle oder unter bestimmten Umständen sogar der Angriff, also eine Art Flucht nach vorne, sein.

Passive Vermeidung bedeutet, dass bei Auftreten eines Hinweises auf eine bevorstehende schmerzhafte Erfahrung jede Aktivität völlig eingestellt wird. Es erfolgt dann weder eine Veränderung des Ortes (Flucht), noch der Situation (Manipulation oder Angriff).

Stattdessen bleibt das Lebewesen still, vielleicht in sich zusammengekauert, an seinem Ort. In vielen Fällen wird diese Form des »Einfrierens« aller Aktionen, bei manchen Tierarten auch als Totstellreflex bekannt, zu einem glimpflichen Verlauf der kritischen Situation führen. Vielleicht hat das Tier gelernt, dass Flucht eher die Unruhe erzeugt, die schlafende Hunde weckt.

Passive Vermeidung ist allerdings nicht zu verwechseln mit passiver Aggression, jenem speziellen »Stellungskrieg« von Menschen, die zu ihren aggressiven Gefühlen nicht stehen wollen, sich also auch nicht offen aggressiv äußern. Das, was ihnen dann möglich scheint, ist das Blockieren des Kontaktes, wodurch sie versuchen, sich im Konfliktgerangel abzusichern oder einen Vorteil zu verschaffen ...

Beispiele für Formen der aktiven Vermeidung bei Menschen wären in konkreten physischen Alltagssituationen z. B., wenn man Nahrungsvorräte anschafft oder einen Regenschutz mitnimmt. Wenn man aber bei Regen vorzugsweise zu Hause sitzen bleibt, dann ist das ein Beispiel für passive Vermeidung.

Ähnliches lässt sich auch im zwischenmenschlichen Verhalten finden. Ein Beispiel für passive Vermeidung zeigt die Person, die ihrer sozialen Umwelt ihre Gefühlsregungen nicht zu erkennen gibt, um auf diese Weise Konflikten auszuweichen; oder wenn Ehepaare, aus Angst vor den Folgen, ihre Beziehungsprobleme nicht ansprechen. So schiebt man die Konflikte vor sich her, der Kontakt, Quelle jeder gesunden Entwicklung von Beziehungen, läuft dabei Gefahr zu verarmen und die Kommunikation wird flach und friert ein.

Das heißt jedoch nicht, dass diese Art passiver Vermeidung grundsätzlich »schlecht« ist. Der direkte Ausdruck jeden Ärgers, jeder Gefühlsregung in Form einer emotionalen Abreaktion ist für den Partner vermutlich ebenso belastend und auf die Dauer unerfreulich wie das extreme Gegenteil. Die Fähigkeit zu passivem Vermeiden in Verbindung mit dem Ansprechen eines kritischen Problems zum passenden Zeitpunkt und in der passenden Form ist für das Zusammenleben wichtig. Problematisch wird passive Vermeidung dann, wenn der Angstauslöser irrational ist, also keine wirkliche Bedrohung darstellt, und keine zusätzlichen Wege zur Konfliktlösung eingesetzt werden. In sozialen Situationen ist es jedoch nicht immer leicht, die Irrationalität festzustellen.

Vermeidung, Zwangsrituale und Vermeidungsblockierung

Das Verhalten des Menschen ist in einem viel größeren Ausmaß, als wir glauben, von oft fast rituell angewendeten Vermeidungsmaßnahmen bestimmt. Ein extremes Beispiel dafür sind die Handlungen, bei denen bestimmte Tätigkeiten wieder und wieder durchgeführt werden, wie unter einem inneren Zwang. Unterlässt der Betroffene dieses Ritual, so erlebt er gewöhnlich starke Angst, die nur durch das Wiederaufnehmen der Zwangshandlungen reduziert werden kann. Relativ bekannte Beispiele sind zwanghaftes Händewaschen, wiederholtes Überprüfen von Gashähnen, Elektroschaltern und Türschlössern oder das Öffnen bereits verschlossener Briefkuverts, um sicherzustellen, dass nicht die Unterschrift vergessen oder versehentlich etwas Unflätiges geschrieben wurde.

Wie lässt sich nun ein so stabiles Vermeidungsverhalten eliminieren, das an sich sinnlos, also nicht mehr notwendig ist? Durch Blockieren der Vermeidung kann man erreichen, dass die Vermeidungsreaktion relativ bald aufgegeben wird, allerdings unter z. T. erheblichem emotionalen Aufwand. Denn gleichzeitig mit der forcierten Aufgabe durch Vermeidungsblockierung kommt es vorerst zu einem Anstieg der Angstreaktion. Die »Löschung« dieser Angst beansprucht dann noch längere Zeit. Der »Clou« ist also, dass sich die Angst nach erfolgreicher Aufgabe der Vermeidung viel langsamer »verzieht«. Das muss man wissen, denn sonst gibt man zu früh auf. Wird nämlich die Vermeidungsblockierung zu früh beendet, kommt es nach kurzer Zeit zur neuerlichen Steigerung der Angstintensität und in der Folge zu einer Wiederaufnahme des Vermeidungsverhaltens in der früher erlernten Form.

Innere Vermeidung

Viele psychotherapeutische Schulen bauen ihre Theorien über psychische Störungen auf der fundamentalen Annahme auf, dass frühkindliche schmerzhafte Erfahrungen mittels interner Formen der Vermeidung beendet oder reduziert werden konnten. Diese Formen der Bewältigung eines emotionalen Traumas mögen in der Lebenssituation des jeweiligen Kleinkindes der einzig mögliche Ausweg aus einer ansonsten verzweifelten Lage gewesen sein. Sie ermöglichen damit das emotionale und wahrscheinlich auch physische Überleben.

Die späteren Probleme entstehen dann dadurch, dass diese früh erworbenen Formen der internen Vermeidung auch in nur entfernt ähnlichen Situationen wieder und wieder angewandt werden. Die Situationen stehen oft nur noch in einem symbolischen Zusammenhang zum Ursprungstrauma. Durch die Wiederholung (Fixierung) der alten Formen der Problemlösung, etwa die interne Vermeidung, werden neue Formen der Konflikt- oder Problembewältigung nicht erlernt.

Das ansatzweise Wieder-Anklingen des damaligen Traumas führt zu einem Erstarren der differenzierteren, neueren, flexibleren Bewältigungsfunktionen. Wir regredieren, d. h. fallen zurück auf den alten, in der damaligen Situation relativ erfolgreichen, heute aber behindernden Bewältigungs- oder Vermeidungsmechanismus. Dadurch verhalten wir uns heute scheinbar widersinnig und situationsunangemessen, provozieren ähnlich wie die Tiere im Zirkelschlussverhalten wieder und wieder neue aversive Emotionen. Das hat aber keinen Einfluss auf die Löschung des alten Defensivprogrammes, im Gegenteil. Das Problemverhalten wird wie eine Art Notfallreaktion gleichsam automatisch ausgelöst.

Wir können annehmen, dass für »äußeres«, also beobachtbares und damit tatsächlich durchgeführtes Handeln ein interner Verhaltensentwurf notwendig ist. Also ein innerer Plan dafür, was man zu tun gedenkt. Damit erfolgt jede Handlung praktisch zweimal. Oft merken wir davon gar nichts, weil sich diese Handlungsabläufe bereits halb oder ganz automatisiert haben und ohne besonderes Bewusstsein ablaufen. Einmal findet also die Handlung in der Vorstellung oder in Gedanken, eben als »kognitiver Entwurf«, statt und einmal als beobachtbare motorische Aktion.

Nun wird es häufig auch so sein, dass auf den Verhaltensentwurf gar kein tatsächliches großmotorisches Verhalten folgt. Der Verhaltensentwurf, gleichsam eine Probehandlung ohne äußere Konsequenzen, eröffnet bereits die Möglichkeit, den Erfolg dieser Handlung antizipatorisch abzuschätzen. Diese Abschätzung mag richtig sein oder nicht, auf alle Fälle hat sie einen Einfluss darauf, ob der Verhaltensentwurf für die tatsächliche Aktion freigegeben und damit als Handlung umgesetzt wird.

Wir wissen auch aus vielen Experimenten, dass diese Probehandlungen nicht nur »im Kopf« erfolgen. Vielmehr werden bereits beim Handlungsentwurf ansatzweise Impulse an die bei dieser Handlung beteiligten Muskelpartien entsendet. Man denkt also nicht nur das, was man tun will, sondern man tut es schon vorher – minimal zwar, aber eben doch. Vielleicht gilt das für weite Teile des Denkens überhaupt: Man braucht die Rückkopplung über die ansatzweise Bewegung (Reafferenz), um sich darüber klarer zu werden, was man denkt.

Tatsache scheint zu sein, dass durch Vorstellen bestimmter Bewegungen in bestimmten Situationen ein Lernprozess in Gang gesetzt wird, der das Ausüben dieser Bewegung in der Realität dann wirklich erleichtert. Dieser Lernprozess hat nicht nur einen Einfluss auf die bessere Gestaltung der Verhaltensentwürfe, also praktisch des Ablaufplans der Bewegung, sondern auch auf die physische Beschaffenheit der Muskulatur und der Gelenke. Durch wiederholte bildliche Vorstellung von Yogaübungen z. B. werden Gelenke und Muskeln bereits soweit vorbereitet, dass die dann tatsächlich ausgeführten Yogaübungen besser gelingen.

Vorstellungen und Gedanken können also mit einem gewissen Recht als internalisierte Handlungen betrachtet werden. Wir können uns die Handlung vergegenwärtigen, ebenso wie die Situation, in die diese Handlung eingebettet wird. Das Gleiche gilt für den Erfolg, die Konsequenz dieser Handlungen. Damit haben wir in der Vorstellung prinzipiell dieselben Möglichkeiten, Lernprozesse stattfinden zu lassen, auch für das Vermeidungsverhalten. Gedachtes Vermeiden ist für die Angstfixierung vielleicht noch wichtiger als tatsächlich stattfindende Vermeidungshandlungen. Dieser Prozess kann aber im Prinzip auch umgedreht werden: Gedachte Vermeidungsblockierung und die Vorstellung erfolgreicher Angstbewältigung bereiten gleichsam den Erfolg bei der tatsächlichen Konfrontation mit der Angstsituation vor.

Der Leser kann nun kurz innehalten und prüfen, ob er sich bei den eigenen Ängsten eher vermeidend oder erfolgreich bewältigend programmiert.

Denkinhalt und Denkvorgang

Internes Flucht- und Vermeidungs»handeln« kann sich ebenso wie erfolgreiche Bewältigungen sowohl auf den Vorstellungsinhalt als auch auf den Vorstellungsprozess beziehen. Wenn es sich auf den Inhalt bezieht, erfolgt die Vermeidung, indem die Flucht- oder Vermeidungshandlung vorgestellt bzw. gedacht wird. Wenn sich z. B. jemand mit einer extremen Angst vor Schlangen vorstellt, er geht über eine Wiese, so wird er dort auch Schlangen herumkriechen »sehen«. Es ist davon auszugehen, dass er sich dann in der Vorstellung sofort wieder umdrehen und einen »sicheren« Ort aufsuchen wird. Das Ganze schließt vermutlich mit der Selbstaufforderung, sich in der Realität nie in eine solche Situation zu begeben. Dabei wird im Inhalt der Vorstellung der Angstauslöser vermieden und als Konsequenz davon die Angst fixiert.

Noch trickreicher, weil schwerer zu erkennen und dadurch auch schwerer zu kontrollieren, ist die Vermeidung im Prozess des Vorstellens und Denkens selbst. Was ist damit gemeint? Wir können Gefühle, die uns unangenehm sind, und dazu gehört ja meist nicht nur die Angst, reduzieren oder ausschalten, indem wir den Prozess, der uns diese Erfahrung vermittelt, unterbinden. Im Falle einer unangenehmen Vorstellung wird einfach die Vorstellung abgebrochen. Man versucht, sich abzulenken und an etwas anderes zu denken. Aber auch im Falle einer physisch gegenwärtigen Situation kann die Wahrnehmung dieser das Gefühl auslösenden Situation auf verschiedene Weisen »abgestellt« werden. Man blendet die Wahrnehmung aus, lässt das Gesehene nicht an sich heran. Bei Personen mit anhaltenden Angstproblemen ist das allerdings eher selten. Häufiger ist die übermäßige Fixierung der Aufmerksamkeit auf frühe Anzeichen möglicher Angstauslöser – draußen in der Welt und innerhalb des eigenen Körpers.

Typisch für das Denken bei ungelösten Ängsten ist, dass der Gedanke nicht zu Ende geführt wird, sondern dass das Denken wieder an den Anfang, an das Registrieren der Bedrohung zurückkehrt. Man denkt im Kreis und zementiert so die Überzeugung, kein Mittel gegen die drohende Angstattacke zu haben.

Ein weiteres Beispiel für die Angstvermeidung im Denken ist die direkte Unterbindung des emotionalen Prozesses durch das Einnehmen von körperlichen und kognitiven Haltungen (Anspannung, Starrheit, Ignorieren der vom Gefühl getragenen Körperempfindungen). Diese Prozesse sind meist sehr subtil und vom Betroffenen selbst im Ablauf und in ihren Implikationen erst spät erkennbar. Man ist erstarrt, fühlt sich hilflos und die gewünschte Angstvermeidung versagt. Die Panik wirkt wie ein letzter Appell an die Umwelt, jetzt schleunigst helfend einzugreifen und die Quelle der Angst zu entfernen.

Eine weitere Möglichkeit zur vermeidenden Unterbindung eines unerwünschten Gefühls ist die Intensivierung der Denktätigkeit selbst. Unter der Bezeichnung »Versachlichung eines Problems«, was in unserem Kulturkreis mit einer durchaus positiven Wertigkeit versehen wird, kann die Wahrnehmung von Gefühlsreaktionen direkt unterbunden werden. Während ich über etwas angestrengt nachdenke – und zudem andere mit einem Wortschwall zum Schweigen bringe –, bin ich im Allgemeinen nicht in der Lage, meine von Körperempfindungen getragenen Gefühlsreaktionen wahrzunehmen und ihrer Bedeutung nachzugehen. Besonders intensives sachliches Nachdenken über ein Problem, vielleicht sogar mit dem Ziel, dieses Problem zu lösen, hat somit gleichzeitig die Funktion, die Wahrnehmung des aus dem Problem entstehenden aversiven Gefühls zu vermeiden.

Der Leser wird fragen, was denn daran schlecht sein soll. Es ist doch gut, wenn wir viele verschiedene Möglichkeiten haben, unangenehme, vielleicht sachgemäßes Handeln störende Emotionen zu unterbinden. Das ist richtig. All die genannten Funktionen spielen eine wichtige Rolle für die Differenziertheit unserer Auseinandersetzungen mit uns und unserer Umwelt. Und dass bestimmte Formen des Denkens und Fühlens einander ausschließen, wird auch seinen Sinn haben. Man muss jedoch bedenken, dass dieses Denken auch vielfach zur Vermeidung jener konditionierten alten Gefühlsreaktion »Angst« eingesetzt wird. So nehmen wir uns dann selbst die Gelegenheit, uns mit diesen, oft schon weiter zurückliegenden traumatischen Erfahrungen zu befassen.

Stattdessen perpetuieren wir unser affektiv-kognitives »Zirkelschlussverhalten«: Emotionale Reaktionen auf drohende Erinnerungen an alte, nicht bearbeitete Traumata werden durch entfernte Ähnlichkeit der aktuell gegebenen Situation ausgelöst. Ansatzweise treten die traumatischen Gefühlsreaktionen wieder auf und lösen Angst aus. Die angstabwehrende Vermeidung des gesamten Komplexes bannt die akute Gefahr der Überschwemmung durch alte Gefühle wie Schmerz, Scham, Trauer, Einsamkeit oder Missachtung. Dies kann u. a. durch Versachlichung unserer Denktätigkeit und die damit einhergehende Ablenkung von der Gefühlswahrnehmung erzielt werden. Dieser Prozess kann mehr und mehr zwanghaften Charakter annehmen und in die verschiedensten Lebensbereiche hineinwirken.

Ängstliche Menschen habituieren langsamer, brauchen also länger, sich auch an geringe Abweichungen vom Erwarteten zu gewöhnen. Das gilt nicht nur für Angstsituationen, sondern ganz allgemein. Wenn sie aber ihre Angsterregung – was verständlich ist – rasch eliminieren wollen, müssen sie zu ganz drastischen Maßnahmen greifen. Dazu gehört der Aufbau eines starren, widersprechende Fakten ignorierenden Weltbildes. Die Menschen mit den festesten Meinungen sind oft, obwohl es äußerlich ganz anders erscheinen mag, besonders ängstlich. Sie erkaufen sich ihre Sicherheit vielleicht durch Starrheit und Besserwisserei. Geschehen dann doch Dinge, die sie nicht mehr wegleugnen können, kann es leicht sein, dass sie zuerst einmal ins scheinbar Bodenlose fallen. Sie haben nicht gelernt, mit Abweichungen von ihren Erwartungen und dazugehörigen Ängsten umzugehen.

Die Menschen unterscheiden sich generell in ihrer Fähigkeit, Neues zu integrieren. Auch ändert sich diese Fähigkeit je nach Stimmung, Situation und vielen anderen Faktoren bei ein und demselben Menschen. Je nachdem, wie groß unsere Bereitschaft zu dieser Integration ist, wird auch bereits unsere Wahrnehmung der Umwelt verschieden sein. Wir scheinen in unserer Auseinandersetzung mit den Vorgängen in der Außenwelt aber in einer Zwickmühle gefangen zu sein. Wir beeilen uns, alles Neue möglichst rasch zu etwas Bekanntem und Gewohntem zu machen, gelingt uns das aber, streben wir aus Langeweile bald wieder nach Neuem.

Der Prozess des Einordnens, Kategorisierens, Analysierens, Bekanntmachens kann sich verselbstständigen. Durch das andauernde Vergleichen mit dem, was gewesen ist, sind wir vielleicht zur unmittelbaren Erfahrung nicht mehr in der Lage. Achten Sie darauf, wenn Sie Ihre Suppe essen. Wie viel Zeit verwenden Sie darauf, sie so zu schmecken, wie sie ist bzw. wie sie jetzt schmeckt, und wie viel Zeit investieren Sie, um sie mit der Suppe zu vergleichen, die Sie früher einmal gegessen haben, die angeblich in diesem oder jenem Restaurant besonders gut sein soll oder laut Standard Ihres Kochbuchs eigentlich so oder so schmecken sollte? Und wie viel von der Zeit, die Sie zum Essen Ihrer Suppe brauchen, denken Sie überhaupt an etwas völlig anderes als an das, was Sie tun und dabei empfinden?

So befinden wir uns in unserem Bewusstsein eigentlich nie oder nur selten raum-zeitlich »dort«, wo das Geschehen, nämlich das Essen der Suppe und das Auftreten der Geschmacksempfindung, tatsächlich stattfindet. Unsere Wahrnehmung schwirrt in der Fantasie, in der Erinnerung und in der Zukunft hin und her, anstatt dort zu sein, wo die physische Realität subjektiv und einzigartig wird, in unserer Gegenwart. Das kann sogar zu einem Lebensstil führen, bei dem man ständig dem Erleben, dem Genuss, dem Glück nachläuft, aber durch die Art, wie man das macht, das Gewünschte erst recht verhindert.

Dadurch, dass wir den Ist-Zustand nie wahrnehmen, weil wir auf der Suche nach einem besseren Zustand sind, unsere Aufmerksamkeit also dem Suchen nach etwas, das nicht da ist, widmen, sind wir gar nicht mehr fähig, den besseren Ist-Zustand zu erleben, sollte er plötzlich doch noch eintreten. Wir sind dann wieder auf der Suche nach etwas anderem, der Prozess der Ablenkung vom Ist, von der Gegenwart, vom Erleben, hat überhandgenommen.

Habituation, sich gedanklich an etwas gewöhnen, die vielleicht elementarste Form des Denkens, kann somit als Geschenk, aber auch als Bürde gesehen werden. Dasselbe gilt für das Gegenteil der Habituation, die Dishabituation. Das ist die Unfähigkeit, Bekanntschaftsqualitäten zu entwickeln. Man kann es auch anders formulieren, und zwar als Geschenk, jede Sekunde des Lebens, auch mit den größten »Alltäglichkeiten« so zu erleben, als wäre es eine völlig neue Erfahrung. Die Dishabituation bietet die unglaubliche Möglichkeit, ein reiches Erfahrungsleben zu führen, ohne deshalb kreuz und quer in der Welt herumzureisen und alle möglichen Abenteuer äußerer Art zu erleben. Sie ermöglicht eine erhöhte Qualität und Intensität im Erleben dessen, was in der jeweilgen Gegenwart stattfindet.

Und wenn es nichts anderes ist als die Beobachtung eines Fensterhakens, einer Bleistiftspitze oder einer Fliege an der Wand. Durch die Konzentration der Aufmerksamkeit auf das, was da ist, und das Zurückstellen unseres »Bekanntmachungsgenerators«, also unserer Habituationsmethoden, kann das Leben reichhaltiger und befriedigender werden. Und das wird möglich, ohne dass es zu mehr äußeren Ereignissen kommen muss! Im Gegenteil, wenn die Hektik der äußeren Ereignisse abnimmt, tritt diese Qualität erst hervor. Oder was glauben Sie, wie es unsere Vorfahren sonst ohne Urlaubsjets, Pauschalreisen, TV oder »Social Media« ausgehalten haben?

Diese meditative Lebensweise, die zu einem Ausbau der Quellen innerer Erfahrungsmöglichkeiten führen kann, ist allerdings mit unserem kritischen Verstand schlecht zu vereinbaren. Unsere für den Alltag gewiss wichtigen Operationen des bewertenden, denkenden, trennenden, kurz, uns von unserer Umwelt teilenden Ichs wehren die Dishabituation ab – und damit die Auflösung oder zumindest eine Schwächung des nach Allmacht strebenden Ichs –, mit gewissem Recht, denn Dishabituation ist tatsächlich keine ungefährliche Sache. Sie kann wiederum selbst süchtig machen.

Zwar können Menschen, die sich einer völlig meditativen Lebensweise verschrieben haben, damit Zustände erreichen, die andere kaum erahnen können, Dishabituation kann aber auch Merkmal einer Entstellung des Bewusstseins sein, wie sie bei den verschiedenen Formen von Schizophrenie auftritt. Die Übergänge sind fließend. Man kann natürlich nicht sagen, dass eine meditative Lebensführung zu psychischen Zuständen führt, die der Schizophrenie ähneln. Dazu kommt es möglicherweise erst dann, wenn die Dishabituation der Abwehr von Angst machenden, schmerzlichen Erfahrungen dient, wenn sie zu einem irreversiblen Ausweichen in eine Welt der Halluzination und Illusion führt. Jeder Versuch »zurückzukommen« geht mit den alten Schmerzerfahrungen einher, die zu verarbeiten der Betroffene nicht hinreichend gerüstet bzw. bereit ist.

Mag sein, dass eine Quelle des Glücks das Aufsuchen eines meditativen Kontaktes mit der Gegenwart ist. Dann liegt aber das allerhöchste Unglück sehr nahe daneben, nämlich im Zwang, diesen meditativen Zustand aufzusuchen. Dazu kann es kommen, wenn die soziale und physische Realität für diesen Menschen aufgrund früherer oder auch gegenwärtiger Erfahrungen so bedrohlich und Angst machend ist, dass er sich diesen Prozessen nicht mehr aussetzen möchte. Er flüchtet lieber in die Dishabituation. Es bleibt die rein sensorische Wahrnehmung dessen, was von Sekunde zu Sekunde geschieht, in Verbindung mit dem Verzicht darauf – und im Laufe der Zeit mit der Unfähigkeit –, übergreifende Zusammenhänge zu erfassen oder mithilfe des Verstandes, mithilfe des Denkens zu »stiften«.

Diese aktive Ablehnung der Eigenschaften des Denkens kann somit zu einem Bumerang werden. Besonders nach extremen posttraumatischen Erfahrungen sind solche psychischen Zustände zu beobachten, auch als Dissoziation oder »Posttraumatischer Autismus« bezeichnet. Sie lassen sich über dieses Modell des »gelernten« Ausblendens von unerträglichen Erfahrungen verstehen.

Auch wenn das Beispiel des Mannes, das ich dazu jetzt schildern möchte, manchem extrem und für ihn selbst nicht zutreffend erscheinen mag, die Prozesse gelten im Grunde für jeden von uns. Er hielt die Gegenwart nicht aus. Seine Art von »Dishabituation« hat die Züge von zwanghafter Vermeidung des zuvor erwähnten »meditativen« Zustandes offener Wahrnehmung für das, »was ist«. Die Wachsamkeit gegenüber den doppelbödigen Tricks unserer Vorstellungs- und Denktätigkeit ist für jeden ein wichtiges Hilfsmittel gegen das langsame Erstarren in zwanghaften Gedankenabläufen.

Angstvermeidung durch Zeitunglesen

Der Mann war etwas über 50, als ich ihn zum ersten Mal traf. Er gab an, große Angst davor zu haben, mit anderen Menschen, insbesondere in Gruppen, zusammenzutreffen. Und das war umso schlimmer, je weiter er sich von zu Hause entfernte. Es gab allerdings einige wenige Sicherheitsplätze, wo ihm nichts passieren konnte: seine Wohnung, das Auto. Dabei war er im zwischenmenschlichen Kontakt sehr gewandt und eigentlich beliebt.

Als Kaufmann ließ er sich durch diese Angst in seinem Tätigkeitsradius stark einengen. Er musste eine Fülle von Vermeidungsstrategien ununterbrochen ausführen. Das vielleicht Auffallendste war, dass er ständig mit einer Zeitung unterm Arm umherlief. Diese nahm er immer dann zur Hand, wenn er durch äußere Umstände zu einer kurzen Pause, zum Anhalten gezwungen war. In diesen Pausen war nämlich die »Gefahr« am größten, dass er sich in Gedanken und Vorstellungen mit seiner Angst und der Wahrnehmung der Angstgefühle beschäftigte. Und um sich davon abzulenken, begann er dann konzentriert in der Zeitung zu lesen. Dabei war er überhaupt nicht an dem Inhalt interessiert, sondern nur an der konzentrierten Beschäftigung seines gesamten Denksystems. Nur so glaubte er, das Auftreten bzw. Gewahrwerden der Angstgefühle verhindern zu können. (Würde er sich mit dem Inhalt der Zeitung beschäftigen, also wirklich lesen, was in der Welt täglich los ist, würde er wie nicht wenige Menschen vielleicht noch mehr Angst erleben.)

So aber führte sein »Lesen, ohne den Inhalt zu registrieren« zu dem skurril erscheinenden Zwang, entweder dauernd selbst zu reden oder, in Redepausen, sofort zur Zeitung zu greifen und diese dem Anschein nach konzentriert zu studieren. Man kann sich leicht vorstellen, dass dieses Verhalten etwa bei Arbeitsbesprechungen mit Kollegen, aber auch bei Kundenbesuchen zu unangenehmen Erfahrungen führen musste.

Hier hatte das Lesen als eine Form der Denktätigkeit die Funktion, ihn von den bedrohlichen Angstgefühlen abzulenken. Nun liegt es aber in der Natur dieser Art von Ablenkung, dass sie nur in der Anfangsphase des Angstgefühls wirksam ist, eine Phase, in der das Gefühl erst einen eher niedrigen Intensitätsgrad erreicht hat. Danach blieb unserem Mann nur noch die Flucht aus der gesamten Situation, was ihm einige sehr demütigende Erfahrungen bescherte.

Gerade weil die einigermaßen tolerierbare Form der Vermeidung, die Ablenkung durch Wegdenken, nur in den Anfangsphasen eines Angstprozesses wirksam ist, musste der Mann seiner Meinung nach ununterbrochen wachsam sein, um die »Katastrophe« zu vermeiden. Und selbst das gelang nur unvollständig.

Aber was sind denn das für Kräfte und Erfahrungen, die wir um jeden Preis abstellen, vermeiden wollen? Wo kommen diese Ängste her und was würde passieren, wenn wir uns gegen sie nicht sperren würden? Abgesehen davon, dass dieses »Sich-nicht-Sperren« über weite Strecken gar nicht mehr der willentlichen Kontrolle unterliegt, wir diesen Prozessen wie zwanghaft ausgeliefert sind, können wir den Inhalt unserer Ängste meist gar nicht restlos benennen. Die Angst hat über viele Jahre hinweg auch bei ganz peripheren Hinweisreizen auf die eigentlich gefürchteten Gefühle als Alarmsignal gewirkt. Die einschlägigen Angstabwehrprozesse sind längst gelernt. So bleibt es uns erspart, mit den »dahinter« vermuteten traumatischen Gefühlen in Kontakt kommen zu müssen. Manche wurden sogar längst vergessen.

Die Angst vor der Angst und all die Manöver, die wir um sie herum inszenieren, sind nur scheinbar zum Selbstzweck geworden. In Wirklichkeit geben sie uns Gelegenheit, uns mit viel Aufmerksamkeit, Konzentration und Energie an diesem noch relativ tolerierbaren Problem festzukrallen. Das »Haben« eines Angstproblems selbst kann wieder eine besonders trickreiche Vermeidung der Kontaktaufnahme mit erfolgreich verdrängten Gefühlsregungen sein. Diese Regungen sind zwar subjektiv spürbar, werden jedoch über eine mehr oder weniger diffuse und gegenstandslose Angst abgeschirmt. Scham, Einsamkeit, Verzweiflung, das Gefühl, nicht geliebt, abgelehnt zu werden, das sind einige Beispiele für Erfahrungen, mit denen die meisten von uns in den ersten Kontakten mit der Welt zu tun hatten.

Diese Erfahrungen sind wahrscheinlich unvermeidbar, selbst bei guten Eltern-Kind-Beziehungen. Die körperliche »Bereitschaft« für diese Emotionen ist bei jedem da. Wir müssen aber vermutlich erst lernen, diese Emotionen zu erfahren, sie durchlebend aufzulösen, ohne in die üblichen Vermeidungsrituale zu verfallen.

Bei vielen Menschen sind wohl die Bedingungen zu schwierig gewesen, unter denen sie diese Gefühle erleben mussten. So konnte es kommen, dass sie Zuflucht zu den Prozessen des Abkapselns, des Abwehrens, des Unterbrechens nahmen, um nicht von Schmerz und Emotion überwältigt zu werden. Emotionales Überleben wäre ohne diese Vermeidungs- und Fluchtmöglichkeiten nicht zustande gekommen. Diese Schutzfunktionen sind früher vermutlich sinnvoll gewesen. Ihr zwanghaftes Wiederauftreten und Wiedereinsetzen wird später jedoch zum Bumerang, der den Menschen emotional auf diese frühen Entwicklungsstufen fixiert, seinen Lebensraum über Gebühr eingrenzt und die Entfaltung seines Potenzials behindert.

Die Ängste vor den alten traumatischen Erfahrungen sind insofern berechtigt, als diese Erfahrungen, wenn sie heute wieder aktiviert werden, tatsächlich immer noch sehr schmerzhaft sein können. Unberechtigt ist aber die mit ihnen verbundene Überzeugung, dass die verdrängten Schmerzen frühkindlicher Erfahrungen auch für den mittlerweile Erwachsenen noch ebenso wenig wie vielleicht für den Säugling oder das Kleinkind zu ertragen wären.

Die Therapie hat dann u. a. die Funktion, den Kontakt mit diesen Emotionen wieder anzubahnen. Das sollte in einer Weise geschehen, die berücksichtigt, wie viel der Patient an Möglichkeit entwickelt hat, mit seinen Gefühlen umzugehen. Das heißt, dieser schwierige emotionale Lernprozess muss in behutsamen Schritten erfolgen und mit liebevoll einbettender Unterstützung die Verzweiflung auffangen.

Stile der Angstbewältigung

Der Spezialfall: Angst vor der chirurgischen Operation

Emotionen im Gefolge körperlicher Erkrankungen sind eine selbstverständliche, zum Leben einfach dazugehörende Realität, ob es nun Ängste vor der weiteren Entwicklung der Krankheit, der Angemessenheit der Behandlung, der Operation oder den möglichen Folgen sein mögen, etwa unzureichende Genesung, Behinderung oder Tod. Wie ja in anderen Lebensbereichen auch, haben aversive Gefühle der Angst eine Funktion, nämlich unsere Wahrnehmung, unser Denken und unser Handeln auf eine Gefahr hin auszurichten, um dieser angemessen begegnen zu können, sofern dies möglich ist.

Diese Gefahr kann physischer, aber auch psychischer Art sein. Kann die Bedrohung durch angstmotiviertes Verhalten nicht abgewendet werden, so ist es wohl unsere Aufgabe, die neuen Realitäten zu akzeptieren – Krankheit, Verlust, unausweichlicher Tod. Die Emotionen, die sich gegen diese Realitäten auflehnen, wären dann neu zu bewerten, durchzuarbeiten, eventuell in neue Bahnen zu lenken. Auf diesem Wege ist es möglich, eine Haltung, die nicht mehr realitätsgerecht ist, aufgeben bzw. zu verändern. Ein Vorgang, der die großen Lebensentscheidungen durchzieht und auch die kleinen Ereignisse des Alltags.

Das Interesse am emotionalen Geschehen bei körperlicher Bedrohung, besonders im Umfeld einer Operation, kommt von zwei Seiten, einer humanitären und einer utilitaristischen. Im einen Fall steht die Reduktion unnötigen Leidens im Vordergrund – und Angst ist eine Art vorweggenommenen Leidens. Im anderen Fall geht es eher darum, ob die Belastungen durch präoperative Angst die medizinischen Maßnahmen erschweren, unter Umständen deren Effektivität senken, die Genesung hemmen.

Es geht, etwas anders formuliert, um folgende Fragen: Sind die Emotionen des Kranken ein lästiges Übel, aber ohne wirkliche Bedeutung für die Organmedizin? Oder: Hängt selbst der Erfolg organmedizinischer Maßnahmen von der Art der »emotionalen Mitarbeit« des Patienten ab? Mitgefühl einerseits und Nützlichkeitsdenken andererseits werden oft gegeneinander ausgespielt, müssen einander aber nicht ausschließen. Daher ist es sinnvoll, die Frage der Angstbewältigung in der präoperativen Phase von beiden Perspektiven her zu beleuchten.

Angst ist auch in diesem Spezialfall, wie an anderen Beispielen schon mehrmals betont, ein Gemisch aus Gefühlen, gedanklichen Bewertungen (Befürchtungen) und Handlungen, das durch die Wahrnehmung einer Bedrohung physischer oder seelischer Art ausgelöst wird. Sie äußert sich im Subjektiven als Gefühl der Erregung bei gleichzeitiger Beklemmung und erlebter Enge. Im Körperlichen ist sie einerseits durch Erregung der Effektorgane des sympathischen Nervensystems und andererseits durch die peripher-motorische Blockierung (Anspannung) gekennzeichnet. Sie aktiviert die gedankliche und motorische Suche nach Lösungen und klingt – Spezialfälle ausgenommen – im Allgemeinen nach erfolgreicher Lösung ab. Als grundsätzliche Lösungsmöglichkeiten kommen Angriff, Flucht, Standhalten, Gefahrenentwarnung bzw. Aufgeben infrage. Hauptunterscheidungsmerkmale gegenüber anderen Gefühlszuständen sind, neben der Gefühlsqualität selbst, das Moment der Bedrohung und die Handlungsblockierung bei gleichzeitiger Lösungssuche.

Im Falle der präoperativen Angst ist zumindest subjektiv eine physische Bedrohung im weitesten Sinne gegeben, verbunden mit einer Einschränkung des eigenen Handlungsraumes – schließlich ist man dem Chirurgen ausgeliefert. Dadurch sind rasche Angstlösungen im äußeren Handeln meist nicht möglich und in den Versuchen, eine Lösung gedanklich – also durch inneres Handeln – zu erreichen, sind die Menschen recht unterschiedlich erfolgreich.

Verkomplizierend wirkt oft, dass manifeste Angst von latenter Angst unterschieden wird, wobei sich die latente Angst nur indirekt zeigt und vor allem nicht verbal eingestanden wird, unter extremem Stress jedoch plötzlich manifest auftreten kann.

Zu einigen Fragen wurden Untersuchungen durchgeführt:

▶ Welche Erscheinungsformen, welche Ausdrucksweisen hat präoperative Angst?
▶ Welche Angstbewältigungsstile sind zu finden und wie kann man sie unterstützen?
▶ Wie wirken sich präoperative Angst und ihre Bewältigung auf Prämedikation, Operationsverlauf sowie postoperative Anpassung und Genesung aus?
▶ Kann durch gezielte Förderung der Angstbewältigung in der Operationsvorbereitung der Eingriff erleichtert und der Erfolg subjektiv und objektiv verbessert werden?

Dazu nun einige Befunde aus empirischen, psychodiagnostischen und experimentellen Untersuchungen.

Allgemeine Befunde

Insgesamt geben etwa 75 Prozent der Patienten erhebliche Ängste verschiedener Art an, wobei die Frauen etwas höhere Werte haben, mag das nun an mehr Ängsten oder weniger Hemmung, darüber zu sprechen, liegen. Die Schwere der Operation scheint dabei eine geringe Rolle zu spielen.

Besonders häufig wird als Angstinhalt in verschiedenen Studien die Angst vor der Anästhesie bzw. dem dabei eintretenden Kontrollverlust oder mehr oder weniger gut kaschierte Todesangst (»nicht mehr aufwachen«) genannt. Kaum seltener ist Angst vor Injektionen, Narkosemasken, dem Zustand des Aufwachens aus der Narkose oder möglichen Schmerzen während der Operation. Seltener sind hingegen andere narkosebezogene Ängste wie vor postoperativem Erbrechen, unkontrolliertem Sprechen in der Narkose oder postoperativen Schmerzen.

Auffallend ist, dass in den Tagen vor der Operation Todesangst kaum direkt geäußert wird. Sie erscheint vielmehr als Gefühl diffusen Unbehagens, wobei die Trennung von der Familie, die Sorge um die Daheimgelassenen, Langeweile und wiederum die unspezifische Furcht vor Kontrollverlust primär genannt werden.

Die Haltung gegenüber dem Personal ist in der präoperativen Phase überwiegend positiv – es erhält einen Vertrauensvorschuss. Der Patient braucht den Glauben an die Perfektion des OP-Teams, das zu einer die Gefahr kontrollierenden Autorität erhoben wird. Es ist offensichtlich, dass ein zu distanziertes, vielleicht gar harsch abweisendes OP-Team hier zusätzliche Konflikte schaffen kann.

Man kann drei Arten von Reaktionen auf präoperativen Stress unterscheiden:

1. die extreme, panikartige Angst mit völlig konfusen und uneffektiven Bewältigungsversuchen;
2. die mittlere Angst mit realitätsgerechten, letztlich auch angstlösenden Bewältigungsmöglichkeiten gedanklicher und körperlicher Art;
3. die völlige Angstverdrängung, wobei das gesamte Thema OP ignoriert, angebotene Informationsmöglichkeiten nicht genutzt werden.

Bei diesen drei Formen wird angenommen, dass sie nicht nur in der Intensität der geäußerten Angst variieren, sondern dass ihnen völlig verschiedene Angstbewältigungsstile, ja Persönlichkeitsmerkmale zugrunde liegen. Sie benötigen also auch eine unterschiedliche psychologische – vielleicht sogar medizinische – Operationsvorbereitung.

Am Anfang der Untersuchungen stand die fast triviale Feststellung, dass im Alltag ängstliche Personen auch in der Operationsvorbereitung mehr Angst zeigen. Während bei mittlerer Angst in den Tagen vor einer Operation realistische gedankliche Auseinandersetzung gesucht wird, ist bei Personen mit extrem hoher Erwartungsangst die Bewältigung durch zu viel inneren Druck, chaotische Gedankenabläufe und ungeeignete Beruhigungsversuche gekennzeichnet. Bei Personen mit unrealistisch niedrigem Angstspiegel wird eine Abwehr von Gefahrensignalen innerer und äußerer Art (Verdrängung) angenommen, die in den Augenblicken vor der Operation eventuell zusammenbrechen und zu plötzlicher Panik führen kann.

Es gibt aber auch Personen mit der Tendenz, Angstsignale zu vermeiden oder zu unterdrücken (»Verdränger«), die bei Ankündigung der Operation sogar mit einem Angstabfall reagieren. Mit dem Heranrücken des OP-Termins steigt die Angst jedoch und erreicht am Tag der Operation ein Maximum. Personen mit der Tendenz, sich bei Gefahr mehr Informationen zu beschaffen (»Sensibilisierer«), reagieren eher mit leichtem Angstanstieg auf die Operationsankündigung, bleiben dann aber relativ stabil.

Personen mit »unspezifischer Abwehr« reagieren am stärksten auf die Ankündigung, die Intensität ihrer Angst nimmt danach jedoch ab.

Die Rolle der Körperwahrnehmung

Der Bewältigungsstil betrifft nicht nur die äußere Information über Krankheit, Art des Eingriffes etc., sondern auch den Umgang mit Wahrnehmungen am eigenen Körper. Personen unterscheiden sich hinsichtlich ihrer Fähigkeit bzw. Bereitschaft, Körperempfindungen überhaupt wahrzunehmen. In einem Projekt unseres Instituts wurde bei 98 Patienten vor (und nach) der Operation die Angstintensität untersucht: beim Anästhesiegespräch am Abend vor der Operation, 30 Minuten vor der Prämedikation am OP-Tag, zehn Minuten nach der Prämedikation, fünf Minuten vor der Operation und einen Tag danach. Im Durchschnitt ist die Angst unmittelbar vor der Operation am größten. Es gab aber Unterschiede je nach Güte der Körperwahrnehmung einer Person: Gute Körperwahrnehmung ging mit insgesamt hohen Angstwerten mit einem Maximum vor der Prämedikation einher. Mittlere oder geringe Körpersensibilität hingegen hatte eine kontinuierliche Zunahme der Angst bis kurz vor dem OP-Termin zur Folge.

Nachdem die Prämedikation konstant war, konnte man erkennen, dass gute Körperwahrnehmung auch zu besserer Reaktion auf die Prämedikation führt. Die Körperempfindungen signalisieren weniger Angst und wer gewohnt ist, seine subjektive Angst daran zu messen, hat dann auch weniger Angst. Personen mit schlechter Körperwahrnehmung haben vermutlich eine simplere Form der Angstverarbeitung. Sie reagieren am wenigsten auf Prämedikation und in Einzelfällen, wenn in der unmittelbaren OP-Vorbereitung stärkere Schmerzreize auftreten, haben sie keine eingeübten Bewältigungsmittel. So ist es erklärlich, dass gerade vorher oft besonders gelassen wirkende Patienten plötzlich in Panik geraten und aus dem OP-Saal flüchten.

Angst und postoperative Anpassung
Es besteht ein Zusammenhang zwischen präoperativer Angst und postoperativer Genesung: Bei extremer Angstreaktion vor der Operation ist die Anzahl negativer körperlicher Reaktionen während der Operation erhöht und die Genesung im Durchschnitt verzögert. Auffallend ist jedoch, dass Personen mit wenig »sichtbarer« präoperativer Angst, wenn sie »Verdränger der Angstsignale« sind,

auch über wenig Informationen bezüglich der Anästhesie etc. verfügen. Sie werden durch den Ablauf des Geschehens überrascht. Kommt es dann zu unerwarteten Schmerzen oder unbekannten Körperempfindungen, so sind eventuell Schreckreaktionen, eine erhebliche Beunruhigung und sogar der Abbruch der Operation die Folge.

Nach der Operation erleben sie eher negative Stimmungen, die in aggressiven Äußerungen gegenüber dem Pflegepersonal zum Ausdruck kommen können. Bei außergewöhnlich guter Anpassung vor der Operation scheint diese wiederum unrealistisch schlecht nach der Operation zu sein. Es war angesichts dieser Sachlage offensichtlich, dass eine psychologische Operationsvorbereitung sowohl präoperative Emotionen als auch postoperative Anpassung positiv beeinflussen kann.

Psychologische Unterstützung der Angstbewältigung
Bedingt durch die extreme Zeitbegrenzung ist in der Operationsvorbereitung die unter Psychotherapeuten so gerne diskutierte Frage nicht so wichtig: Soll Angst mit psychologischen Mitteln direkt reduziert werden oder soll eher auf die Ursachen eingegangen werden? Alles, was die in der Operationsvorbereitung belastende Angsterregung erleichtert, ist zuerst einmal willkommen.

Man muss jedoch einschränken, dass die vor allem zur Behandlung von Phobien und sozialen Ängsten entwickelten Techniken der Angstreduktion wie Entspannung, systematische Desensibilisierung, Selbstinstruktionen, kontraphobische Vorstellungen etc. nicht ohne Weiteres auf die Situation in der präoperativen Phase anwendbar sind. Sie wirken nämlich nur nach sorgfältiger Einübung angstreduzierend, andernfalls verwirren sie eher die bei jedem Menschen bereits vorhandene eigene Form der Angstbewältigung, anstatt sie zu unterstützen.

Welche Möglichkeiten psychologischer Operationsvorbereitung wurden bereits erprobt und wie effektiv sind sie? Die Methoden reichen von individuellen, fast psychotherapieähnlichen Einzel- oder Gruppengesprächen über standardisiertes Stressbewältigungstraining, Filmvorführungen über den Operationsablauf bis hin zu reiner Information über die zum Einsatz kommenden Geräte.

Generell kann aus all diesen Studien gefolgert werden, dass im Durchschnitt derartige OP-Vorbereitungen angsterleichternd wirken, weniger Medikation erforderlich machen und eine bessere postoperative Anpassung und Genesung nach sich ziehen. Das gilt aber besonders dann, wenn die Vorbereitung auf die Individualität des Patienten und auf die Körperempfindungen in der Phase der Anästhesierung und Operation abgestimmt ist. Je spezifischer die Vorbereitung auf die zu erwartenden äußeren, vor allem aber inneren Ereignisse (Körperempfindungen), desto eher hat der Patient die Möglichkeit, sich auf das Geschehen einzustellen. Das führt zwar möglicherweise zu etwas mehr Angst zum Zeitpunkt der Vorbereitung, bedingt durch realistisches »antizipatorisches Grübeln« (work of worry), Schreck und Panikreaktion sind dann jedoch während der Operation seltener.

Allerdings sind bei diesen Ergebnissen die »Verdränger« – mit zumindest nach außen hin großer Gelassenheit in der Vorbereitungszeit – eine Ausnahme. Sie sind meist an Informationen über das, was kommt, wenig interessiert, mit Recht. Ihr in langen Jahren erworbener Bewältigungsstil wird sich kaum kurzfristig ändern. Information schafft für sie eher Unruhe, also wird sie vermieden. Für »Verdränger« war z.B. das einmalige Vorführen eines Filmes mit den Details einer Magenendoskopie nur zusätzlich beunruhigend und erschwerte die Endoskopie – im Vergleich zu keiner Vorbereitung durch Information. »Sensibilisierer« hingegen hatten ohne diese Vorbereitung am meisten Probleme. Zeigte man den »Verdrängern« diesen Film jedoch öfter als einmal, so profitierten sie davon dann doch erheblich – wie übrigens auch die »Sensibilisierer«.

Auch bei Operationen gilt, dass eine detaillierte psychologische oder medizinisch-technische Information gegen den Willen und gegen das Abwehrsystem des Patienten nur zusätzliche Irritation bewirkt. OP-Vorbereitung hat somit auch die Aufgabe, die Empfänglichkeit für mehr Information, persönliche Aussprache und Thematisierung angstbesetzter Inhalte festzustellen. Erst dann kann unter Ausnützung des Angstbewältigungsstils des Patienten auf die Operation psychologisch vorbereitet werden.

Es soll jedoch nicht außer Acht gelassen werden, dass Krankheit, besonders in Verbindung mit Operationen, eine Belastung für eingefahrene Problem- und Konfliktabwehrprozesse darstellt. Manchmal wird darin sogar ein Sinn der Krankheit gesehen. Der Mensch wird mit den Grenzen seiner Existenz konfrontiert. Mancher wird sich dagegen mit verschiedenen Tricks wie Verdrängung, Ablenkung, Verleugnung, ja Regression wehren. Das kann man bewerten, wie man will. Es ist aber wohl nicht die Aufgabe des ärztlichen und des pflegerischen Personals, hier schulmeisternd in die Lebensgestaltung des Einzelnen, vor allem in dieser Situation der leib-seelischen Behindertheit – ja Hilflosigkeit –, einzugreifen, um eine Laienpsychotherapie im Blitzverfahren an den Mann oder die Frau zu bringen.

Sind jedoch in dieser Phase der emotionalen Instabilität seitens des Patienten für psychologische Hilfestellung Interesse und Bereitschaft da – und häufig werden diese nur indirekt signalisiert –, so sollte dem mit psychologischer Kompetenz entsprochen werden können. Dabei ist das Respektieren der psychischen Grenzen des Patienten wichtig. Ebenso ist eine die Persönlichkeit stabilisierende Intervention in dieser Situation wichtiger als das Ausnutzen einer geschwächten psychischen Abwehr. Ideologisch oder religiös verbrämte Hilfestellungen wären hier unlautere Propaganda im absolut falschen Moment.

Die Besonderheit der Situation (Kürze des Kontaktes, Vorrang körperlicher Maßnahmen, Ausmaß psychologischer Kompetenz des Arztes) lässt keine einfache Übernahme aus anderen Bereichen (Psychotherapie, Psychiatrie, Rehabilitation) zu. Vielmehr sind spezifische Entwicklungen nötig. Sie sollten darauf abzielen, differenzierte, der Individualität des Patienten und der medizinischen Realität gerecht werdende psychologische Hilfestellungen in die Operationsvorbereitung zu integrieren. Dann kommen wir dem Ziel einige Schritte näher, wonach Heilung nicht nur im Sinne von Wiederherstellung gefördert wird, sondern Krankheit als Gelegenheit zu menschlicher Reifung genutzt wird. Mag sein, dass dies nicht nur ein humanitäres, sondern sogar auch ein utilitaristisches Ziel ist.

IV. Kapitel:
Lösungen – Die Bewältigung der Angst

Dieses Kapitel hat ein praktisches Ziel: Es will dazu anregen, sich um das eigene Angsterleben zu kümmern. Am Anfang soll ein Rahmen dafür vorgestellt werden, was man prinzipiell tun kann, wenn Angst zum Problem wird. Die praktischen Lösungsvorschläge allerdings muss jeder für sich selbst auf ihre Brauchbarkeit hin überprüfen. Das Erkennen und Verändern unserer Ängste führt letztlich in jedem Einzelfall und da wieder in jeder Situation zu neuen Ergebnissen.

Ein weiteres Ziel dieses Kapitels soll sein, dafür sensibel zu machen, dass die Integration der Angst in die gesamte Lebenssituation differenzierter gelingt. So kann Angst anders angenommen werden – nicht mehr als etwas Fremdes, das als Störfaktor bekämpft werden muss, sondern als wichtiger und letztlich hilfreicher Teil unserer Existenz.

Man sollte hier aber keinen »Wenn-dann«-Katalog erwarten, der vorschreibt, bei welcher Art von Ängsten welche Übungen zu machen sind. Es geht vielmehr darum, jene Kompetenz auszubauen, die es uns möglich macht, die in den Ängsten noch ungerichtete Kraft so einzusetzen, dass sie der Bewältigung des Problems dient.

Das kann eher gelingen, wenn wir lernen, den Prozess der Angstentstehung bewusst zu erfahren, seine weitere Entwicklung zu verfolgen, und nach und nach neue Varianten erproben, wie wir damit umgehen können. Wenn ein Nebenergebnis dabei ist, die

Angst im Alltag immer besser zu kontrollieren, so würde das nicht schaden. Primär geht es aber darum, sich auf jene Seite unserer Psyche zu stellen, aus der die Angst entwickelt wird, und unter Nutzung ihrer Kraft die scheinbar übermäßige Belastung zu meistern. Jede Angstsituation ist eine Gelegenheit festzustellen, welche inneren Barrieren wir gegen den Ablauf der Ereignisse unseres Lebens aufbauen. Schließlich steckt im Angsterleben die Kraft für persönliches Reifen und Wachsen.

Drei Ebenen der Angstbewältigung

Grob vereinfachend kann man die Aufgabe der Angstlösung auf drei Ebenen formulieren, auf der konkret-praktischen, der bewusstseinsorientierten und der existenziellen Ebene.

Die konkret-praktische Ebene betrifft die akut auftretenden praktischen Probleme im Zuge des Angstgeschehens: Welche konkreten Behinderungen treten auf, wie kann man diese aufheben, wie die Angstauslöser beeinflussen? Ist eine reale Bedrohung gegeben, welcher Art ist die Irrationalität, welche konkreten Maßnahmen bringen Erfolg?

Vorrangiges Ziel auf dieser Ebene ist die Lösung der akuten Abhängigkeit von den wie automatisch ablaufenden, starren Angstmustern. Dies geschieht in der Hoffnung, dass nach Reduktion dieser Behinderung der Mensch freier ist, diejenigen Bedingungen zu bearbeiten, die den biographischen oder existenziellen Rahmen für die Angstbelastung liefern.

Damit sind die nächsten Ebenen angesprochen: Auf der bewusstseinsorientierten Ebene wird das Gewahrwerden der im Zuge der Angstreaktion ablaufenden inneren und äußeren Vorgänge gefördert. Es geht dabei auch um die Rekonstruktion von schwierigen Erlebnissen in der Kindheit und um das Erkennen der symbolischen Wiederholung dieser Erlebnisse im gegenwärtigen Angsterleben. Die bewusste Einsicht in die Selbststeuerung alter Ängste und das Experimentieren mit neuen Lösungsversuchen gehört auch zur Arbeit auf dieser Ebene.

Die dritte Ebene schließt die ersten beiden gleichsam ein. Durch die Einbettung des Angstprozesses in einen umfassenden existenziellen Rahmen kann die Angst einen Sinn bekommen als Signal für einen Widerspruch zwischen dem »So-Sein« unserer Lebensqualität und unseren Wunschvorstellungen. Gerade die spektakulären Ängste drängen uns oft dazu, die intensive Konfrontation mit den Grenzen unserer Existenz zu vermeiden und die Kernfragen des menschlichen Daseins mit regressiven, infantilen Mitteln beiseitezuschieben. Wenn wir das nicht tun, sondern wirklich an den Grenzfragen unserer Existenz mit unserer Aufmerksamkeit dranbleiben, dann kann es sein, dass eben noch übermächtig scheinende Probleme plötzlich völlig anderen Dimensionen zu weichen haben. Sie verlieren an Wichtigkeit. Die eigenen individuellen Ziele werden relativiert, vielleicht einem sozialen, humanitären oder religiösen Ziel untergeordnet.

Es wäre vermutlich einseitig, sich auf nur eine der drei Ebenen, die praktische, die biografische oder die existenzielle zu konzentrieren und dabei die anderen zu vernachlässigen. So wie sie im Leben zusammengehören, so bietet es sich an, sie auch in das therapeutische Bemühen zu integrieren. Die Methoden werden dabei variieren und die Ebenen in verschiedenen Phasen der Therapie unterschiedliches Gewicht haben. Insgesamt aber sind diese Ebenen ja Facetten der Realität des Phänomens Angst und man wird dem Phänomen am ehesten gerecht, wenn man alle Ebenen simultan berücksichtigt.

Angstlösung im Selbstversuch

Wenn man versuchen will, ein Angstproblem in Angriff zu nehmen, dann ist es sinnvoll, sich einige Fragen zur »Selbstanalyse« dieses Problems zu stellen. Anhand von drei Beispielen wird hier gezeigt, wie man das machen kann. Zu empfehlen ist jedoch allemal, diesen Versuch nicht ganz allein zu wagen. Wenn es irgendwie geht, sollten Sie einen Menschen Ihres Vertrauens in Ihre Probleme einweihen und mit ihm die »Selbstbehandlung« besprechen, ihn dort, wo es nötig ist, um Unterstützung bitten.

Eine gute Therapie wird Ihnen niemals vorgeben, was Sie zu tun haben, sondern im Gespräch Ihre eigene Suche nach Lösungen begleiten und unterstützen. Denn wenn Ihnen jemand sagt, was für Sie richtig wäre, dann gibt er Ihnen vielleicht einen im Moment hilfreichen Tipp, festigt damit aber Ihre negative Meinung von sich selbst – als jemand, der selbst nicht in der Lage ist, seine Situation zu ändern. Er festigt damit auch die Tendenz, sich in der Lenkung Ihrer Lebensentscheidungen von anderen abhängig zu machen und damit die Verantwortung für Ihr Leben anderen zu übertragen. Die Lust, sich vermeintlich Wissenden zu unterwerfen und dadurch die Bürde der Eigenverantwortlichkeit von sich abzuwälzen, ist nur allzu verständlich. Doch folgt man ihr, führt sie in der Regel nicht zu einem selbstbestimmten Leben, sondern in selbstverschuldete Unfreiheit gegenüber Mitmenschen.

In Abwandlung eines alten Spruches könnte man dann fragen: Ist es wirklich das, wozu wir Menschen das Gnadengeschenk des Lebens erhalten haben?

Das heißt nicht, dass man alles allein tun, keine Anregungen annehmen soll, ganz im Gegenteil! Schließlich ist es ein Unterschied, ob man die Sicht anderer zur Kenntnis nimmt, um dann selbst zu entscheiden, oder ob man immer alles allein erledigen will. Die Entscheidung, eine Therapie zu beanspruchen, ist eine Entscheidung dafür, sich im Gespräch mit seinen Problemen zu befassen und Lösungen zu entwickeln, wobei der Gesprächspartner in die Lebensumstände des Klienten nicht persönlich verstrickt ist. Das ist eine völlig andere Gesprächssituation, als sie im Kontakt mit Familienangehörigen, Arbeitskollegen oder Freunden in der Regel gegeben ist.

Die Analyse der eigenen Ängste wäre ein erster Einstieg in das Thema. Man sieht sich gewissermaßen durch die methodische Brille des Angstberaters. Man distanziert sich etwas von der Selbstverstrickung in das Angstgeschehen und in der Folge lassen sich eventuell auftretende schwierige Erlebnisse leichter bewältigen.

Wenn die Ängste allerdings ein solches Ausmaß annehmen, dass sie wirklich lebenseinengend werden, sollte man einen Psychotherapeuten zumindest konsultieren. Letztlich ist es viel schwieriger, in der Einsamkeit der eigenen vier Wände an seinen Ängsten zu arbeiten. Vielleicht besteht auch die erste Aufgabe bei der Bewältigung einer Angst darin, dass man die Barriere überwindet, sich überhaupt Hilfe zu holen. Das wäre schon ein Schritt in Richtung selbstverantwortlichen Handelns, ohnehin auch ein wichtiges Ziel einer professionellen Therapie.

Die weiteren Ausführungen sind somit auch als Hilfestellung zur Klärung der Frage, ob eine Therapie in Anspruch genommen werden sollte, zu sehen.

Folgende Fragen eignen sich für eine Angstanalyse:

1. *Klarheit über das Änderungsmotiv:* Warum will ich eine Änderung der Angstproblematik anstreben und wie wichtig ist mir die Änderung?
2. *Klarheit über den IST-Zustand:* Was ist es, das derzeit im Erleben wahrnehmbar ist: im Gefühl, im Verhalten, an der Situation, im Kontakt mit den Mitmenschen?
Wie ist der Ablauf der Angsterfahrung, wodurch wird sie ausgelöst, wie wird sie aufrechterhalten, wie beendet?

Wie macht sich das Angstgefühl bemerkbar und wie gehe ich damit um, welche Vermeidungsstrategien innerer und äußerer Art setze ich ein?
3. *Wie gelingt die Angstwahrnehmung:* Wie erlebe ich ganz konkret und gegenwärtig das Angstgefühl? Was ist so unangenehm daran? Wie verhalte ich mich im Falle von Schwankungen der Angstintensität? Was drängt mich, diese Wahrnehmung abzubrechen?
4. *Analyse der Angstbedeutung:* Welchen Inhalt hat die Angst, d. h. welche Bedrohung liegt ihr zugrunde? Ist es die Angst vor etwas außerhalb, einem Tier, einem Menschen, einem Misserfolg? Oder alarmiert mich die Angst in Bezug auf einen inneren Zustand, ein anderes Gefühl, einen seelischen oder körperlichen Schmerz, eine schlimme Erinnerung oder Vorstellung? Wie real ist die Bedrohung: a) für das Auftreten des (alten) Gefühls, b) für meine gegenwärtige Existenz? Welche Funktion hat die Angst? Worin behindert sie mich, was erspart sie mir? »Benutze« ich die Angst, um mich vor wichtigen Lebensentscheidungen zu drücken, anstehende Reifungsschritte aufzuhalten, in kindlicher Abhängigkeit zu bleiben?
5. *Risiko- und Einsatzbereitschaft:* Wie weit geht mein Einsatz bei der Bearbeitung der Angst, was darf passieren, was nicht mehr? Wie viel ernsthafte Risikobereitschaft bringe ich auf? Bin ich in der Lage, trotz Angst um mehr Klarheit, um mehr Realität und um die Lösung der Bedrohung zu kämpfen? Bin ich bereit, die Folgen zu tragen, die sich aus der durch Klärung der Angst freigesetzten Kraft ergeben können?
6. *Änderungsziele und Änderungsmittel: Woran bin ich primär interessiert:*
   A   Reduktion des *Angstgefühls*?
   B   Reduktion der realen oder vermeintlichen *Bedrohung*?
   C   Reduktion der *Unklarheit* über die Art der Bedrohung?
   D   Mehr Klarheit und Kompetenz in den *Bewältigungsmöglichkeiten*?

E *Mehr Selbstsicherheit, Selbstverantwortung und Entscheidungssicherheit?*

Je nachdem, wie Sie diese Fragen beantworten, werden die Lösungsmethoden zu wählen sein:

A *Direkte Hemmung des Angstgefühls* – medikamentös, durch Einübung von Entspannung, Ablenkung, Gefühlsdifferenzierung.
B *Aktive Beeinflussung der Angstauslöser* – Angriff, Flucht, Vermeidung von Angstsituationen, Konfrontation trotz Angstgefühls.
C *Informationssuche:* Ist die Bedrohung real, irreal? Was wird bedroht – mein Image, mein Job, mein sozialer Status, meine Rolle in der Familie, meine Gesundheit, mein Leben, der Sinn meines Lebens, das Leben einer Gemeinschaft? Oder einfach der wenig realistische Wunsch, ein Leben führen zu können ohne jegliche Aufregung, ohne Irritation, ohne Krise?
D *Verbesserung der Bewältigungskompetenz*:
   a) Die irrealen Bedrohungen ignorieren und sich auf die realen konzentrieren trotz irrationaler Angst vor irrealer Bedrohung.
   b) Neue Bewältigungsmittel erwerben: z. B. aggressives Vorgehen gegen reale Bedrohung, Auflehnung gegen sozialen Status, öffentliches Reden trotz Angst etc.
E *Suche nach Sicherheit*, z. B. durch Akzeptanz eigener Schwächen durch andere und sich selbst. Ringen um »ergebnisoffene« Selbstverantwortung und Entscheidungsbereitschaft. Statt anderen die Verantwortung für sich aufladen zu wollen, die Verantwortung für eigene Entscheidungen übernehmen und sich von außen lediglich Anerkennung dahingehend einholen, dass andere Verständnis für die Schwierigkeit genau dieser Leistung vermitteln.

7. *Folgen einer Angstlösung:* Welche Auswirkungen einer erfolgreichen Angstlösung sind absehbar:
   A *Im zwischenmenschlichen Bereich* (Verschiebungen von Machtverhältnissen in den Systemen Familie, Beruf, Freunde; Änderung der inneren und sozialen Grenzen gegenüber anderen)?
   B *Im gesundheitlichen Bereich* (mehr Stress und Belastung durch aktive Angstbewältigung, Erschöpfung, kardiovaskuläres Risiko etc.)?
   C *Im Bereich der Persönlichkeitsentwicklung* (klarere Grenzen zwischen eigenen Werten und denen anderer, auch nahestehender Personen)?
   D *Im politischen Bereich* (Zivilcourage, sich trauen, nicht nur beim Gegner, sondern auch bei politischen Freunden anzuecken und unbequem zu werden)?

1. Beispiel: Lesezwang

Nehmen wir zur Illustration als erstes Beispiel die bereits zuvor geschilderten Ängste jenes Mannes, der keine Ruhepausen ertragen konnte. Um sie zu überbrücken, lenkte er sich durch zwanghaftes Zeitunglesen ab.

1. *Klarheit über das Änderungsmotiv:* Er hat bereits mehrere Therapieversuche gemacht, einschließlich 100 Stunden Psychoanalyse. Nachdem die Kasse nicht bezahlt, ist er bereit, auf eigene Kosten einen pragmatischen Anlauf zu nehmen. Er will etwas Konkretes tun, wenn es sein muss, auch unangenehme Erfahrungen ertragen. Etwas schwächer wird seine Bereitschaft in zwischenmenschlichen Konflikten, wenn es darum geht, sich gegenüber Dienstherren, Verwandten etc. durchzusetzen, sein Selbstbild des großzügigen, nachgiebigen, allseits beliebten Zeitgenossen aufs Spiel zu setzen.

2. *Klarheit über den IST-Zustand:* Er leidet unter unangenehmen Beklemmungsgefühlen, wenn Pausen in der Alltagsbetriebsamkeit auftreten, z. B. wenn er warten muss, auf den Lift, im Vorzimmer, vor Ampeln, in Gesprächspausen. Dabei kommt es zu spürbarer Erregung, einem Gefühl des Eingesperrtseins, Herzstechen, körperlicher Anspannung, Angst vor Kontrollverlust und Blamage. Um diese Gefühle zu vermeiden, wird präventive Ablenkung versucht: Zeitunglesen, Lesen von Namensschildern etc. (rein gedankliches Wiederholen von Texten oder Kopfrechnen reicht nicht aus). Gelingt die Ablenkung nicht, so erfolgt Flucht – gegebenenfalls mit einer kurzen Entschuldigung, meist begleitet von enormen Peinlichkeitsgefühlen. Auch bei erfolgreicher Ablenkung bleibt in Erwartung der nächsten Panne Daueranspannung, die Angst vor der Angst.
3. *Angstwahrnehmung:* Wie wird die Angst in dem Moment erlebt, da er zur Zeitung greift, um sie zu öffnen und mit dem Lesen zu beginnen? Was ist so unerträglich in genau diesem Augenblick? Lässt sich dieser Zustand etwas in die Länge ziehen, bevor etwas dagegen unternommen werden »muss«? Wo im Körper fühlt er dieses vermeintlich unerträgliche Gefühl und was genau macht es jetzt so bedrohlich? Ist es die Erwartung einer Verschlechterung, nachdem erst leichte Anzeichen einer Anspannung auftreten? Oder ist die Anspannung selbst nicht mehr zu ertragen? Welche Katastrophenfantasien entwickelt er über den weiteren Verlauf, würde er jetzt ausharren?
4. *Analyse der Angstbedeutung:* Vordergründig besteht der Inhalt der Angst im möglichen Kontrollverlust – unkontrolliertes Reden, Umfallen, Blackout, Kreislaufkollaps. Bei längerem »Nachspüren« wird jedoch die Angst vor der Aggression deutlicher bewusst. Nicht eingestandene Aggressionen gegen Vorgesetzte, Vater- und Mutterfiguren, nicht erledigter Ärger gegenüber den Eltern. In unstrukturierten Kontakten mit Gesprächspartnern nehmen diese Impulse überhand, können nur unter größtem

Aufwand eingedämmt werden. Das Umsetzen dieser Impulse führt in der Erwartung zur Katastrophe, wird aber meist nicht zu Ende gedacht: Blamage, Kündigung, Psychiatrie, Gefängnis, Einsamkeit, Verhungern.

5. *Risiko- und Einsatzbereitschaft:* Diese Aggressionen zu äußern, ist er nicht wirklich bereit. Selbst im Rollenspiel, in der Fantasie macht die Idee, die Anspannung und Kontrolle fahren zu lassen, zu viel Angst. Das, was dann kommt, einfach zu riskieren, seine eigene Aggression so gefahrlos kennenzulernen, ist noch zu viel. Zu wichtig ist das Selbstbild des angepassten, galanten, übergenauen Einzelgängers.

6. *Änderungsziele und Änderungsmittel:* Ein allmähliches Annähern an die aggressiven Gefühle und die ihnen zugrunde liegenden Verletzungen mit vorsichtiger Unterstützung durch körpertherapeutische Techniken und ausführliche Gespräche über die Entstehungsbedingungen dieser Gefühle kann die Barrieren lockern. Ohne fachkundige Anleitung ist diese Arbeit jedoch kaum zu schaffen.

Das Ziel ist ein lockerer Umgang mit den aggressiven Gefühlen, wobei die »alten« Anteile aus massivst und wiederholt frustrierenden Kindheitserfahrungen herrühren mögen. Dazu kommen die real gegebenen »neuen« Anteile, die auf demütigende Arbeitsbedingungen zurückgehen können. Alte und neue Aspekte der Aggressionshemmung wären zu identifizieren und gut zu trennen, um eine differenzierte Form des Aggressionsausdrucks zu entwickeln.

Durch einen freieren Umgang mit Aggression sollte auch die Angst abnehmen. Bis es so weit ist, können direkte Methoden zur Angsterleichterung im Alltag eingesetzt werden, unter Umständen auch Medikamente, Entspannung, Ablenkung. Aber diese Versuche dürfen die Arbeit an den Bedingungen der Angst nicht ersetzen!

7. *Folgen einer Angstlösung:* Vermutlich werden die Konflikte im sozialen Kontext (Familie, Arbeit) zunehmen. Neue Interakti-

onsformen müssen hier gesucht werden. Es ist schwer, zu Konflikten mit Kollegen und Angehörigen zu stehen, wenn man bisher vor allem darauf bedacht war, nirgends anzuecken und Everybody's Darling zu sein.

Mehr Einsamkeit durch die besser gewordene Abgrenzung könnte sich einstellen, mit dem Nebenergebnis, dass man sich aber auch nicht mehr so leicht von anderen ausbeuten lässt. Und eben auch mehr Klarheit im Hinblick auf das eigene Selbst, die eigene Existenz – letztlich eine neue Selbstsicherheit, die Kontakte auf einer anderen, freieren Basis ermöglicht.

2. Beispiel: Schwangerschaftsangst

Als nächstes Beispiel sollen die Ängste einer Frau aufgeschlüsselt werden, die nach wiederholtem Schwangerschaftsabbruch eine Beratung suchte.

1. *Klarheit über das Änderungsmotiv:* Nach kurzem Gespräch stellt sich heraus, dass sie nach Jahren der »Freiheit« nun eine festere Partnerschaft akzeptiert. Der Mann will Kinder, sie fürchtet, dadurch ihre berufliche Karriere zu zerstören. Das wiederum hätte, so meint sie, Abhängigkeit und Hilflosigkeit zur Folge, was sie keinesfalls will. Eine Änderung ihrer Schwangerschaftsängste strebt sie zwar an, eine Änderung ihrer Lebensmaxime allerdings nicht.
2. *Klarheit über den IST-Zustand:* Die Ängste werden ausgelöst durch die Vorstellung von Schwangerschaft, der Geburt eines Kindes, die Verpflichtungen danach. Wenn tatsächlich Anzeichen einer erfolgten Schwangerschaft auftraten, kam es zu anhaltenden Panikzuständen, die bislang früher oder später zum Abbruch der Schwangerschaft führten, so es tatsächlich eine gegeben hatte. Viel häufiger aber war sie angstvoll damit beschäftigt, in sich hineinzuhorchen, um vermeintliche Anzeichen von

Schwangerschaft möglichst früh zu entdecken. Ihr Wunsch ist, dass die Angst vor, besonders aber nach einsetzender Schwangerschaft »verschwindet«. Sie sucht einen Weg, wie sie den Wunsch ihres Partners erfüllen kann, ohne ihre Lebensweise wesentlich ändern zu müssen.

3. *Angstwahrnehmung:* Auch hier wäre zu fragen, wie äußert sich das Angstgefühl denn konkret und gegenwärtig im Augenblick der Katastrophenvorstellung. Und was macht es so unerträglich, dass die Vermeidungsimpulse auf dem Fuße folgen?
4. *Analyse der Angstbedeutung:* Als Angstinhalt stellt sich bald die Abhängigkeit heraus. Bestimmte Kindheitserfahrungen in den ersten Lebensjahren, besonders im Zusammenhang mit der Geburt eines Bruders, führten sehr früh zu einer Abkehr von den Eltern, zur Rebellion gegen die zugeteilte unattraktive Rolle eines Mitläufers in der Familie: »Ich mach es anders, ich werde es euch zeigen.« Die sich nunmehr stabilisierende Partnerschaft weckt alte Ängste, die sich auf die Geburt des Kindes konzentrieren: »Verliere ich wieder meinen Rangplatz – und dazu die schwer erkämpfte Freiheit?«
5. *Risiko- und Einsatzbereitschaft:* Der Konflikt ist real, die Bereitschaft aber eher gering; halbherzig wird die Beratung in Anspruch genommen. Sie will zwar den Wunsch des Partners erfüllen, der Inhalt des Wunsches, das Kind, ist aber nicht ihr Wunsch.
6. *Änderungsziele und Änderungsmittel:* Wenn hier nicht die individual-historischen Bedingungen ihrer Persönlichkeit – vor allem die Abhängigkeitsängste, vielleicht auch nicht eingestandene Abhängigkeitswünsche – sorgfältig bearbeitet werden, bleibt die Schwangerschaft eine Horrorvorstellung für sie. Und warum soll sie etwas tun, das sie nicht will?

Der Versuch einer isolierten Angstlösung mit dem Ziel, die Schwangerschaft voll austragen zu können, dürfte bei unveränderter Motivlage wenig Erfolg versprechend sein. Vielleicht kommt sie voran, wenn sie sich die tatsächliche Belastung durch die Verantwortung für ein Kind, möglichst im Gespräch mit erfahrenen Müttern, genauer vor Augen führt und nicht nur an Horrorvorstellungen hängen bleibt. Im weiteren Verlauf könnte der Schwerpunkt auf die eigene Verantwortung für ihre persönliche Lebensgestaltung gelegt werden – wie grenze ich mich von den Wünschen des Partners ab und unterstütze meine eigenen Pläne für mein weiteres Leben? Und in weiterer Folge, wie grenze ich mich von den Wünschen und Forderungen des (vorläufig ja nur fantasierten) Kindes ab, ohne die notwendigen Maßnahmen der Versorgung zu vernachlässigen?

7. *Folgen einer Angstlösung*: Es kann sein, dass die Desensibilisierung gegenüber den Angst induzierenden Vorstellungen von Abhängigkeit in der Mutter-Kind-Bindung und vom Partner dazu führen, dass auch die positiven Erfahrungen im Zusammenhang mit Elternschaft vorstellbar und attraktiv werden. Eine Zunahme von Selbstsicherheit könnte auch dazu führen, dass die Frau konkrete Verhandlungen mit ihrem Mann darüber führt, wie die Belastung der Kindererziehung »fair« aufgeteilt werden kann.

3. Beispiel: Angst nach dem Infarkt

Ein Herzinfarkt ist ein extrem einschneidendes, das Leben massiv bedrohendes, traumatisches Ereignis. Er ist meist von großen Schmerzen und Todesangst begleitet. In den Stadien der Rehabilitation kann eine Vielzahl von Ängsten auftreten, die meist insofern Realängste sind, als sie durch die reale Gefahr des Todes oder der bleibenden Behinderung ausgelöst werden. In späteren Stadien der Rehabilitation gibt es jedoch manchmal typische Formen von Ängsten, die ein schwer zu entwirrendes Geflecht von realen und irrealen Inhalten bilden:

1. *Klarheit über das Änderungsmotiv*: Der Infarktpatient hat ein legitimes Interesse, seine Krankheits- und Existenzängste zu verlie-

ren. Er sucht medizinische, vielleicht auch psychologische Hilfe, die ihm zu diesem Ziel verhelfen soll. Gerade die psychologische Hilfe wird jedoch neben den akuten Ängsten – der drohende Reinfarkt – auch diejenigen Ängste berühren, die schon in der Zeit vor dem Infarkt chronische Stressoren darstellten. Vom Inhalt her können sie sehr verschieden sein, Angst vor Niederlagen, Angst, die Leistungsnormen nicht zu erfüllen, nicht ernst genommen, nicht geliebt zu werden u. Ä. Durch alles zieht sich aber zusätzlich wie ein Nebel die vom aktuellen Infarkt vehement ausgelöste Angst vor dem Tod, der im Falle eines Reinfarktes jederzeit eintreten kann. Die Arbeit an diesen Gefühlen erzeugt jedoch Stress, Erregung. Das aber will der Infarktpatient verständlicherweise unter allen Umständen vermeiden. So ist sein Motiv zwar echt, Stressoren, insbesondere Ängste, abzubauen. Er sucht sich dafür aber einen möglichst ruhigen Weg. Dabei läuft er Gefahr, zusätzlich eine infarktspezifische Erregungsphobie zu entwickeln.
2. *Klarheit über den IST-Zustand:* Aus Gründen der vorherrschenden Reinfarkt-Angst vermeidet der Patient gerne alle unangenehmen Themen, besonders wenn sie zusätzliche angstbesetzte Gefühle auslösen. Diese Vermeidung macht ein »Aufarbeiten« von latenten Konflikten so gut wie unmöglich, zumal der Patient in Gruppen im Rahmen der Infarktrehabilitation besonders darauf bedacht ist, sich keine Blöße zu geben. Er spricht zwar gerne über die Probleme, jedoch so, dass sie ihm nicht zu nahe kommen. Mag sein, dass dies einem weisen Selbsterhaltungsbedürfnis entspringt. Die Art dieses Schutzes kann jedoch zuweilen die Züge phobischer Vermeidung annehmen. Die Chance, nach einem überlebten Infarkt die eigene Lebenslage gründlich zu analysieren und vielleicht zu revidieren, wird so leicht vertan. Die Rehabilitation ist dann bestenfalls eine Wiederherstellung des alten Zustandes.
3. *Angstwahrnehmung:* Wichtig wäre in dieser Phase, die auftretenden Ängste, die nach innen gerichtete ängstliche Aufmerksam-

keit im Moment des Geschehens wahrzunehmen und sich dem Angstgefühl zu stellen. Daran kann sich das Beobachten der Vermeidungsgedanken anschließen, wobei anzustreben wäre, etwas Spielraum zwischen Angstwahrnehmung und Vermeidung zu schaffen.
4. *Analyse der Angstbedeutung:* Angstinhalt ist ziemlich direkt der Reinfarkt und daraus resultierend der Tod. Da ist nicht viel Irrationales dran und es bleibt nur die Frage, ob die vermeintlichen Indikatoren eines näher kommenden Reinfarktes real und begründet oder überzogen sind. Hochsensibilisierte körperbezogene Aufmerksamkeit läuft Gefahr, sämtliche Aktivitäten zu vermeiden, die eine Steigerung der Erregung auslösen können.
5. *Risiko- und Einsatzbereitschaft:* In der Infarktrehabilitation wird darauf Wert gelegt, dass eine dosierte körperliche Belastung des Kreislaufes möglichst bald wieder vorgenommen wird. Die erhöhte Sensibilität für Herzrhythmen, Schmerzen im Bereich des Brustkorbs, Unregelmäßigkeiten des Pulses lassen die Patienten jedoch zurückschrecken, was zu einer Verstärkung der Erregungsphobie führen kann. Die körperliche Rehabilitation wird dadurch eher behindert und zudem das Leben der Patienten trotz geheilter Herzerkrankung durch die Vermeidungen erheblich eingeschränkt.
6. *Änderungsziele und Änderungsmittel:* Ein Ansprechen dieses Vorganges kann dazu beitragen, dass die irrationalen Aspekte der Vermeidung erkannt und die übermäßige Restriktion der Aktivitäten aufgegeben werden. Der Patient ist bereit, den Konflikt – körperliche Gesundheit bei gleichzeitig erhöhter Krankheitsangst – selbst zum Gegenstand seiner Angstkontrolle zu machen. Erfahrungsgemäß gelingt dies jedoch eher in Einzelkontakten mit dem psychologischen Berater als in Gruppen. Gerade bei einem derart komplizierten Ineinandergreifen der Angstauslöser erscheint es wichtig, sowohl dem Wunsch nach direkter Angstreduktion (Entspannung, kognitiven Hilfestellungen, körperlichen

Übungen) als auch nach Einsicht in die Angstinhalte zu entsprechen.
7. *Folgen einer Angstlösung:* Das Aufgreifen existenzieller Fragen – das Faktum des Todes, wahrscheinliche Lebenserwartung, Lebensqualität bis zum Tod – kann die körperlich-seelischen Probleme relativieren und eine durchgängige Gelassenheit fördern. Damit ist die Konzentration auf die reale Lebensgefahr und dadurch ausgelöst die gedankliche Beschäftigung mit Fragen, die über den Tod hinausgehen, gemeint. Es ist wahrscheinlich, dass dies zu einer ruhigen und realistischen Einschätzung der verbleibenden Möglichkeiten und damit letztlich zu einem spannungsfreieren Leben nach dem Infarkt beiträgt.

Graduelle Angstkonfrontation

Hat man sich entschieden, seinem Angstproblem auf den Grund zu gehen, so ist der sicherste Weg der über die systematische graduelle Konfrontation. Das Prinzip ist denkbar einfach: Wir wollen lernen, in Lebenssituationen, in denen wir wie automatisch mit Angst reagieren, Platz für bewusstes Erleben zu schaffen. Dadurch soll die Angstvermeidung nicht mehr wie mechanisch und dann meist unangemessen einsetzen, sondern wenn, dann als selbstverantwortliche Handlung. Die Angst soll nicht wie unter Zwang unser Verhalten bestimmen. Indem wir die Angstsituation bewusst aufsuchen und dabei die Aufmerksamkeit auf die äußeren und inneren Vorgänge richten, schaffen wir uns im doppelten Wortsinn »Luft«.

Unser Verhalten erfolgt dann aus einer anderen Position als der des von Angst getriebenen, hilflosen Nervenbündels. Mut heißt nicht »keine Angst haben«, sondern vielmehr, die Angst als Alarmsignal zu spüren, die Berechtigung dieses Alarms in der Realität zu prüfen und die dieser Realität angemessene Handlung auszuführen.

Wenn z. B. jemand mit starker Agoraphobie den Versuch macht, aus dem Haus zu gehen, treten dabei Angstgefühle mit den typischen Körpervorgängen, Katastrophenvorstellungen und all dem, was noch dazugehört, auf. Dann könnte vielleicht folgender Gedankenablauf stattfinden:

»Ich spüre, dass die Erregung steigt, es ist mir entsetzlich unangenehm, ich bin schon wieder nahe am Aufgeben, an der Verzweiflung. Aber ich kenne das schon und diesmal gebe ich dem momentanen Impuls zurückzulaufen noch nicht nach, sondern prüfe: Wie spüre ich die Angst in meinem Körper? Was macht mir Angst? Natürlich diese Körperzustände, ich habe Angst zu sterben, wenn ich weitergehe.

Ist diese Angst berechtigt? Sterben werde ich jetzt vermutlich noch nicht, aber diese Zustände sind sehr unangenehm. Wenn sie stärker werden, wer weiß, was passiert.

Wie spüren, fühlen sich diese Zustände genau an? Bin ich bereit, diese Belastung jetzt auszuhalten? Ehrlich gesagt, nein, es ist mir jetzt zu viel. Ich kehre um und will mich zu Hause erst einmal regenerieren. Und das ist es, was ich tue!«

Wenn man sich für diese Entscheidung wirklich das O. K. geben kann, ist es vielleicht gut so und eine wesentliche Komponente des Problems gelöst. Anstatt automatisch mit dem alten Vermeidungsverhalten zu reagieren, wird eine kleine »Bewusstseinspause« eingelegt, die Optionen werden abgewogen, der Angstzustand gespürt. Man entscheidet sich für eine der Verhaltensmöglichkeiten und stellt sich dann hinter diese Entscheidung, kann sie innerlich vertreten.

Häufig schafft man diese kurze Pause zwischen dem Wahrnehmen der Angst und der Entscheidung nicht. Vielmehr sind die Angst und die eigene Hilflosigkeit ein so festes gedankliches Konzept, ein Gewirr von Abläufen, dass die Angstwahrnehmung gar nicht mehr abgewartet wird. Das Registrieren der als kritisch bekannten Situation reicht aus, um die Rückzugsroutinen in Gang zu setzen. Anschließend kommen dann die Selbstvorwürfe über das Versagen, die den eigenen Selbstwert und die Lebensgeister in den

Keller sinken lassen. Dieser Prozess der Selbstabwertung nach der Angstvermeidung reduziert auch die Chancen des nächsten Versuches von vornherein.

Die Wunschziele heißen: Angstwahrnehmung – Bewusstseinspause – Realitätstest – Entscheidung und Handlung. Um sie zu erreichen, ist die Methode der graduellen Angstkonfrontation hilfreich. Dabei »organisiert« man sich seine Angstauslöser so, dass man sie »dosiert« erfahren kann und nicht von plötzlichen Angstattacken überwältigt wird.

Das hat natürlich auch seine Grenzen, denn viele Angstinhalte lassen sich einfach nicht so präzise kontrollieren. Häufig hängt die Heftigkeit der Reaktionen auch gar nicht so direkt von den Eigenschaften des Angstinhaltes, sondern von der körperlich-psychischen Tagesverfassung, der Begleitung, den sonstigen Belastungen etc. ab. Gewiss, ein Risiko ist stets vorhanden. Immerhin kann man damit beginnen, die Konfrontation in der Vorstellung zu üben. Das eigentliche Ziel ist jedoch die Konfrontation mit den realen Angstauslösern (In-vivo-Konfrontation).

Die Angstsituation charakterisieren

Ein Prinzip der Konfrontation mit den Angstauslösern besteht darin, dass man nicht wartet, bis einen die Angstgefühle ereilen oder die Angstauslöser überrumpeln, sondern dass man sich bewusst erlebt, wenn man »auf die Angst zugeht«. Anstatt eines »Defensivkampfes mit möglichst geordnetem Rückzug« ergibt sich die Gelegenheit, aktiv die Quelle der Angst in der Realität oder in der Vorstellung aufzusuchen. Man versucht, seine affektiven Reaktionen dabei etwas länger als üblich zu ertragen, sie und sich dabei zu beobachten und das »Wie« dieser Abläufe zu »erspüren«.

An den Beispielen Prüfungsangst und Flugangst soll nun das Prinzip der graduellen Konfrontation etwas ausführlicher veranschaulicht werden.

Problembereich Prüfungsangst

	Situation	Eigene Reaktion	Typisches Verhalten
1. Stufe	Zwei Tage vor der Prüfung: zu Hause Prüfungsstoff lernen.	Unruhe in der Magengegend; Gefühl der Leere im Kopf; Gedanken an Misserfolg; flacher Atem; Unlustgefühl.	Ablenkung durch Zeitunglesen, Kaffeekochen und Wohnungputzen; Überlegungen, nicht zur Prüfung anzutreten.
2. Stufe	Betreten des Prüfungsgebäudes; Fahrt mit dem Lift zum Prüfungszimmer.	Herzklopfen; Kopfschmerzen; Sperre im Hals; intensives Angstgefühl; Katastrophenerwartung.	Angespannte, eckige Bewegungen; Selbstüberprüfen von Lerninhalten; Befragen anderer Prüfungskandidaten nach deren Vorbereitung.
3. Stufe	Auge in Auge mit dem Prüfer vor der ersten Frage.	Wie bei 2.; außerdem Scham über das Versagen.	Stockende Sprache; entschuldigende Gesten; gebeugte, verspannte Körperhaltung; Unterwerfung, Rückzug.

Problembereich Flugangst

	Situation	Eigene Reaktion	Typisches Verhalten
1. Stufe	Reisevorbereitung am Abend vor dem Flug; Verabschiedung durch Bekannte.	Übelkeit; verkrampfter Brustkorb; böse Ahnungen; Katastrophengedanken.	Gespräche über Stornogebühren bei Absage der Reise; Versicherungen über das niedrige Unfallrisiko; Herunterspielen der Angst.
2. Stufe	Anschnallen vor dem Start; Sicherheitsinformation durch die Stewardess.	Herzrasen; heftiger Wunsch, noch auszusteigen; Angstgefühl am ganzen Körper; Schmerzen in Stirn und Nacken.	Unansprechbar; Prüfen, ob die Flügel noch dran sind; Selbstaussagen wie: jetzt passiert's, jetzt ist es zu spät.
3. Stufe	Unerwartete Flugmanöver, »Luftlöcher«, Änderung des Motorengeräusches.	Alarm; heiße Stiche in der Magengegend; Gefühl des Eingeschnürtseins; heftiger Puls am Hals.	Äußerlich ruhig, innerlich angespannt; Kontrollblicke auf Flügel, Triebwerk, Gesicht der Stewardess.

Wählen Sie eine Situation, von der Sie aus Erfahrung wissen, dass sich in ihr mit einiger Sicherheit Ängste einstellen. Versuchen Sie, wie in den beiden Beispielen drei Abstufungen der Schwierigkeit nach vorzunehmen, sodass die dabei zu erwartende Angst von »eher leicht« über »mittel« bis »ganz stark« variiert. Schreiben Sie die charakteristischen Merkmale dieser drei Stufen auf ein Blatt Papier. Fügen Sie nun zu der reinen Situationsbeschreibung auch noch Ihre erwarteten körperlichen, gedanklichen, gefühlsmäßigen Reaktionen sowie das für derartige Situationen typische Verhalten hinzu.

Konfrontation in der Vorstellung

1. Übung: Ich stelle mir die Situation vor

Wenn Sie Ihre eigene Angstsituation in etwa beschrieben haben, setzen Sie sich bequem zurecht und richten Sie Ihre Aufmerksamkeit zwei Minuten auf Ihren Atem. Beginnen Sie damit, sich die Situation vorzustellen (1. Stufe), möglichst deutlich, in allen Details. Wenn die Angsterregung spürbar wird, prüfen Sie, welche Aspekte der Situation es sind, die das Angstgefühl auslösen. Atmen Sie etwas stärker und bleiben Sie mit dem »inneren Auge«, der Vorstellung, an diesen Bildern. Achten Sie darauf, wie Sie sich beim Vorstellen dieser Bilder fühlen. Vorsicht, keine Klischee-Benennungen des Gefühls, spüren Sie wirklich »hin«; was ist es wirklich, das Sie fühlen? Achten Sie auf den Unterschied zwischen dem, was Sie innerlich sagen, dem, was Sie fühlen, und dem, was Sie körperlich spüren. Konzentrieren Sie sich dann wieder auf den Wechsel von Angstgefühl, (Angst nährender) Vorstellung, realen körperlichen Vorgängen.

Nun beginnen Sie, sich selbst in dieser Situation agieren zu sehen. Lenken Sie die Aufmerksamkeit auf die Wahrnehmung dessen, was wirklich spürbar ist, egal ob es Angst oder sonst etwas ist, und bleiben Sie »dran«. Versuchen Sie, diese Gefühle und Körperempfindungen möglichst genau zu spüren, während Sie in der Vorstellung agieren.

Achten Sie auf die inneren Kommentare, die Sie dazu abgeben. Sind sie eher paniksteigernd oder sind sie verschleiernd, verleugnend? Sind sie kategorisierend oder ordnen Sie etwa dem diffusen Zustand vorschnell Begriffe oder Worte zu? Welche Auswirkungen haben diese Kommentare auf das Wahrnehmen der Angsterregung, auf die Erregung selbst? Wird sie stärker oder schwächer?

Was kann man tun, wenn die visuelle Vorstellung der Angstsituation zwar gelingt, diese aber zu keinerlei Angstgefühl, Erregung etc. führt? Das wäre kein Grund zur Sorge. Dann üben Sie eben, die angstauslösende Situation durchzudenken und dabei ruhig zu bleiben. Flechten Sie in die Vorstellung der Situation auch die Vorstellung der körperlichen Begleiterscheinungen ein (die spürbaren körperlichen Anzeichen der Angsterregung) und beginnen Sie während dieser Vorstellung, ruhig zu atmen. Das klingt vielleicht verwirrend, doch geht es schlicht darum, während der Vorstellung von etwas Erregendem, Angstauslösendem ruhig zu bleiben. Sie befinden sich während der Übung also in der Gegenwart des sich visuell etwas Vorstellenden und erzeugen gleichzeitig den Inhalt der Vorstellung, nämlich die Angstsituation und ihre (vorgestellte) Aufregung. Einfacher ausgedrückt: Ziel ist es, sich etwas Belastendes vorzustellen und gleichzeitig entspannt zu bleiben.

Die Vorstellung könnte dann etwa so aussehen: Ich stehe vor dem Prüfungszimmer, sehe die Tür, den Griff, spüre dort mein Herz klopfen, meine Erregung. Jetzt öffne ich die Tür und gehe in den Raum. Ich spüre die Schwäche in den Knien etc. Das stellt man sich vor, während man ruhig in seinem Sessel sitzt und entspannt atmet oder es zumindest versucht ... Man kann auch zuerst auf Tonband sprechen und sich die Szene beim Abhören vorstellen.

Ein weiteres Hindernis kann auch die Unfähigkeit zur Vorstellung selbst sein: dass innere Bilder entweder gar nicht kommen oder sofort beim Auftreten Angst auslösen und dann gleich wieder verschwinden. In diesem Fall kann man ähnlich verfahren wie zuvor, aber mit etwas mehr Ausdauer. Fehlt jedoch das Vorstellungsvermögen selbst, so geht man am besten gleich zur Angstkonfrontation in der Realität über. Es gibt auch meditative Übungen, mit denen die Vorstellungsfähigkeit geschult werden kann. Es würde jedoch zu weit führen, hier näher darauf einzugehen.

Wichtig an dieser Übung ist, sich dem tatsächlichen Zustand innerlich zuzuwenden, ihn bewusst zu spüren und jene Vorgänge mit konstanter Aufmerksamkeit zu registrieren, die sich bei der Vorstellung von typischerweise Angst auslösenden Situationen einstellen. Anstatt den sonst üblichen Tricks der internen Vermeidung empfiehlt es sich, den aversiven inneren Zustand einige Sekunden länger auszuhalten.

An sich selbst gerichtete Gedanken könnten z. B. so lauten: »Jetzt will ich wenigstens einmal genau wissen, wie sich dieser Zustand wirklich anfühlt, was denn da in mir wirklich spürbar los ist!«

Das Verrückte an der Angst ist ja, dass sich in dem Augenblick, in dem wir uns dem Angstgefühl innerlich direkt zuwenden und uns nicht gegen die Wahrnehmung desselben auflehnen, die Qualität des Gefühls verändert. So als würde ein Teil der Anstrengung frei, die sonst gegen die Wahrnehmung des inneren Zustandes gerichtet ist. Sie kann eine neue Stoßrichtung finden, kann Angriff oder Flucht stärken bzw. die Suche nach präziser Information über die Art der Bedrohung aktivieren. Angsterregung, die in Bewegung gerät, ist keine Angst mehr.

2. Übung: Ich stelle mir vor, wie ich meine Angst erfolgreich bewältige

Beginnen Sie wie bei der 1. Übung: Setzen Sie sich aufrecht hin, atmen Sie zwei bis drei Minuten ruhig, stellen Sie sich die Situation der 1. Stufe vor. Lassen Sie sich dann in dieser Situation so handeln, dass die Szene zu einem guten Abschluss kommt: also etwa derart, dass Sie die Angsterregung zwar spüren, diesen Zustand auch etwas länger als üblich hinauszuziehen (»Bewusstseinspause«), Ihr Verhalten dadurch jedoch nicht behindert wird. Stellen Sie sich vor, wie Sie in der Situation die angemessenen Handlungen trotz der Angsterregung ruhig fortführen und abschließen. Stellen Sie sich vor, dass die Angsterregung im Verlauf dieser Handlungen auch abnimmt. Versuchen Sie wieder, Ihre Handlungen in dieser Situation möglichst deutlich und kontinuierlich zu sehen.

Es empfiehlt sich, sowohl die 1. als auch die 2. Übung mehrmals auf den drei Schwierigkeitsstufen zu wiederholen, z. B. eine Woche lang täglich alle drei Stufen mit der 1. und der 2. Übung. Erst danach, wenn Sie sich sicherer fühlen, sollte die 3. Übung versucht werden.

3. Übung: Ich stelle mir vor, wie es mir NICHT gelingt, meine Angst zu bewältigen

Gestalten Sie den Anfang dieser Übung wie zuvor. Sobald es Ihnen gelingt, sich die Angstsituation vorzustellen und auch der unmittelbare Zustand »Angst« deutlich spürbar wird, lassen Sie genau die Dinge in der Fantasie geschehen, die Sie am meisten fürchten – und zwar Schritt für Schritt. Achten Sie darauf, dass Sie die Vorstellung nicht abbrechen, dass Sie nicht vorausspringen oder sie nicht zu abstrakt werden lassen. Versuchen Sie vielmehr, sie möglichst lebendig zu halten, die Gedanken zu registrieren, die Empfindungen und Gefühle dabei zu spüren.

Vor allem aber lassen Sie sich Zeit dabei, sehen Sie sich den Ablauf vor dem »inneren Auge«, also in der Fantasie, sorgfältig an, lassen Sie die körperlichen Vorgänge dazu stattfinden, auch wenn sie sich unangenehm anfühlen und zusätzliche Angst machen.

Tasten Sie sich an die vermeintliche oder reale »Katastrophe« sorgfältig heran. Sehen Sie zu, ob es Ihnen gelingt, sie in der Fantasie zu »durchleben«. Beachten Sie die vielen psychischen Tricks, die sich Ihnen möglicherweise anbieten, damit Sie sich um dieses gefürchtete Ereignis herumschwindeln. Lassen Sie diese Tricks aufkommen, ohne ihnen jedoch zu folgen. Orientieren Sie sich vielmehr weiter am Ablauf des »Unheils«. Gehen Sie bis zum Ende und vielleicht sogar noch einen Schritt weiter. Achten Sie darauf, wie Sie sich dabei und danach fühlen, nehmen Sie sich Zeit, auch das sorgfältig wahrzunehmen.

Nutzen Sie gerade diesen Abschnitt der Übung dazu, den Annahmen und Meinungen über sich selbst, die Welt, Ihr Leben nachzugehen, und prüfen Sie, welche Aspekte dieser Annahmen unumstößlich erscheinen. Welche Erwartungen haben Sie mehr oder weniger bewusst darüber, was beim eventuellen Zusammenbruch dieser Annahmen mit Ihnen geschieht? Versuchen Sie, sich die Antwort auf diese Frage vollständig auszumalen, und testen Sie, was Sie daran wirklich selbst beeinflussen können und was nicht. Versuchen Sie aber, den Dingen zumindest in der Vorstellung ihren Lauf zu lassen.

Wenn Sie sich vorstellen, dass alles schiefgeht, was Sie sich vorgenommen haben, an wen würden Sie sich in diesen Phasen gerne wenden? Wem würden Sie gerne ihr Herz ausschütten, ihre Gefühle des Versagens und der Wertlosigkeit mitteilen. Von wem würden Sie in diesem Moment gerne in den Arm genommen und getröstet werden? Gibt es diese Person real und können Sie sich tatsächlich an sie wenden?

Wenn Sie jemanden haben, der Sie warmherzig tröstet, vielleicht können Sie sich dazu durchringen, das mit sich selbst auch zu tun? Misserfolge sich selbst zugestehen? Nach allem, was Sie mit ihren Ängste durchmachen, müssen Sie sich nicht auch noch selbst dafür verdammen, dass Sie unter Ängsten zu leiden haben, oder?

Natürlich heißt das nicht, dass wir reale Katastrophen in der gelebten Wirklichkeit untätig geschehen lassen sollen, im Gegenteil: Es geht darum, denjenigen Anteil der äußeren und inneren Realität, den wir beeinflussen können, von dem zu unterscheiden, den wir nicht beeinflussen können. Dann gilt es, den nicht beeinflussbaren Zustand so sein zu lassen, wie er eben ist.

Je mehr wir uns durch innere Anspannung und statische Angst gegen eine Katastrophenfantasie sperren, umso weniger sind wir in der Lage, dort zeit- und sachgemäß einzugreifen, wo dies realistisch und sinnvoll ist. Das Hauptproblem irrationaler Ängste ist ja, dass sie sich auf real nicht relevante Bedrohungen fixieren und dadurch realitätsangemessenes Handeln bei wirklichen Gefahren eher behindern.

Vermutlich liegt aber gerade darin der (unter Umständen unbewusste) Trick der angstvollen Lebensvermeidung, denn die Beschäftigung mit dem übermächtig erscheinenden irrationalen Problem gibt vermeintlich die Legitimation für Selbstmitleid, generelles Resignieren und Klagen. Und das ist manchmal immer noch einfacher als die Konfrontation mit der sozialen, familiären, ökonomischen, politischen, physischen und vor allem existenziellen Realität aus einer selbstverantwortlichen Grundhaltung heraus.

Schließen Sie die Übung ab, indem Sie Ihre Aufmerksamkeit kurz dem Umstand zuwenden, dass alle Abläufe, die Sie intern spüren, gegenwärtig und real sind, dass sie jedoch vorläufig Ergebnis Ihrer Vorstellungstätigkeit sind. Wenden Sie sich der Wahrnehmung Ihrer gegenwärtigen äußeren und inneren Realität zu, all dem, was im Raum sichtbar, hörbar, tastbar ist, was in Ihnen spürbar ist. Achten Sie auf den Unterschied zwischen dem, was Ihnen jetzt als Gegenwart zugänglich ist, und dem, was Sie als Reaktion auf den Inhalt ihrer Vorstellungstätigkeit erfahren haben.

Die drei geschilderten Übungen führen dann zu einem die Angstlösung förderlichen Ergebnis, wenn sie oft wiederholt werden, möglichst mehrmals täglich. Dabei können die Inhalte der vorgestellten Angstsituation variieren. Der Ablauf sollte jedoch grundsätzlich derselbe bleiben. Die wesentlichen Elemente seien, etwas gerafft, noch einmal wiederholt:

1. Visuelle Vorstellung angstauslösender Situationen, nach Schwierigkeitsgrad gestaffelt. Wahrnehmung der subjektiven Reaktio-

nen auf die vorgestellte Situation, akut auftretende Angsterregung registrieren und durch ruhiges Atmen »sein lassen«.
2. Wahrnehmen des Zusammenhangs zwischen Vorstellungsinhalten und Angsterregung. Beobachten der gedanklichen, sensorischen, emotionalen und motorischen Aspekte der Angstreaktion: die Aufmerksamkeit auf die tatsächlich gegebenen internen Vorgänge und Empfindungen gerichtet halten.
3. Einbau des eigenen Verhaltens in die Vorstellung, ebenso der angstbezogenen Körperempfindungen: Wie würde ich mich gerne verhalten, wenn ich Angst erlebe?
4. Herbeiführen eines positiven Abschlusses der Angstsituation in der Vorstellung: »erfolgreiche« Angstbewältigung.
5. Herbeiführen eines »katastrophalen« Abschlusses der Angstfantasie: »erfolglose« Angstbewältigung mit dem Ziel der Desensibilisierung gegenüber einem vermeintlich schrecklichen Ausgang einer angstbesetzten Situation und gegenüber dem Zusammenbruch der eigenen Selbst- und Weltbilder. Was passiert denn wirklich, wenn die vermeintliche Katastrophe eintritt?
6. Selbstakzeptanz im Versagen entwickeln. Und dann? Und dann ...?

Konfrontation in der Realität

Ähnlich wie die Angstkonfrontation in der Vorstellung ist das Vorgehen bei real gegenwärtigen Angstauslösern. Die Erfahrung hat gezeigt, dass diese Form der allmählichen Annäherung an die Angstinhalte meist noch effektiver ist: Man macht seine Angsterfahrung ja bereits in der Realsituation, das ganze Problem der Verallgemeinerung der in der Vorstellung geübten Angstbewältigung ist dann nicht mehr so schwierig. Außerdem sind bestimmte Verhaltensweisen ja erst in der realen Angstsituation zu erlernen, in der Vorstellung geht das eben nicht so gut.

Für die Angstkonfrontation in der Realität gelten ähnliche Arbeitsprinzipien, auf eine detaillierte Beschreibung sei hier jedoch verzichtet. Man kann auch davon ausgehen, dass besonders bei hartnäckigen und intensiveren Ängsten diese Konfrontationsform eher unter Anleitung eines geschulten Therapeuten geschehen sollte.

Leider sind aber viele unserer Ängste nicht durch simple Realitätsprüfungen zu testen, da entweder ihre Auslöser nicht beliebig kontrollierbar oder die Angstinhalte zu abstrakt sind. Dann bietet die Arbeit in der Vorstellung den einzigen Zugang.

Allgemeine Grundsätze

Einige allgemeine Prinzipien des »therapeutischen Arbeitens mit sich selbst« können dem gesamten Vorhaben einen entsprechenden Rahmen geben:

1. Eine Voraussetzung ist die Bereitschaft, Verantwortung für das eigene Handeln und Fühlen zu übernehmen. Ohne diese Bereitschaft dreht man sich unweigerlich im Kreis. Das gilt übrigens für die Arbeit mit einem Therapeuten genauso wie für den »Selbstversuch«. Selbst-Verantwortung ist ein weites Feld, gewiss, doch sei sie vorläufig einfach als wichtiges Element genannt.
2. Ein weiteres wichtiges Prinzip ist die Gewichtung des bewussten Erfahrens des Problemgeschehens. Eine stabile, befriedigende, selbstverantwortete Veränderung ist nicht möglich, ohne dass ich das Problemgeschehen in mir und »draußen« tatsächlich genau kenne. Am liebsten wäre uns, wenn die Therapie so wie Zauberei funktionierte, wo ohne unser Zutun – schwups – das Problem von uns genommen wird. Stabile Veränderung aber gelingt über die bewusste Erfahrung des So-Seins der Probleme in uns. Mit den damit meist verbundenen und gefürchteten Gefühlserlebnissen.

3. Gerade für die Angst gilt aber auch, dass sie das Ergebnis eines Lernprozesses ist. Grundsätzlich stimmt das optimistisch, denn wenn ich ein Verhalten gelernt habe, kann ich es eher als mein Produkt ansehen, kann es also auch wieder durch neues Lernen verändern.
4. Das setzt aber voraus, dass ich die problemkonstituierenden Vorgänge nicht nur theoretisch analysieren, sondern gleichsam im aktuellen Geschehen wahrnehmen kann.
5. Gibt es einen heimlichen Adressaten der Angst? Soll jemand durch mein Leiden beeindruckt werden und sich meiner erbarmen, für mich Verantwortung übernehmen und meine Probleme lösen? Die Klärung und Neuorientierung an dieser Stelle erspart uns vielleicht deprimierende Rückfälle.
6. Das letzte der hier relevanten Prinzipien ist die aktive Generalisation. Es ist leider auch eine Tatsache, dass selbst eine schöne und bewegende Therapieerfahrung nur der Anfang von Veränderung ist. Wenn wir nicht ständig daran arbeiten, dass wir eine derartige Erfahrung im Alltag umsetzen, dann fallen wir garantiert wieder in die alten »Löcher«, möglicherweise sogar noch etwas tiefer. Die Depressionen derjenigen, die sich in Abreaktions-Workshops »austoben«, ohne die Verbindung zur Realität ihres Alltags aktiv herstellen zu können, sollten uns Warnung genug sein.

Hilfe, mein Partner ändert sich!

Jede menschliche Erfahrung trägt in sich das Potenzial für die Weiterentwicklung, die Veränderung der Persönlichkeit. Das gilt besonders für psychologische Therapien. Sie haben zum Ziel, aus einer festgefahrenen Situation herauszuführen und Wachstum im weitesten Sinne zu ermöglichen. Die Veränderung kann dabei die Form neu entwickelter Verhaltensweisen annehmen, die sich konkret auf den Alltag und die zwischenmenschlichen Beziehungen auswirken. Es kann aber auch zusätzlich zu Veränderungen des Erlebens, der Erlebensfähigkeit, der Lebensgrundhaltungen, der Werte kommen. Beides hat einen massiven Effekt auf das soziale Umfeld, in dem ein Mensch lebt.

Das bisherige Gleichgewicht der vielleicht neurotischen Beziehungen ist dadurch gestört. Der Ehemann, die Kinder, die Eltern, die Freunde, die Arbeitskollegen, sie alle haben den Erfahrungshintergrund nicht, den der Betroffene aufgrund der therapeutischen Arbeit erhält. So ist es verständlich, dass sie mit verschiedenen Mitteln versuchen, ihn wieder »normal« zu machen. Das bedeutet, dass sie ihn mit seinem neuen Verhalten, seinen neuen Einstellungen konfrontieren. Sie werden vermutlich ihre negativen Emotionen dazu in mehr oder weniger direkter Form äußern und unter Umständen mit massiven Mitteln drohen, um so die alte Vorhersagbarkeit im gesamten Verhalten dieses Menschen, seine Steuerbarkeit, seine Abhängigkeit wiederherzustellen, kurz, ihm seinen Platz im bisherigen Spiel der Beziehungen wieder zuzuteilen.

Dies ist eine verständliche Reaktion und nur wenige ahnen dabei, dass sie mit diesem massiven Bearbeiten des »Klienten« sich selbst in ihren alten Problemen und Weltbildern einbetonieren. Die plötzliche Veränderung, die Befreiung eines Ehepartners, eines Kindes, vielleicht aber auch eines Elternteiles, löst häufig zu viel Angst aus, als dass wir diese Veränderung begrüßen und als eine Gelegenheit wahrnehmen könnten, uns mit unseren eigenen Hindernissen zu konfrontieren, sie gegebenenfalls als Folge dieses Anstoßes aufzulösen.

Das passiert vielleicht auch dann, wenn wir die Veränderung an unserem Partner seit Jahren gewünscht haben, wenn wir es waren, die ihn zur Therapie gedrängt haben, wenn wir ihm Vorwürfe gemacht haben, dass er nicht »anders« ist. Wenn dieser Prozess dann aber tatsächlich in Gang kommt, kann es sehr leicht sein, dass wir gefühlsmäßig völlig anders reagieren, als wir es uns vorher vorgestellt hatten. Viele Therapien, die hervorragende Lösungen bisheriger Probleme ermöglicht haben und in deren Verlauf die Betroffenen neue Zugänge zu Gefühlen der Klarheit, der Geborgenheit, des Glücks, des Wiedergeborenseins und der Liebe erfahren konnten, scheitern langfristig, weil die Auseinandersetzung mit den vor allem sozialen und emotionalen Realitäten im Alltag nicht befriedigend geschafft wird.

Da kann es dann leicht vorkommen, dass der Klient nach einer Zeit des Kampfes sich wieder in sein altes Schicksal fügt, nur mit dem Unterschied, dass er jetzt noch deprimierter, noch verzweifelter ist. Verständlich, da er doch kennengelernt hat, wie er selbst anders sein kann, wie er selbst sich anders fühlen kann. Zu seinen bisherigen Problemen kann also leicht noch das Gefühl dazukommen, im entscheidenden Moment versagt zu haben.

Andere Versuche des Klienten, sich in dieser Situation zu helfen, indem er z. B. mit seiner bisherigen Umwelt radikal bricht und sich in eine Gemeinschaft begibt, in der er von Gleichgesinnten unterstützt und in seiner Weiterentwicklung gefördert wird, sind gut zu verstehen. Letztlich ist das aber eine neuerliche Abschirmung gegenüber vielleicht wichtigen Ausschnitten der Realität. Dennoch ist dieser Weg für viele wahrscheinlich die einzige Möglichkeit. Es ist von daher verständlich, dass manche Menschen sich in Encounter-Gruppen, in Marathontrainings, vielleicht auch in religiösen und esoterischen Subkulturen eine neue Realität zu schaffen versuchen; eine Realität, die sie als die »eigentliche« ansehen und die sie der alten Realität vorziehen. So kann es dazu kommen, dass diese Menschen erst recht wieder, wie bereits im Rahmen ihrer neurotischen Probleme, zwischen den Realitäten hin und her wandern, dadurch vielleicht erst recht nirgends »ganz« sind, die alte Spaltung unter neuen Vorzeichen wiederholen.

Eines der weiterführenden Ziele einer Therapie ist jedoch die Entwicklung und Entfaltung derjenigen Fähigkeiten, die uns trotz aller Schwierigkeiten in die Lage versetzen, einen gegebenen Lebensraum zu bewältigen. Damit ist das kreative Umgestalten des Veränderbaren ebenso wie das Ertragen des Unveränderbaren gemeint. Diese Arbeit kann unglaublich hart, mühsam, langwierig sein und voller Enttäuschungen stecken. Vielleicht aber sind die so erworbenen Fortschritte tragfähiger als die meist kurzen Hochs derjenigen unter den »Aussteigern«, die ihren Freiraum durch Ausblenden von Lebenswirklichkeiten erwerben.

Wenn wir lernen, den gegebenen psycho-sozio-ökologischen Lebensraum mit Frustrationstoleranz und realistischer Einschätzung zu gestalten, übernehmen wir gleichsam die Funktion eines Multiplikators. Das gilt auch für den Klienten der Psychotherapie. Durch die Anwendung seines Therapieerfolges in der konkreten Auseinandersetzung mit seinen Mitmenschen gibt er ihnen den Anstoß, wieder und wieder ihre eigenen Verwirrungen zu erfahren und daran zu reifen.

Damit ist aber ganz gewiss nicht gemeint, dass der Klient nach oder auch während seiner Therapie versuchen sollte, seine ganze soziale Umgebung zu »therapieren«, sie mit Gewalt zu »beglücken«. Vielmehr glaube ich, dass er einfach durch seine neue Art »zu sein« dem anderen Gelegenheit gibt, daraus etwas für sich zu lernen. Ob dieser es dann wirklich tut, bleibt allerdings allein ihm überlassen. Davon wird es letztlich wohl abhängen, ob Beziehungen durch solche Erfahrungen gefestigt und vertieft werden oder ob sie sich über kurz oder lang lösen. Aber auch die Lösung einer Beziehung kann eine bewusste Entscheidung sein – wenn man ehrlich versucht hat, über die jeweiligen Lebensgrundhaltungen und Lebensprinzipien zu sprechen. Dieser Schritt der Trennung ist dann meist auch keine »Katastrophe« mehr, sondern ein lebendiger Prozess, der ohnehin bereits in Gang war.

Ein Mensch, der sich in psychologische Therapie begibt, ist besonders in der Anfangsphase meist empfindsamer, labiler, tendiert vielleicht auch stärker zu radikalen Entscheidungen. Es ist wichtig, dass der Therapeut die Auswirkungen dieses Zustandes auf die soziale Umwelt in seiner Arbeit mitberücksichtigt. Manchmal kann es sinnvoll sein, Familienmitglieder in diesen Prozess einzubeziehen. Dies kann in Form von gemeinsamen Sitzungen, aber auch in Form von Einzelberatungen geschehen, bei denen der »eigentliche« Klient selbst nicht anwesend ist. Voraussetzung dafür ist die Bereitschaft des Partners oder der Familienmitglieder, dabei mitzumachen. Die Bezugspersonen können so ihre eigenen gedanklichen und gefühlsmäßigen Reaktionen auf die beginnenden Veränderungen des Klienten ausdrücken. Dies gilt vor allem auch für die Befürchtungen, die sie damit verbinden. So erhalten sie Gelegenheit, ihre eigenen Positionen und deren Auswirkungen auf den Partner besser wahrzunehmen.

Wichtig ist dabei die Frage, was für ein Interesse sie daran haben, bestimmte Entwicklungsprozesse, in denen sich ihr Partner befindet, aufzuhalten. Die Konfrontation mit ihrem Widerstand gibt ihnen Gelegenheit, in diesen Punkten an sich selbst weiterzuarbeiten.

Bei einer Klientin, die wegen verschiedener sozialer Ängste und damit einhergehender psychosomatischer Lähmungserscheinungen in Behandlung war, stellte sich heraus, dass ihr Mann ihre Tendenzen in Richtung Selbstsicherheit, persönliche Autonomie, Wahrnehmung und Befriedigung eigener Bedürfnisse auf massive, z. T. auch materielle Weise unterband. So gab es heftige Auseinandersetzungen, in deren Verlauf es auch zu Tätlichkeiten kam. Obwohl sie selbst verdiente, musste sie ihr ganzes Geld in die gemeinsame Kasse geben, über die jedoch nur er verfügte.

Ich habe die beiden in einigen gemeinsamen Sitzungen erlebt. Angesichts der unerbittlichen Härte, mit der er sein Ziel, ein Eigenheim, unter Hintanstellung aller anderen Bedürfnisse verfolgte (und zwar seiner eigenen wie auch der seiner Frau), war das Vorhaben zum Scheitern verurteilt. Die Frau kam noch zu einigen Einzelsitzungen, hatte aber bald eingesehen, dass diese Arbeit nur Flickwerk ist, wenn sie die Essenz der Arbeit nicht in ihrer Partnerbeziehung umsetzen kann. Sie entschloss sich dann, nichts zu verändern und alles wie bisher zu lassen. Fälle wie diesen gibt es reihenweise.

So wie den jenes Klienten, der vor der Therapie mit seiner langjährigen Partnerin über weite Strecken eine schöne und befriedigende, manchmal aber auch mühsame, deprimierende, lähmende Beziehung hatte. Als er sich dann in Therapie begab, lernte er, seine Beziehung auch aus anderen Perspektiven zu betrachten. Er glaubte zu erkennen, wie er seine eigenen Ängste darin immer wieder aktualisierte, und hoffte, neuen Raum für neue Erfahrungen zu schaffen. Besonders dann aber, wenn er einen Schritt weiterkam und, wie er meinte, offener, lockerer und liebesfähiger wurde, musste er feststellen, dass sich die Partnerin als Reaktion darauf in die gegenteilige Ecke verkroch.

Anfangs machte er ihr dafür Vorwürfe, drohte mit der Trennung, wollte seine Liebe anderswo ungefährlicher und ohne diesen Druck entwickeln. Er wünschte sich in diesen Phasen, dass sie selbst ähnliche Prozesse erfahren und dabei endlich einsehen würde, dass die Aufgabe der alten Beziehungsstruktur neue und schönere Möglichkeiten eröffnete. Etwas naiv versprach er sich davon ein glückliches, konfliktarmes Zusammenleben, das dann auch für ihn »leichter« werden würde.

Einige Zeit später vertraute sich seine Partnerin tatsächlich diesem Prozess an. Dann begann sich das Karussell eine Zeit lang in die Gegenrichtung zu drehen. Endlich war das eingetreten, was er sich gewünscht hatte, nämlich die »innere Emanzipation« der Frau. Jetzt, da sich sein Wunsch erfüllte und die ersten Ergebnisse zeigte, bekam er Angst. Er zog nun alle emotionalen und manipulativen Register, die ihm zur Verfügung standen, um mit dieser schwer erträglichen Realität defensiv umzugehen und sich nun seiner Angst vor Veränderung nicht stellen zu müssen.

Eine erste Wende kam, als er sich nach einem neuerlichen, jetzt jedoch nicht mehr trotzvollen, sondern eher kontemplativen Rückzug entschloss, diese »unedlen«, »niederen« Gefühle des Ärgers, der Trauer, der Eifersucht, der Angst vor Kontrollverlust oder der Angst vor der Ohnmacht nicht mehr zu verdammen. Die innere Bereitschaft, sie als Bestandteil dieser Phase seines Lebens anzuerkennen, dazu zu stehen, hat ihm, so paradox es klingen mag, die Gelegenheit eröffnet, die ganze Angelegenheit anders wahrzunehmen. Ausschlaggebend bei diesem Prozess ist die selbsterteilte Erlaubnis, so zu sein, wie man zum jeweiligen Zeitpunkt »ist«. Auch dann, wenn es unedel, klammernd, rückständig und insgesamt unerfreulich erscheint. Von hier aus ist es allerdings noch ein weiter Weg bis zu der oft als ideal beschworenen Variante: den anderen zu lieben, ohne dass dazu seine Liebe erst vorher »sichergestellt« werden muss. Die innere Emanzipation der Frauen fördert auch die innere Emanzipation der Männer, aber natürlich nur, wenn diese es auch wollen.

Nun, ich gebe zu, dass derartige Turbulenzen nicht die Regel sein müssen, wenn sich einer der Partner einer Therapie im Sinne einer Selbstkonfrontation unterzieht. Dennoch, die Bereitschaft für Affekthandlungen ist in dieser Phase sehr groß. Es ist wichtig, derartige Erfahrungen zu machen, elementare, die Lebensführung radikal verändernde Entscheidungen sollten in diesem Stadium jedoch nicht getroffen werden.

Den Klienten sollte auch früh klar gesagt werden, dass die in der Therapiebeziehung erfahrene Stärkung des Selbstwertes von außen, also den Therapeuten, gestützt wird und sie dann, wenn die Therapie beendet wird, allein aufzubringen ist. In Phasen des Hochs der Therapiebeziehung grandios verfügte Trennungen können später leicht bereut werden, wenn man nach dem Höhenflug zur Landung ansetzt.

Dieses Problem tritt besonders dann häufig auf, wenn die Therapie in Form von Intensivphasen angeboten wird, etwa in Psychosomatischen Kliniken. Sechs intensive Wochen, fern der Heimat, umgeben von Menschen, die sich in einer ähnlichen Situation befinden, vermitteln eine besonders dichte Selbsterfahrung, die jedoch ohne die tägliche Anbindung an die realen Bezugspersonen des normalen Lebensalltages leicht zu einem Verlust von Bodenhaftung führen kann. Zwar wird man vieles an seiner Geschichte klarer sehen, doch die Fähigkeit zur Umsetzung braucht in der Regel mehr Zeit. Die wenigen Wochen der stationären Therapie, in einer urlaubsähnlichen Stimmung, reichen da häufig leider nicht.

Mir scheint, es ist kein Zufall, dass gerade aus der Anfangsphase der Encounter-Bewegung berichtet wird, dass die Suizidrate bei Workshopteilnehmern wie auch bei deren Bezugspersonen erhöht war. Es ist nicht so schwer, emotionale Bewegung auszulösen. Die Integration der Erlebnisse ist der sehr viel mühsamere Teil der Arbeit, der ist aber wohl für manche Therapeuten wie auch für die Klienten unattraktiv, langsam, mühsam, weil Grenzen aufzeigend. Das Fluidum der Expansion, das im Gefolge der Auflösung alter irrationaler Barrieren auftritt, führt meist zu Euphoriegefühlen. Es ist sehr verlockend, ihnen nachzugeben und mit den alten, irrationalen Grenzen auch die realen gegenwärtigen Grenzen über Bord zu werfen. Im Interesse der Realitätskontrolle des Betroffenen ist besonders in diesem Stadium die hartnäckige Konfrontation mit inneren und äußeren Realitäten wichtig. Und bevor dieser Schritt der Arbeit nicht geleistet ist, kann eine derartige Erfahrung nicht als therapeutisch bezeichnet werden.

Was die Problematik des Partners während der Therapie betrifft, so ist als Einsicht aus den geschilderten Fällen noch festzuhalten, dass man sich leicht täuschen kann, wenn man glaubt, selbst schon recht »weit« zu sein, sodass es anscheinend nur am »unterentwickelten« Partner liegt, dass die Probleme noch immer existieren. Wenn der Partner seinerseits Schritte macht, kann man dann erleben, dass die scheinbar gelösten Probleme bestenfalls wegprojiziert waren.

Grundsätzlich ist eine Art Kontrakt für die Zeit der Therapie zu empfehlen, der keine entscheidenden Veränderungen im beruflichen und zwischenmenschlichen Bereich aus momentanen Impulsen heraus vorsieht. Erst wenn entsprechende Klarheit und emotionale Stabilität erreicht sind, kann, wenn nötig, die Veränderung der »Außenwelt« einsetzen.

Alltagsängste und Existenzangst

Die Fähigkeit zum Denken gibt dem Menschen eine besondere Stellung unter den Lebewesen dieser Welt. Mithilfe des Denkens und mithilfe der Sprache können wir den freien, einmaligen und unwiederbringlichen Ablauf der Ereignisse scheinbar in Teile zerlegen und diese vergleichen, beurteilen und in Kategorien fassen. Indem wir sie mit einem Namen versehen, können wir dem Lauf der Dinge etwas scheinbar Stabiles, Feststehendes entgegensetzen. Mit unseren Begriffen können wir in einem Raum-Zeit-System operieren, in dem wir Vergangenes mit Gegenwärtigem vergleichen, einzelne Aspekte hervorheben, umstellen, Zeitabläufe verdrehen, wesentliche von unwesentlichen Dingen unterscheiden und noch vieles andere mehr. Wahrscheinlich sind es diese Fähigkeiten, die uns die Wahrnehmung von Zeit und Raum, welche vielleicht besser als Illusion von Zeit und Raum zu bezeichnen wäre, überhaupt erst möglich machen. Denn, ob es »Zeit« und »Raum« an sich, ohne unsere spezifische Form des Verarbeitens von Informationen durch unser Gehirn, überhaupt »gibt«, ist eine schwer zu beantwortende Frage.

Unser Denkvermögen ermöglicht uns auch die mehr oder weniger präzise Vorhersage von Dingen, die noch nicht »da« sind, also von zukünftigen Ereignissen. Die Erwartung spielt in verschiedenen Angsttheorien immer wieder eine Rolle. Erwartung als ein kognitiver Prozess wird erst möglich, wenn sich das Individuum mithilfe eines Teiles seiner Lebensprozesse, nämlich mithilfe des Denkens neben den Ablauf seiner (anderen) Lebensprozesse stellt. In der Gegenwart unseres Denkvollzugs können wir über die konkret gegebene Realität einfach hinweggehen – und das ist es, was wir in unserem Wachbewusstsein fast ständig tun. Wenn wir dabei vergessen, dass wir denken, vergessen wir auch unsere »greifbare« Gegenwart – und damit auch, wo wir real physisch, »wirklich« leben. Die unglaubliche Fähigkeit zum Denken bietet natürlich eine Fülle von Möglichkeiten, unsere physische Existenz besser zu schützen. Wenn wir keine Erwartungen ausbilden, keine Vorhersagen machen könnten, wäre unser Leben wesentlich stärker bedroht, als Individuum ebenso wie als Kollektiv.

Dieses unglaubliche Geschenk des antizipierenden Denkens birgt aber auch den einen oder anderen großen Nachteil. Es kann zur Sucht, zur Gewohnheit werden, sich durch Fantasie und Vorstellung ins Abseits der in der Gegenwart ablaufenden Vorgänge zu »flüchten«. Indem wir die Empfindungen und Wahrnehmungen dessen, was in der jeweiligen Gegenwart »ist«, ausblenden, leben wir in unserem Bewusstsein an unserer physischen Existenz vorbei. Es ist, als würden wir zweifach leben: in unseren Denkinhalten, bestimmt durch die Denkkategorien, wo unsere Erfahrung gespeichert ist, und dann in der »realen« Welt der unmittelbaren Erfahrung, der wir uns kaum noch direkt aussetzen. Denn auch die »Übersetzung« der physischen Welt mittels unserer Sensorik ist im Allgemeinen schon sehr stark durch Erwartungs- und Denkprozesse beeinflusst.

Wenn unsere Aufmerksamkeit ständig auf den Denkinhalt fixiert ist, wird dieser zunehmend zu unserer Realität. So kommt es zu der für den Menschen charakteristischen Spaltung seiner Existenz, die einerseits aus seinem Leben als Kreatur und andrerseits aus seinem Denken, dem kategorisierenden, vergleichenden und beurteilenden Einordnen dieses Lebens, besteht.

Wenn man will, kann man diese Spaltung im Sein des Menschen als, bildlich gesprochen, Vertreibung aus dem Paradies sehen. Verstehen, Erkennen, Urteilen, diese Vorgänge trennen uns zumindest im Bewusstsein von der paradiesischen Harmonie, dem Geborgensein in den Abläufen, welcher Art diese auch immer sein mögen. Mit unseren gedanklichen Operationen entwerfen wir Ziele, Selbstbilder, Normen. Mit ihnen registrieren wir die Abweichungen unserer Realität von den Idealbildern. Konflikte sind demnach unter anderem das Ergebnis solcher Operationen, »an sich« existieren sie nicht.

Und je mehr wir uns bemühen, unsere Weltbilder zu »realisieren«, desto mehr nimmt die Gefahr zu, dass sie in sich zusammenfallen. Das Risiko dabei ist, dass der Kollaps des Gedankensystems mehr zerstört als das System selbst – im intrapsychischen ebenso wie im zwischenmenschlichen Bereich. Und auf der Ebene der politischen Machtblöcke gilt das in unter Umständen fataler Weise auch für die Folgen des vielfach befürchteten »großen Knalles«, der ja nicht primär das ihn bewirkende gedankliche System, sondern seine »Träger« zerstören würde. Zwischen passivem Fatalismus und expansiver Manipulation der Welt ein ausgewogenes Verhältnis herzustellen, das ist die Herausforderung an die menschliche Existenz, der wir uns als Einzelne und als Gemeinschaft ständig neu zu stellen haben.

Dem Denken scheint die Tendenz innezuwohnen, sich selbst als Identität wahrzunehmen, als Ich-Identität. Das Ich ist in diesem Sinne beim Neugeborenen (vermutlich) nicht vorhanden. Im Laufe der Entwicklung der ersten Lebensmonate und -jahre beginnt die sogenannte Ich-Differenzierung. Das menschliche Individuum nimmt gewissermaßen eine Art Oppositionsstellung zu seiner gesamten Umwelt ein. Unter bestimmten Umständen kann diese Ich-Entwicklung hypertrophieren. Die gesamte Welt wird dann in Relation zur eigenen Identität, zum eigenen Ich gesehen. Sie wird auf Nützlichkeit, Brauchbarkeit, persönlichen Vorteil hin kategorisiert und verwendet. Grundsätzlich steckt in jedem von uns diese Tendenz. Das Denken sorgt jedoch selbst dafür, dass »wir« die Nachteile dieser Entwicklung nicht erkennen: indem das Ich sich tendenziell selbst als allmächtig, allwissend, omnipotent darstellt. Ihm entgeht dabei, dass in jeder Sekunde seines Lebens eine unglaubliche Fülle von biologischen und sonstigen Prozessen stattfindet, ohne die auch seine Existenz als denkende Einheit nicht möglich wäre. Diese Prozesse laufen ab, ohne dass sie durch das Ich beeinflusst, geschweige denn »gemacht« werden. Das gilt auch für die verschiedenen biologischen Vorgänge im Körper; man denke nur an die Herztätigkeit, den Stoffwechsel oder Wachstumsprozesse.

Daran zu denken ist uns jedoch meist eher unangenehm. Wir bemühen uns, diese Dinge als selbstverständlich gegeben darzustellen und auf diese Weise möglichst rasch aus dem Bewusstsein zu verdrängen. So, als hätten wir Anspruch darauf, dass unsere Körperfunktionen klag- und möglichst auch noch zeitlos arbeiten. An die Grenzen der eigenen Macht zu stoßen, erzeugt für das denkende Ich enorme Angst, existenzielle Angst. Wenn der Mensch an die Grenzen seiner Macht erinnert wird, dann ist das für den Teil in ihm, der sich selbst als grenzenlos, gottgleich sehen möchte, eine existenzielle Bedrohung. So ist es verständlich, dass wir dazu tendieren, unser Gedächtnis zu manipulieren, um jede Erinnerung an die Relativität unserer eigenen Existenz zu verdrängen, zu vergessen.

Auch im Bereich des Denkens spielen sich ähnliche Prozesse ab. Wenn wir komplexere Ereignisse wahrnehmen, für die wir noch keine fertigen Kategorien und Benennungen, für die wir noch kein »Weltbild« haben, sind wir zuerst einmal beunruhigt, es findet eine Art »Weckreaktion« statt. Wenn der »Neuheitswert« dieser Erfahrung nicht allzu hoch ist, löst diese Unruhe eine Zuwendung zum Ereignis, zur Reizquelle aus. Dabei finden rasche, meist unbewusste, kognitive Prozesse statt: Das Ereignis wird mit bisherigen verglichen, nach seiner Bedeutung beurteilt und seine Entstehung analysiert. Wenn diese komplexen Ereignisse jedoch sehr anders sind als das, was wir bisher kannten, so wird die orientierende Unruhe eher zu Angst und löst verschiedene Formen der Abwehr aus. Wir können aufgrund unserer bisherigen Erfahrungen dieses Ereignis nicht mehr einordnen und kategorisieren. Es passt nicht in unsere Modelle eines geordneten Ereignisablaufes, nicht in unser Weltbild.

Da wir Letzteres stets retten wollen, reagieren wir defensiv, indem wir beispielsweise die ganze Erfahrung leugnen oder die Diskrepanz zu dem, was erwartet wurde, oder indem wir uns ganz einfach »ausblenden« (wegschauen, nicht hinhören). Ein anderer Weg ist die scheinbare Anpassung des »Weltbildes«, indem es absichtlich ungenauer gemacht wird und dann alles absorbieren kann – ohne sich wirklich zu verändern. Dieser Verarbeitungsstil kann leicht zu einer diffusen Persönlichkeitsstruktur führen.

Der dritte Weg schließlich ist die Einordnung in bisher Bekanntes mit entsprechender Revision des Modells. So wird der Unruheherd allmählich reduziert und unser Erwartungsmodell, unser Weltbild, realistischer. Wir lernen, welche Bedeutung diese Erfahrung wirklich hat, ob sie uns nützt oder schadet, ob sie unser Weltbild gefährdet oder nach kleiner Revision eigentlich ganz gut »passt«. Dieser Prozess des Kategorisierens, des Einordnens hat letztendlich die Funktion, die Existenz von etwas, das wir noch nicht kennen, in ein bekanntes Repertoire von Erklärungen einzuordnen. Wir sind beunruhigt, wenn es außer dem, was wir als real wahrnehmen oder denken können, noch etwas anderes gibt. Deshalb unternehmen wir alle Anstrengungen, um dieses Neue sofort zu »erklären« und dadurch aus der Abweichung von unserer Erwartung eine wieder zu ihr passende Erfahrung werden zu lassen. Gelingt das, sinkt die mehr oder weniger deutlich spürbare Angsterregung mit der Auflösung der Unsicherheit, die uns angesichts des (zu) Neuen beschlichen hat.

Leider verlieren wir manchmal durch dieses sehr schnelle Einordnen, Kategorisieren und »Bekanntmachen« die Fähigkeit, dieses neue Geschehen so wahrzunehmen, wie es tatsächlich erscheint. Wir entstellen bereits die Wahrnehmung entsprechend unserer dafür bereitstehenden Erklärung. Anstatt sorgfältig zu sehen, zu hören, zu spüren, WIE etwas noch vor der Benennung durch Worte »ist«, beschäftigen wir uns mit sekundären kognitiven Vorgängen des Einordnens, Bewertens, Erklärens.

Dies kann an einem Beispiel erläutert werden: Ein Mensch geht in ein Museum oder in eine Galerie, sieht sich die Bilder an und ist vielleicht durch eines besonders verwirrt. Es fällt ihm schwer, das Bild auf sich wirken zu lassen, seine eigenen Reaktionen darauf abzuwarten. Aus Angst, er könnte damit nichts anfangen, es nicht »verstehen«, wird er rasch zum Katalog greifen. Dort kann er alle Informationen über das Bild nachlesen, er wird dann vielleicht noch einen kurzen Blick auf das Bild werfen, um befriedigt weiterzuziehen. Beim nächsten Bild wird sich das alles vermutlich wiederholen. So wird er zwar viele Bilder sehen, aber keines erleben.

Das mag ein krasses Beispiel dafür sein, wie wir das unmittelbare Erleben dessen, was ist, durch voreiliges Kategorisieren anhand alter Begriffssysteme entstellen können. In ähnlicher, doch viel subtilerer Weise läuft dieser Vorgang intern fast ununterbrochen ab. Statt auf den Kunstführer greifen wir auf unser System kognitiver Beurteilungs-, Vergleichs- und Analyseoperationen zurück. Im Zustand der Angst wird dieses System erst recht mobilisiert, da dann der Prozess der spontanen Habituation erschwert ist. Wir sind im Zustand der Angst bestrebt, dem Habituationsprozess etwas nachzuhelfen:

▸ Wir sperren die Zufuhr von neuen Reizen ab.
▸ Wir suchen nach Hinweisen, mit deren Hilfe die Gefährlichkeit oder Ungefährlichkeit des Geschehens klargemacht werden soll.
▸ Oder wir nehmen gewisse Signale zwar auf, aber lassen sie nicht wirklich mit allen Implikationen zu.

Besonders deutlich wird das in existenziellen Grenzsituationen, in denen die Routinen des Alltags auf den Kopf gestellt werden – der drohende Verlust einer geliebten Person, die Mitteilung einer tödlichen Krankheit, eine traumatische Erfahrung eigener Hilflosigkeit. Wenn sie vorbei sind, werden wir versuchen, schnell wieder der oder die Alte zu sein, uns also förmlich zwingen, im Interesse der

»Normalisierung« des Alltags die diskrepanten Erfahrungen schleunigst zu vergessen. Andernfalls würde die Angst länger anhalten und wir müssten unser Welt- und Selbstbild und als Folge auch unser Handeln ständig ändern. Das wäre anstrengender, wenn auch wahrhaftiger – und das würde bedeuten, ständig Neues zu lernen.

Völlig außerhalb unserer Vorstellungsfähigkeit ist das, was im Prozess des Sterbens geschieht und im Tod endet. Alles, was zuvor über diskrepante, nicht einzuordnende Erfahrungen gesagt wurde, gilt in ganz besonderem Maße für die »Diskrepanz« schlechthin, den Tod. Die Varianten der Vermeidung des Faktums des Todes, des Endes unserer Existenz als einzelner Mensch, sind vielleicht so vielfältig wie die Menschen selbst.

Die Angst vor dem absolut Unbekannten überschattet alle anderen Ängste vor Lebensinhalten, dem bedrohlichen WIE des Lebens, seiner Beschaffenheit. Todesangst hingegen hat mit dem Ende des IST des Lebens an sich zu tun, seine Beschaffenheit spielt da vermutlich keine Rolle mehr. Todesangst ist also »normal«, unserer existenziellen Situation angemessen. Sie ist daher auch nichts, das als störend oder pathologisch entfernt werden müsste, im Gegenteil: Je weniger Todesangst ein Mensch bei sich zulässt, umso mehr kann er zur Gefahr für das Gemeinwesen werden. Und die vielen Tricks der Vermeidung von Todesangst, sind sie nicht dafür verantwortlich, in welchem Zustand sich die Welt und die Menschheit befinden? Menschen, die sich ihrer Todesangst und damit den offensichtlichen Fakten unserer Existenz stellen, sind vermutlich weniger gefährdet, Kriege zu führen und Reichtümer zu horten.

Denksysteme, die dem Menschen die Todesangst nehmen, indem sie ihm Unendlichkeit versprechen, sind für die Verleugnung und Verdrängung in seinem Leben mit all ihren unheilvollen Folgen mitverantwortlich. Davon sind religiöse Systeme nicht ausgenommen, die sich ihrem Selbstanspruch, den Frieden fördern zu wollen, widmen, in ihrer täglich zu beobachtenden Wirkung aber nur allzu oft das Gegenteil erreichen. Sie versprechen uns die Unendlichkeit, deren Qualität jedoch von Bedingungen abhängt, ihren Bedingungen.

Dabei ist der Tod das Natürlichste überhaupt. Niemand ist ihm jemals entkommen. Nicht früher, nicht heute – und auch in Zukunft wird dies nicht passieren. Wer das im Hinterkopf behält, sieht seinen Nachbarn mit anderen Augen.

Würden alle das beherzigen, würden die Kinder von Anfang an damit in Berührung kommen, im Rahmen ihrer gedanklichen und emotionalen Möglichkeiten, die Welt und die Menschheit hätten eine andere Geschichte und eine andere Zukunft. Und vor allem eine andere Gegenwart. Unsere Geschichte könnte sich vielleicht um das kollektive Feiern unserer einmaligen Gegenwärtigkeit ranken.

Wie aber kann man lernen, seine existenzielle Wirklichkeit im Alltag wachzuhalten? Indem die Todesangst willkommen geheißen wird? Unser Denken wehrt sich dagegen, will uns als endloses Wesen entwerfen. Die volle Akzeptanz der Endlichkeit kann und will es vermutlich nur kurzzeitig ertragen, also versucht es, uns abzulenken.

Wirkliches Lernen angesichts des Todes ist meist emotional schmerzhaft, weil es das Aufbrechen eines scheinbar stabilen Wertesystems erforderlich macht. Das aber widerspricht häufig unserem Bedürfnis nach Sicherheit, das wir durch Festhalten an Altbewährtem zu befriedigen suchen.

Ich habe diesen Prozess bei meiner Arbeit an der psychologischen Rehabilitation von Herzinfarktpatienten beobachten können. Unter dem Eindruck des Infarktereignisses, bei körperlicher und seelischer Labilität und Weichheit, sind viele Patienten in der Lage, die Unangemessenheit und Relativität ihrer Lebenshaltung zu erkennen. Trotz oder gerade wegen der Todesangst werden sie zur Ehrfurcht, zur Dankbarkeit für jede Sekunde und zur Liebe für das Existierende fähig. Mit fortschreitender »Rehabilitation« setzen die alten Abwehr- und Verleugnungsstrategien wieder ein.

Die angesichts des Todes erfahrene Weite des Bewusstseins und des Gefühlslebens wird, z. T. unter dem Druck der ja selbst gegenüber dem Allmachtswahn recht anfälligen »Restaurations-Medizin«, wieder enger und enger – die nächste »Enge der Brust«, die Angina Pectoris, vorbereitend. Und Angst ist der Versuch, die Lebensvorgänge, also auch den Lebensablauf, durch mehr Enge aufzuhalten. Die Chance, die Erfahrung der Todesnähe zu einer ständigen Erinnerung an die Grenzen unserer Existenz werden zu lassen und das Wertesystem daran nachhaltig zu orientieren, wird so vertan.

Kann vielleicht ein neuer Sinn darin gefunden werden, die Aufmerksamkeit unseres Denkens und Staunens auf das zu lenken, »was ist«, auf den Lebensvorgang selbst? Aus der Sicht unseres geschäftigen Alltagsbewusstseins ist das aber nicht nur für den Patienten, sondern noch mehr für seine soziale Umwelt, eine Bedrohung geltender »Werte«. Es ist leichter, die im Zuge der Grenzerfahrung gefundenen Einsichten zu vergessen, als die stets neu ausgelegten Fesseln zur Fixierung geltender Sozial- und Bewusstseinsstrukturen zu lockern oder gar abzustreifen.

Die Alternative dazu wäre die bewusste Entscheidung, die Unsicherheit länger zuzulassen und die damit einhergehende Angst als eine der menschlichen Existenz angemessene Form des Erlebens anzunehmen und eben zu fühlen.

Doch zurück zu den Methoden, im Zustand der Angst die Gewöhnung oder Habituation zu unterstützen. »Hilft« das gegen Todesangst? Und ist es denn überhaupt ein wünschenswertes Ziel, Todesangst nicht mehr zu erleben?

Die kognitive Wiederholung eines Ereignisses in der Vorstellung ist der übliche Versuch, sich Unbekanntes scheinbar vertraut zu machen. Dieses Wiederholen unterstützt mit großer Wahrscheinlichkeit die Habituation. Allerdings ist die so gewonnene »Bekanntheit« trügerisch, da sie die Folge häufiger Vorstellungen, nicht häufiger Erfahrungen ist. Und beim eigenen Tod hat man schließlich nicht so viele Versuche, um sich an ihn zu gewöhnen.

Viele Ängste des Alltags können betrachtet werden als eine Art Ausläufer von Ängsten, die ihre Wurzeln in einer fundamentalen Existenzangst haben, nämlich der Angst, sich als Entität eines Tages aufzulösen, zu sterben und nicht mehr zu sein. Diese Angst gründet vor allem in unserer Fähigkeit, den Tod zu antizipieren. Zwar wissen wir nicht, wie er ist, doch wissen wir, dass er sich ereignet.

Daher ist der Mensch auch im Allgemeinen bestrebt, das Faktum des Todes ständig von sich wegzuschieben. Dies geschieht im Alltag durch viele Kleinigkeiten. Der Tod selbst wird verdrängt, indem wir die Ärzte, Wissenschaftler und Techniker, aber auch die spirituellen Führer zu Ersatzgöttern erheben, von denen wir uns insgeheim erhoffen, dass sie für uns den Tod endgültig und nicht nur vorübergehend besiegen. Wir verdrängen den Tod auch, indem wir überdauernde Zeugnisse unserer Existenz schaffen wollen oder das Sterben überhaupt aus der Hektik unseres Alltags verbannen.

In der dörflichen Gemeinschaft ist der Tod eines Dorfbewohners für alle auch ein Anlass, an die Begrenztheit unserer Existenz zu erinnern, die Relativität unseres Strebens. Das Ende eines Lebens wird im urbanen Alltag zu einer Art »Plastikritual« entstellt. Wir klammern uns so sehr an unsere bestehenden Betrachtungsweisen der Welt, dass wir eine Erschütterung derselben nicht riskieren wollen. Eine Erschütterung würde bedeuten, dass wir uns damit konfrontiert sehen, wie wenig wir im Grunde wissen und wie wenig wir letztlich ausrichten können – gesehen in Relation zu den unglaublichen Vorgängen, die ohne unser Zutun ununterbrochen in und um uns geschehen.

Das Unglaubliche dieser Vorgänge wird uns vielleicht bewusst, wenn wir an die Grenzen unseres Denkens stoßen, uns etwa die Unendlichkeit des Weltalls, das Rätsel von Zeit und/oder Raum, von Werden und Vergehen vor Augen führen. Wir können uns an diese Grenze des Denkens herantasten, indem wir bewusst bekannte Dinge aus neuen Perspektiven betrachten, z. B. indem wir einmal über ein bekanntes Gebiet mit dem Flugzeug fliegen, es einmal von oben sehen und diesen Prozess des Staunens und Wunderns dabei zulassen. Oder wenn wir eine Fliege einmal in einer unglaublichen Vergrößerung sehen oder indem wir Entwicklungsprozesse nebeneinanderstellen.

In meiner Vorstellung denken Sie, lieber Leser, jetzt etwa Folgendes: »Gut, aber was soll das alles? Das ist ja selbstverständlich, dass jeder von uns einmal stirbt, dass wir nicht allmächtig sind.« Sind das nicht schon wieder feste, aber eigentlich leere Phrasen, die wir einmal gelernt haben, die wir heute sehr schnell sagen können, wenn wir mit unserer Endlichkeit konfrontiert werden? Wir haben den Begriff des Todes, die Verwendung des Wortes durch simples Wiederholen zu entschärfen versucht. So, als wäre diese Einsicht, dass wir eines Tages sterben, dass wir von der Welt im Grunde nichts verstehen und an den Grundlagen auch nichts wirklich ändern können, auch schon etwas Bekanntes.

Wir tun, als könnten wir das Unbekannte bekannt machen, indem wir scheinbar vor dem Unbekannten kapitulieren, es mit einem Namen versehen und so in eine Art Erkenntnis des Unerkennbaren verpacken. Mag sein, dass das in unserem geschäftigen Tagesbewusstsein einigermaßen beruhigend wirkt. Doch wie ist es, wenn wir um drei Uhr nachts, vielleicht in fremder Umgebung, aufschrecken, mit heftigem Herzklopfen die existenzielle Einsamkeit im Augenblick des Todes erahnen? Dieses Gefühl ist zutiefst menschlich. Es ist die »Mutter« aller Ängste.

Der Versuch, das Unfassbare durch sprachliche Gewöhnung scheinbar vertraut werden zu lassen, geschieht übrigens auch mit dem Begriff »Gott«. Das Göttliche, so es das gibt, wird benannt, sprachlich wiederholt, seine Unfassbarkeit mit Eigenschaften »bedacht« und damit hinten herum vermeintlich greifbar, manipulierbar gemacht. Zur Aufrechterhaltung dieser angstbegründeten Illusion ist dann nur noch eine zustimmende »Interessengemeinschaft« nötig, um die Falsifikation zu vermeiden. Religiosität als die Fähigkeit, sich dem Unbekannten, über das der Mensch keine Macht haben kann, vertrauend auszusetzen, wird in der institutionalisierten Religion leicht missverstanden: Sie nutzt diese Angst vor dem Unbekannten aus, um dort fertige Antworten zur Tröstung anzubieten, wo durch des fieberhaft denkende Suchen nach Kontrolle des Unkontrollierbaren kein Trost zu erwarten ist.

Wenn wir stattdessen die letztendliche Ohnmacht unseres Denkens zulassen können, ohne gleichzeitig das Vertrauen in das So-Sein der Lebensgegebenheiten zu verlieren, dann hat die Angstbewältigung eine neue Stufe erreicht. Auch bei den Ängsten des Alltags, die scheinbar nichts mit dieser Angst vor dem individuellen Tod zu tun haben, lässt sich bei etwas genauerem Hinsehen Folgendes finden: Stets ist die Gefahr des Aufgebens, des Sterbens eines Teiles unseres komplexen Selbstkonzeptes gegeben. Sie enthalten damit immer auch ein Quäntchen Erinnerung an den physischen Tod.

Diese Einsicht hat dazu geführt, dass heute eine Maxime unseres therapeutischen Handelns lautet: Es ist ratsam, dieses Quäntchen Todesangst auch bei akuten Alltagsängsten zur Konfrontation mit den irrationalen existenziellen Grundannahmen zu aktualisieren und so die vordergründigen Angstinhalte zu relativieren. Dies wird dem Klienten zu Beginn der Therapie gesagt. Und wenn er es nicht will, ist er frei, sich zur »Nur-Symptombehandlung« an eine andere Stelle zu wenden. Wir versuchen hingegen, eine Art »Auch-Symptombehandlung« durchzuführen, wobei wir jedoch versuchen, die existenzielle Thematik des Einzelnen nie aus dem Auge zu lassen.

Ein Königsweg der Angstlösung?

Bevor man sich dieser Frage widmet, ist zu überlegen, was eigentlich mit »Königsweg« gemeint ist. Ein Weg, auf dem ein König von vielen Höflingen umsorgt, getragen, beschützt, gefüttert wird, ohne dass er selbst einen Finger rühren muss? Und auf dem das nur funktioniert, weil die Höflinge einschließlich der Wachen überzeugt sind, sie würden auf der Stelle tot umfallen, wenn sie das Missfallen des Königs erregen? Ein Weg also, der ohne eigenes Zutun zum gewünschten Ziel führt? Oder einfach eine Methode, wie mit einem Problem am besten umzugehen wäre?

Bisher war hier von einem Königsweg vermutlich noch nicht viel zu lesen. Wenn in den einzelnen Abschnitten verschiedene Beispiele und Lösungsmöglichkeiten angeboten wurden, war das stets mit dem Hinweis versehen, dass jeder die für ihn passende Version selbst gestalten und erproben muss. Denn ein einmal erfolgreiches Vorgehen muss nicht automatisch mit demselben Ergebnis auf andere Situationen und Menschen übertragbar sein.

Und doch sollte die Frage erlaubt sein, ob es einen wirklich verlässlichen Weg zur Angstbewältigung gibt. Sie zu beantworten aber ist gefährlich, denn im psychischen Bereich scheint zu gelten, dass jede Methode, jede psychologische Technik, die in erster Linie eine unerwünschte Empfindung, ein ungewolltes Gefühl eliminieren soll, vermutlich über kurz oder lang scheitert. Jedes Gefühl, ob irrational oder nicht, ist aber zuerst einmal als Erfahrung real. Wenn wir versuchen, vor diesen Erfahrungen zu flüchten, sie zu verdrängen oder sie zu ignorieren, werden sie uns in dieser oder jener Form, und sei es als körperliche Erkrankung ohne offensichtliche psychologische Ursache, wieder einholen. Die Angst vor der Angst hält sich selbst aufrecht.

Die Lösung liegt eher in der Gegenrichtung, im bewussten Aufsuchen des Kontaktes mit dem aversiven Gefühl. Dies kann zuerst einmal darin bestehen, die Angst vor dem unangenehmen Zustand zu beleuchten. Die Angstlösung liegt zunächst im bewussten Erfahren und, wenn möglich, im Integrieren derjenigen inneren Vorgänge, die uns das Angstgefühl ablehnen lassen. Wie stehen wir denn zu UNS, während wir Angst haben? Lehnen wir uns ab, lassen uns gleichsam selbst im Regen stehen, weil wir Angst haben? Wie machen wir uns Angst vor der Angst, welche Annahmen, Befürchtungen stecken dahinter? Können wir zu dieser sekundären Angst stehen? Was heißt das eigentlich? Nicht mehr und nicht weniger, als dass wir, wenn wir diese Angst spüren und in ihrem Zusammenhang erkennen können, uns nicht ständig dafür verurteilen, dass wir so sind, wie wir sind, eben mit der Angst.

Das schreibt (und liest) sich jetzt so leicht, kann aber unter Umständen ein mühsamer Prozess sein, da man sich diese oft über Jahrzehnte eingeschliffenen Formen des Erlebens und der Verarbeitung nicht auf Befehl abgewöhnen kann – das wäre ja auch wieder eine Fortsetzung des alten Musters, eine indirekte Botschaft, dass man »nicht in Ordnung« ist. Gegen das wirkliche Akzeptieren des So-Seins mit allen Fehlern, Störungen und Macken wehren wir uns mit allen Mitteln.

Wir meinen, wenn wir uns selbst kritisieren, verurteilen, schlechtmachen, dann haben wir wenigstens noch ein Idealbild von uns: Eines fernen Tages, wenn wir uns nur gehörig unter Druck setzen, werden wir es erreichen – so oder so ähnlich mögen die frommen Wünsche lauten. Und vor allem gibt uns das auch vermeintlich das Recht, den Mitmenschen zu verurteilen, wenn er unvollkommen ist – oft geschieht das ja nur in Gedanken, während nach außen hin auf Verständnis und Nachsicht gespielt wird. Das Fatale an diesem Prozess ist aber, dass gerade durch ihn das Erreichen dieses Wunschbildes von uns selbst unmöglich wird.

Geben wir hingegen unser – oft gar nicht klar bewusst ausformuliertes – Selbstideal wirklich auf, so ist dies meist zuerst einmal schmerzhaft, setzt den Abschied von Hoffnungen voraus, an die wir uns klammerten, bringt unweigerlich Gefühle der Trauer und mehr. Stellen Sie sich vor, Sie nehmen sich wirklich an, wie sie sind. Sie hören auf damit, sich ständig selbst optimieren zu wollen. Sie schauen einfach interessiert hin, wie Sie so sind und wie Sie damit Ihren Alltag gestalten. Nicht nur Sie selbst hören auf, sich ständig zu einem besseren Menschen machen zu wollen, auch die von außen auf Sie einhämmernden Appelle, noch besser werden zu müssen, prallen ab. Sie beschließen ab sofort, dass Sie angekommen sind. Diesem Prozess läge eine eigene, persönliche Entscheidung zugrunde: Ich bin. Und ich stehe dazu. Der Rest, das Wie, ist Draufgabe, eine Art Luxus, den ich zumindest teilweise selbst gestalten kann.

Ich zögere zu schreiben, dass dann Platz für etwas Neues entsteht. Dies klingt wie ein Versprechen, auf das wir uns sofort stürzen, um ein »Wenn-dann«-Prinzip daraus zu machen – eine Technik eben –, und sitzen schon wieder in der alten Falle.

Was dann kommt, sieht jeder selbst. Es kann jedoch geschehen, dass durch den Wegfall der vielen Leistungen, die zur Stabilität unseres Selbstwertgefühls noch zu erbringen waren, Platz dafür entsteht, das Leben weniger als eine Kette von Problemen, sondern eher als eine Abfolge von Erfahrungen zu erleben. Sieht man von der Befriedigung unserer primären Überlebensbedürfnisse ab, gibt es viel weniger für uns zu tun. Wir können uns auf die Maßnahmen konzentrieren, die »wirklich wichtig« sind – vielleicht gehört dazu auch, dass wir nicht nur uns selbst, sondern auch unsere Mitmenschen mit der Irrationalität ihrer Betriebsamkeit, ihren kurzsichtigen Bemühungen der Angstabwehr konfrontieren. Und Zeit und Muße finden, im Kontakt mit dem jeweiligen Umfeld, »uns zu leben« ...

Dann entsteht vielleicht der Raum, in dem wir uns mit den wirklichen Grenzfragen unserer Existenz auseinandersetzen und daran unsere Lebensrituale relativieren: Wer sind wir, wo kommen wir her und wo gehen wir hin? Was ist? Wie ist es? Wie können wir uns unserer existenziellen Einsamkeit stellen? Wie können wir die Freiheit, die sich aus der existenziellen Einsamkeit ergibt, annehmen und verantworten? Wie können wir uns dem Nichts stellen, der Auflösung unserer Identität, angesichts des unvermeidbaren Todes?

Die eher meditative Kontaktaufnahme mit den eigenen Ängsten bildet den Anfang. Grundsätzlich kann man das auch ohne Anleitung, ohne Therapeuten oder Lehrer machen – im Gespräch von Mensch zu Mensch etwa. Die vielen Fallen im Denken, die dieses

Vorgehen birgt, lassen es ratsam erscheinen, sich dabei mit jemandem auszutauschen, sich vielleicht im ursprünglichen Sinn des Wortes jemandem anzuvertrauen. Auch ist es nicht einfach bei den dabei möglicherweise frei werdenden Gefühlen, sich selbst überlassen zu sein, das kommt dann ohnehin noch früh genug.

Die Angst ist in dem Augenblick, in dem wir sie erfahren, der unmittelbare Ausdruck unseres Lebens. Wollen wir unser Leben kennenlernen, es erleben, so beginnen wir am besten mit der bewussten Erfahrung eben dieser akuten Angstgefühle. Mag sein, dass sie sich durch die bewusste Wahrnehmung bereits zu ändern beginnen, dann nehmen wir eben die nächste Erfahrung, die kommt – was es auch sein mag, ein Gedanke, eine Empfindung, eine bildliche Vorstellung, ein Gefühl, eine Bewegung, eine Verspannung. Der bewusste Kontakt mit diesen Erfahrungen wird schrittweise unsere Fähigkeit, unser Leben zu erfahren, wachsen lassen. Es kann geschehen, dass in der Folge dieser Entwicklung unser Zwang, das Leben aus einer Vermeidungshaltung heraus zu »machen«, schwächer wird, wir mehr »Spiel«-Raum in unsere Handlungszwänge bekommen.

Wenn das allerdings Schule machte, dann würde unsere Zivilisation bald ein anderes Aussehen bekommen. Die stille Veränderung der Denkform im Einzelnen ist es, was heute die Zivilisationen vermutlich stärker beeinflusst als die Revolution der Denkinhalte. Die Anzeichen dafür sind kaum zu übersehen.

Angstlösung durch den inneren Kontakt mit der Angsterfahrung, in Verbindung mit dem Zulassen dieser Erfahrung und ihrer Folgen, heißt natürlich nicht gleichzeitig Untätigkeit. Unsere Aufmerksamkeit wird auf bestimmte Inhalte oder Vorgänge in der Innen- wie in der Außenwelt gerichtet. Wir handeln dann jedoch nicht, um die unerträgliche Angst zu eliminieren, vielmehr handeln wir, nachdem unsere Handlungsmaxime von dem emotionalen Druck, wenn schon nicht befreit, so wenigstens abgekoppelt wurde.

Eine Utopie? Versuchen Sie es doch selbst, setzen Sie sich hin und fangen Sie an zu beobachten, was sich in Ihrem Innenleben eigentlich abspielt, was Sie spüren, was Sie innerlich tun, und wie Ihr äußeres Handeln davon bestimmt wird. Öffnen Sie Ihre Sinne für das, was »ist«, und sie werden zunehmend weniger auf Ihre vorgefertigten Konzepte angewiesen sein. Dieses Öffnen ist lernbar. Besonders gut übrigens, wenn Sie die »Chronik der inneren Ereignisse« jemandem mitteilen, der bereit ist, Ihnen zuzuhören. Nicht Small Talk, sondern echter Austausch darüber, was »in« der Welt des Gesprächspartners »ist«, d. h., wie er sie erlebt, auch wenn scheinbar nichts ist. Therapie wäre eine Spezialform dieses von sich Sprechens im Kontakt mit einer aufmerksam zuhörenden Person.

Angsttherapie ohne Hinführung zur volleren Wahrnehmung der jeweiligen Lebensrealität bleibt Stückwerk. Je mehr wir jedoch fähig werden, uns überhaupt, vor allem aber in der Angst zu spüren, desto größer ist die Chance, den Kontakt zur ursprünglichsten aller Formen der Geborgenheit wiederzufinden. Und dort kann es sein, dass sich die Angst bereits verändert hat, zu einer anderen, neuen Erfahrung wird. Mit seiner Angst in Kontakt zu treten kann dazu führen, dass sie sich zu einer Kraft wandelt, die wieder handlungsfähig macht – dann aber nicht aus Angstvermeidung, aus der Defensive, sondern mit einem gewollten Ziel vor Augen. Das Wollen des Menschen kommt wieder aus einem lebensbejahenden Anreiz statt aus einem abwehrenden, passiven Vermeidungswunsch.

Verdrängung existenzieller Fakten des Lebens kann sich fatal auswirken. Im Schatten von quasi »chirurgischen« Formen heutiger Militäraktionen muss die Frage aufgeworfen werden, ob das Delegieren der Bewältigung der Todesangst tatsächlich zu dem gewünschten Ergebnis führt. Die medienvermittelte scheinbare Normalität der Kriegsführung im neuen Jahrtausend z. B. hat uns das Grauen methodisch entfremdet. Indem die Menschen sich ihrer Todesangst nicht stellen, sie nicht von innen her auflösen, versuchen sie, sich gleichsam dahinter zu verstecken. Sie delegieren den Kampf, automatisieren die Vernichtung durch buchstäblich entmenschte Tötungsmaschinerien, so als wäre der Mensch nicht mehr verantwortlich. Und auch die nicht, in deren Namen automatisierte Tötungen aus großer Höhe durch fliegende Computer durchgeführt werden.

So scheint es möglich, die eigene Bedrohung und damit die nicht bewältigte Angst zu verdrängen – für ein Weilchen. Letztlich hat es dann keiner getan – aber die Mehrheit hat damit die Vernichtungsautomatismen toleriert, wenn nicht bejaht. Angstverdrängung ist kein Zeichen von Mut, sondern das Gegenteil. Vielleicht ist sie aber ein Eingeständnis, dass die eigene existenzielle Kraft noch nicht ausreicht, sich mit dem Kern der Angst auseinanderzusetzen und die volle Verantwortung zu übernehmen.

Jeder, der die Vorbereitung von Delegation und Entfremdung der Gewalt – national und individuell – toleriert, ist mitschuldig an der Eskalation des zwischenmenschlichen Kollapses. Wie man sich gegenüber den Massakern im »Dritten Reich« nicht durch »Unkenntnis der wahren Vorgänge« frei machen kann, so wenig kann man es heute durch Informationsverzicht. Sich nicht informieren heißt, die Realität nicht wahrhaben wollen, heißt, aus der selektiv gefilterten Teilrealität zu leben. Das erlaubt den Aufbau von Selbsttäuschungen nach dem Motto: Mag sein, dass es die anderen erwischt, aber ich werde es schon irgendwie überleben. Das aber ist ein pathogener Prozess.

Die sogenannten Sachzwänge sind an sich Prozesse, mit denen man umgehen kann, die gelöst werden können. Wenn die Prämisse für diese Lösung jedoch grundfalsch ist, dann werden sogenannte Sachzwänge zur verkürzten Realitätswahrnehmung. Wenn man die Radikalität des Herzens opfert, so ist die Folge bestenfalls die selbstverschuldete Depression, schlimmstenfalls die globale Katastrophe. So betrachtet ist jede Form des präventiven Aufrüstens – zwischen Einzelnen – nicht Ausdruck von Vorsicht und Sicherheitsdenken, sondern von einer besonders getarnten Feigheit. Der Kampf von Mensch zu Mensch – wenn er sein muss –, die Auseinandersetzung mit Argumenten, wird delegiert.

Wer die Auseinandersetzung mit sich selbst scheut, wer die Verdrängung existenzieller Fakten des individuellen Daseins und die oft absurd anmutenden Sicherheitsstrategien im Alltag nicht zu bearbeiten wagt, hat von den entscheidenden Herausforderungen unserer Zeit nichts verstanden.

Wer sich mit der Endlichkeit seiner und unser aller Existenz nicht wenigstens von Zeit zu Zeit konfrontiert, wird besonders in dieser Zeit handlungs- und bewegungsunfähig – individuell und letztlich auch im Kollektiv. Auch »Big Brother« ist nicht die Folge einer unvermeidlichen Entwicklung, sondern wird aus unbewältigter Angst vor den Folgen couragierten Handelns geschaffen. Doch was kann uns Schlimmeres passieren als das allmähliche Ersticken oder kollektive Explodieren an den Folgen der Feigheit vor rechtzeitigem Aufbegehren? Ist die Verfolgung nach zivilem Widerstand wirklich mehr zu fürchten als die aus individueller Todesangst tolerierte Eskalation der schleichenden Unmenschlichkeit?

Die Suche nach dem Sinn des Lebens kann wohl kaum ohne die Auseinandersetzung mit der Endlichkeit unseres individuellen Lebens gelingen. Vielleicht gibt es keinen allgemein gültigen Königsweg der Angstbewältigung. Die Suche danach aber, das Aushalten der Unsicherheit darüber, bewirkt unmerklich eine Entwicklung hin zu verantwortlicher und authentischer Lebensführung, zu Hingabe an das Unbekannte, das Unfassbare an den Grenzen unserer Existenz. Und ihr sind wir in der bewussten Kontaktaufnahme mit der wahrgenommenen, gefühlten Gegenwart unserer Existenzangst am nächsten. Ein hohes Ziel und wer kann schon von sich behaupten, dieses realisieren zu können. Immerhin gibt es Menschen, die uns die Möglichkeit durch die Qualität ihrer Begegnung aufzeigen.

Wie können wir daran arbeiten, dass die vielleicht zuerst nur für Sekunden aufblitzende Echtheit und Klarheit unseres Lebens sich ausdehnen möge? Ständige, beherzte Arbeit an der eigenen Angst ist ein möglicher Weg, nicht dahin, sie zu eliminieren, sondern uns in ihr zu erkennen. Mit dem Denken im Dienst eines erstarkenden, da seine Einsamkeit und Verantwortung annehmenden, seine Angst umarmenden Menschen.

»Komm und fürchte Dich nicht, denn Du bist geborgen!«, wird in religiös orientierten alten Schriften getröstet. Nach der Reise durch dieses Buch könnte man abgewandelt sagen:

»Komm und fürchte Dich ruhig – und werde im Fürchten wieder zu dem, der Du bist:
   Ein Mensch in seiner Zeit.«